Reinhard Knodt

Der Atemkreis der Dinge

Einübung in die Philosophie der Korrespondenz

Verlag Karl Alber Freiburg / München

Reinhard Knodt

The Breathing Circle of Things

A practice in the philosophy of correspondence

What manifests itself in the atmospheric are not only feelings, images or symbols but the general occurrence of correspondence, in which we take a big or a small part depending on whether we engage with it or not. This occurrence is ubiquitous and more effective than we often believe. The phenomena of the religious, love or longing, art and architecture also play a part. »The Breathing Circle of Things« illustrates a new philosophy of the We, whose main concept, correspondence, becomes the key for contemporary questions. Thinking in correspondences is less attached to logo-centric standards of Western dualisms, such as subject and object, self and world, body and mind, etc. It rather shows that reality is shaped by being in and with one another, complementarity or crystallisation, in a continuous synergy of a world, in which »all things are linked, entwined, and enamoured with one another« (Nietzsche).

The Author:

Reinhard Knodt (born 1951) taught philosophy and philosophy of art in Nuremberg, at the HDK Kassel and at Berlin University of Arts. He has won numerous cultural awards as well as the literature prize of the Bavarian Academy of Fine Arts. The publisher Reclam incorporated him in their 1994 series of »German Contemporary Philosophy«.

Reinhard Knodt

Der Atemkreis der Dinge

Einübung in die Philosophie der Korrespondenz

Was sich im Atmosphärischen zeigt, sind nicht einfach Gefühle, Bilder oder Symbole, sondern das allgemeine Geschehen der Korrespondenzen, an dem wir mehr oder weniger Anteil haben, je nachdem ob wir uns einbringen oder verweigern. Dieses Geschehen ist allgegenwärtig und wirkungsvoller, als wir oft glauben. Auch die Phänomene des Religiösen, der Liebe oder der Sehnsucht, der Kunst und Architektur gehören hierher. »Der Atemkreis der Dinge« skizziert eine neue Philosophie des Wir, deren Hauptbegriff, die Korrespondenz, zum Schlüssel für zeitgenössische Fragen wird. Ein Denken in Korrespondenzen hält sich weniger an logo-zentrische Fixpunkte westlicher Dualismen, wie Subjekt und Objekt, Ich und Welt, Körper und Geist etc. Es zeigt vielmehr, dass die Wirklichkeit eher durch ein Ineinander und Miteinander, Komplementarität oder Kristallisation geprägt ist, in einem immerwährenden Zusammenspiel einer Welt, in der alles »verkettet, verfädelt und verliebt« ist (Nietzsche).

Der Autor:

Reinhard Knodt (geb. 1951) lehrte Philosophie und Kunstphilosophie in Nürnberg, an der HDK Kassel und an der Universität der Künste Berlin. Er ist mehrfacher Kulturpreisträger sowie Literaturpreisträger der Bayerischen Akademie der Schönen Künste. Der Reclam-Verlag nahm ihn 1994 in die Reihe »Deutsche Gegenwartsphilosophie« auf.

Für meine Töchter

2., überarbeitete Ausgabe 2018

www.verlag-alber.de

Umschlagmotiv: © sirirak – fotolia
Satz und PDF-E-Book: SatzWeise GmbH, Trier
Herstellung: CPI books GmbH, Leck

Printed in Germany

ISBN (Buch) 978-3-495-48864-5
ISBN (PDF-E-Book) 978-3-495-81389-8

Inhalt

Vorwort zur ersten Auflage 9

Vorwort zur zweiten Auflage 20

SYSTEMATIK

I Vom Hauch 27

II Korrespondenzdenken 41

III Helena oder die Liebe zur Geometrie 61

ANWENDUNGEN

IV Heideggers Hirte – über Korrespondenzmaschinen . 75

V Liebe, Religion und Verwandtes 89

VI Festlichkeit – Über Architektur und Rhythmus . . . 123

VII Atmosphäre, Sprache und Musik 146

VIII Flaniermaschinen 157

IX Mariposa – Atem eines Gartens 172

X Gastlichkeit 183

XI Der Weg des Westens ist die Kunst 202

XII Atmen 211

XIII Im Schreiben bleiben 225

Vorwort zur ersten Auflage

1.

Für fünfzig bis sechzig Erwachsenenjahre tauchen wir aus einem Geschehensstrom auf, dessen Anfang und Ende wir nicht kennen und über dessen Phänomene wir nur begrenzte Vorstellungen haben. Wir atmen, sehen, hören, spüren und denken, wir verbinden uns mit anderen, helfen uns einander, führen Kriege oder üben Symphoniekonzerte ein. In der Zeitspanne eines Lebens, die sich wie eine Insel aus dem Strom des Geschehens erhebt, steht der eine mehr im Zentrum des Handelns, die andere mehr am reflektierenden Rand. Gelegentlich fragen wir nach uns selber oder nach dem Ganzen – dem Kosmos, einem karmischen Strom, dem Tao, Gott …

Zum Ganzen der Welt gibt es erstaunliche Entwürfe, die immer wieder auch weit über lebensweltliche Vorstellungskraft hinausreichen. Einsteins gekrümmter Raum, Stephen Hawkings Universum als dauernd schwach leuchtender Blitz, die Zeit als Ordnung oder die Extrapolation einer Harmonia Mundi aus der Quantentheorie[1], das alles wetteifert heute erfolgreich mit den Entwürfen der traditionellen Kosmologie und der Religion, und natürlich ist auch längst die Frage gestellt, was es überhaupt heißt, von einer Welt zu reden.[2] Doch, ob Dualismus, Monismus, Holismus, Strings und die naturwissenschaftlich mathe-

---

[1] Frank Wilczek, A Beautiful Question, Finding Nature's Deep Design, New York 2015. Dort S. 384, 385; Stichwörter wären »Rigid Symmetry« und »Spatial Translation Symmetry«.

[2] Herrmann Schmitz, Gibt es die Welt? Freiburg/München 2016. S. 24, 25 ff.

matischen Extrapolationen zum Zustand der »Welt« einschließlich sprachphilosophischer Untersuchungen ..., philosophisch gesehen geht es am Ende immer nur um die in vielen Varianten kursierende Einsicht, dass wir nicht alles sehen, nicht alles wissen, nicht alles denken, dass es das Ding an sich nicht gibt, dass etwas »weiser« ist als wir[3] und dass der Wind von ganz woandersher weht.

Heute dominiert weltweit der Mainstream eines aufgeklärten naturwissenschaftlichen Monismus auf Basis der Physik als unangefochtener Leitwissenschaft. Die ehemaligen »Geisteswissenschaften« sind zu soziologisch strukturierten Religions- und Kulturwissenschaften geworden oder in spirituelle Inseln und Atolle zerfallen, die sich allenfalls tapfer behaupten. Im Ganzen hat man zudem den Eindruck, dass der heute herrschende »Geist« nicht der der Philosophen ist, sondern allenfalls der, in dem internationale Verträge erarbeitet werden. Glück ist in solch einer Welt zwar erwünscht, aber schlecht organisiert, so dass der Verdacht, es müsse auf einem anderen Pfad erreicht werden, ja, man müsse es vielleicht sogar eher *üben*, statt es nur zu organisieren, fast schon keine Neuigkeit mehr ist.[4]

Wie könnte eine Philosophie aussehen, die diesseits der Kosmologien und Welterklärungsversuche, unbeeindruckt von strategischen Erwägungen und hermeneutischen Fragen die für un-

---

[3] »Wiser Than We« ist ein Abschnitt des Buches »A Beautiful Question«, a. a. O. Wilczeck behauptet, dass die Maxwell-Gleichungen im Hinblick auf »Power«, »Generative Beauty« und »Symmetry« eine erstaunliche Tendenz aufweisen, sich nach allgemein anerkannten harmonischen Vorstellungen zu verhalten, so dass am Ende Realität und Idealität elektromagnetischer Vorgänge bzw. von Licht aufeinander abgebildet werden. Diese Korrespondenz ist ihm nicht der Hinweis auf eine (bei Kant etwa so formulierte) große Tautologie des menschlichen Wissens, das immer nur herausbekommt, was es durch seine Fragen hineinsteckt, sondern der Beweis eines durch unseren Verstand nicht erreichbaren »Designs«, das daher als »Wiser than We« apostrophiert wird. Vgl. a. a. O. S. 117–139.

[4] Der Begriff der *Übung* ist außer in buddhistischen Kreisen heute längst auch in philosophischen Entwürfen thematisiert, so etwa bei Rolf Elberfeld.

ser *Zusammensein* wichtigen Sachverhalte aufnimmt; die es dahingestellt sein lässt, ob wir in einer kosmischen Harmonie der Dinge leben oder im Chaos, und die sich unabhängig von altehrwürdigen Deutungshorizonten bemüht, jenes Geschehen zu beschreiben, dessen Teil wir sind und dessen Rhythmen, Dichte und Kargheit, Reichtum und Wirrnis uns mehr interessieren sollte als die Eroberung oder Konstruktion einer »Welt«, die, je nach Perspektive, Himmel und Hölle sein kann?

Solch eine Philosophie müsste ihr Selbstmissverständnis als Wissenschaft preisgeben und sei es auch nur als Wissenschaft der Sprache und des Sprechens. Sie müsste sich stattdessen auf die Aufgabe konzentrieren, *eine Kunst mit Hilfe der Wissenschaft* zu sein, die Kunst, von jedem Punkt des »Fortschritts« den Bezug zu den Weisheitsfragen herzustellen und damit immer wieder jene archaische Freundschaft neu zu stiften, die uns als Lebewesen des Zusammenseins trägt. *Dass wir zusammen sind,* ist das Einzige, dessen wir sicher sein können, womit Philosophen in einer Welt des ständigen Wandels auch eine ständig sich wandelnde Aufgabe haben, nämlich die Formen und Phänomene des Zusammenseins so zu beschreiben, dass der Weg zur »Weisheit« immer wieder neu geöffnet wird. Heute ginge es etwa darum, zu zeigen, dass die naturwissenschaftliche Physik, auf die wir vertrauen, nur eine Perspektive ist, dass »Gedanken« sich keineswegs nur sprachlich ausdrücken, wie dies noch vor einer Generation fast selbstverständlich formuliert wurde,[5] sondern dass sie sich situativ, leiblich,[6] künstlerisch und vor allem

---

[5] »Im Zuge der Introspektion finden wir in uns keine zeichen- und sprachunabhängigen Gedanken. Vgl. Günter Abel, Zeichen der Wirklichkeit, Frankfurt/M. 2004, S. 92. Basis der Argumentation sind Putnam und Wittgenstein.

[6] Ich verwende den Ausdruck »Leib« im Unterschied zum physikalischen »Körper«. Er umfasst, wie schon bei Kaulbach vorgeschlagen, die Bewegungsaura des Körpers, stellt atmosphärische Bezüge her und reicht so weit wie die Sinne. Der Leib ist die Aura des gestischen Handelns, des Spürens von Korrespondenzen und Resonanzen, also das in einem ästhetischen Sinn aufzufassende nicht allegorische Phänomen sensiblen Mit-Seins. Im Eng-

auch *atmosphärisch* vorbereiten und entfalten. Die Philosophie müsste sich damit um eine Phänomenologie der alltäglichen und sozialen Zusammenhänge bemühen, wie sie sich in gemeinsamer Arbeit, der Liebe, der Kunst, der Religion, der Musik oder auch im Sport ergeben, in jenen Formen also, die ihre geheimen Festlichkeiten bergen, wenn wir sie meistern, wozu aber *Übung* gehört und wozu Erkenntnis und ethische Prinzipien oder Diskurse allein nicht ausreichen.

Wir könnten diese hier nur angedeutete Dimension des Miteinanders als *Welt der Korrespondenzen* bezeichnen. Es ist eine *atmosphärische* Welt, die Welt der reichen Füllen, in der die wichtigen Erfahrungen und Erfindungen gemacht, die eigentlichen Kämpfe ausgetragen und Siege erfochten werden. Sie ist die leiblich erfahrbare Heimat unseres *Lebens* und *Sterbens, Arbeitens* und *Feierns* in einer Welt, die ohne diese Dimension nur schlechter oder besser funktioniert, aber ansonsten doch nichts wäre.

Dem heute herrschenden Geist und der allgemeinen Atmosphäre unseres wissenschaftlichen Nachdenkens wäre der Vorsokratiker Parmenides am nächsten, der in seinem berühmten Lehrgedicht nicht nur vom ungewordenen, zeitlosen, unzerstörbaren Sein schrieb, sondern auch von der Notwendigkeit, an gewissen dualen Unterscheidungen des Denkens festzuhalten, also das Ja vom Nein, den Tag von der Nacht und das Gute vom Bösen zu trennen. Parmenides warnte davor, dem Weg des »doppelköpfigen« Heraklit zu folgen, dem das Eine das Andere war, der alles im Werden und Fließen begriffen sah und eine Welt der Übergänge und des ständigen Wechsels veranschlagte, in dem der Krieg der Vater der Dinge sei.[7] Heute wird in der Kritik am naturwissenschaftlich-technischen Weltbild der Phy-

---

lischen wird in diesem Zusammenhang gelegentlich von »felt body« gesprochen. Einen gut ausgearbeiteten leicht abweichenden Leib-Begriff enthält auch die Philosophie von Hermann Schmitz.

[7] Vgl. Frank Wilczek, A Beautiful Question, New York 2015, S. 327.

sik immer noch gern auf Heraklit Bezug genommen und das Andere des Denkens propagiert, vor allem bei den geheimen oder offenen Hirten Heideggers. Es gibt jedoch noch eine mittlere Position, die durch den Arzt und Naturforscher Empedokles gekennzeichnet ist. Dieser wies auf das Paradoxon einer sowohl ewigen wie auch sich zugleich verändernden Welt der Elemente und ihres rhythmischen Zusammenspiels in »Liebe und Streit«. Wenn man sich von ihm anregen lässt, könnte man zu der Auffassung gelangen, dass man an den Unterscheidungen unseres Denkens durchaus festhalten kann, dass die Wirklichkeit diesen aber keineswegs zu entsprechen braucht, sondern viel eher durch ein korrespondierendes Spiel gekennzeichnet ist, durch Miteinander und Auseinander, Rhythmen und Resonanzen und dass sie also nicht durch Abgrenzungen und Gegensatzbildung, sondern durch Kombination und Verflechtung, Parallelität und Ähnlichkeit beschrieben werden muss, durch Varianten des Topologischen, wie man mit Aristoteles sagen könnte,[8] oder durch *Korrespondenzen,* wie wir vorschlagen; dass in ihr alles »verkettet, verfädelt, verliebt ist«, wie Nietzsche es ausdrückte, und dass wir eher die Phänomene der Korrespondenz ins Auge fassen sollten, als nur den Extrapolationen des Verstandes oder seiner dualen Grammatik zu folgen, die uns eine Welt der Polaritäten und Positionen vorspiegelt. Selbst das »Phänomen« ist also womöglich ein von uns menschengerecht aus dem Spiel der Korrespondenzen Herausgelöstes, und es bleiben uns am Ende womöglich nur noch die Korrespondenzen, also die Beziehungen und Akzidenzen unseres Zusammenseins miteinander und mit den Dingen, denen wir uns damit zu widmen haben.

Dieses Buch handelt von Landschaft, Gärten und der Liebe, von der Kunst als Erkenntnisweg, von der Religion, von den Korrespondenzmaschinen des Internet, von Architektur und Festlichkeit. Ansonsten fragen wir, was »Üben« ist, ob etwa Schreiben, Musik oder Handarbeit Präsenz-Zustände hervor-

[8] Vgl. Kap. II.

rufen und ob es private Gefühle gibt. Die Gemeinsamkeit all dieser Gegenstände besteht darin, dass es solche der *Korrespondenz* sind, also des Zusammenspiels und gelegentlich sich steigernden Miteinanders von Menschen, Tieren, Dingen, Situationen und Ereignissen, die man in der Biologie »Leben« nennt und in der Philosophie »Geist«, die von biochemischen bis zu atmosphärischen Zusammenhängen reichen, die auch jenes betreffen, was Nietzsche einmal als »grosse Vernunft des Leibes« bezeichnete, die umfassender sei als die Unterscheidungen des Verstandes.

Wir bedienen uns dabei gelegentlich der Dichtung und damit des großen Reservoirs der Erfahrung, die hinter den poetischen Erfindungen steckt. Wir verbinden sie mit den Autoritäten des Philosophiebetriebs, deren größte gelegentlich auch Dichter waren. Wir scheuen nicht die Nähe zu religiösen Überlegungen, denn Gott *lacht*, soweit wir das abschätzen können, zumindest ist das unser abweichendes Statement zu der These, wir würden nun in ein Zeitalter »Nach Gott«[9] eintreten. Fortschrittlichkeit ist uns in mancher Hinsicht dubios, jedenfalls zögern wir im Rahmen der Philosophie, deren Aufgabe nicht der Fortschritt, sondern der Fortschritt zur Weisheit ist. Ansonsten sind auch die Götter sterblich, wie die Hindus sagen oder Empedokles, der sich selbst als gefallenen Gott beschrieb, welcher zur Strafe für sein hasserfülltes Leben eine zweite Chance erhielt, nun ein Leben der Liebe zu lernen. Da uns heute niemand mehr alttestamentarisch bewacht, dürfen wir ansonsten sogar mit den Göttern unserer Gegner verkehren, ihnen Opfer bringen und von Entfaltungsmöglichkeiten und noch zu schaffenden Welten träumen, in denen wir in Zukunft hoffentlich immer weniger brauchen, um immer glücklicher zu sein.

---

[9] So lautet der mehrdeutige Titel des neuen Buches von Peter Sloterdijk, Berlin 2017.

2.

Als im Jahr 1994 mein Band »Ästhetische Korrespondenzen« entstand, hieß eine der Überschriften darin »Der Atemkreis der Dinge«[10]. Das Phänomen der Atmosphäre wurde von mir damals unter Hinweis auf gewisse ästhetische Korrespondenzen erörtert, aber der Begriff der Korrespondenz wurde nicht systematisch ausgebreitet und auch nicht in Zusammenhang mit anderen Denkweisen gebracht. Dieses Versäumnis soll in den ersten beiden Essays dieses Bandes nachgeholt werden, in denen die scheinbaren Antipoden Habermas und Heidegger zur Sprache kommen. Der dritte Abschnitt ist Husserl gewidmet. Die weiteren Essays nehmen dann Phänomene des Alltags auf, an denen gezeigt werden soll, dass sich unter Korrespondenzgesichtspunkten eine beachtliche perspektivische Änderung vieler landläufig »kulturkritischer« Perspektiven vollziehen könnte und auch dass für unsere lebensweltliche Praxis das Eine oder Andere unter dem Gesichtspunkt des Zusammenseins neu erscheint. Aufmerksame Leser meiner »Ästhetischen Korrespondenzen« werden die Bemerkungen zu Architektur und Festlichkeit wiedererkennen, die ich aus dem inzwischen fast vergriffenen Bändchen bei Reclam übernommen und stark ausgeweitet habe.

Die Korrespondenzphilosophie entstand zunächst als Hilfstheorie, um mit dem Phänomen der Atmosphäre zurechtzukommen, auf das ich zu Beginn der 90er Jahre durch Gernot Böhme aufmerksam wurde. Inzwischen wurden mir auch die phänomenologischen Entwürfe zum Thema »Leib« von Hermann Schmitz und zum »Gefühl« von Heiner Hastedt, Christoph Demmerling und Hilge Landweer bekannt sowie eine Reihe von Entwürfen, die seit der Jahrtausendwende immer wieder Korrespondenzphänomene formulierten, ohne sie explizit so zu nennen: Michael von Brück versucht, »Bewusstsein« vom Ein-

---

[10] Reinhard Knodt, Ästhetische Korrespondenzen – Denken im technischen Raum, Reclams Universalbibliothek, Stuttgart 1994.

zelnen wie auch vom Gesellschaftlichen abzutrennen und als »Kommunikationsprozess von Mensch-Mitmensch-Mitwelt« zu beschreiben, was zwar sperrig klingt, aber doch wohl Korrespondenz bedeutet.[11] Christian Illies etwa hat evolutionsbiologisch die »Konvergenz« von »Moral« und »Natur« neu gefasst und zumindest eine Richtung gezeigt, in die man nur ein paar Schritte weitergehen muss, um soziale Gruppeninstinkte und universalen Altruismus als jenes Korrespondenzmilieu zu erkennen, in dem wir uns ethisch bewegen, auch ohne dabei den kategorischen Imperativ zu bemühen.[12] Hans Ulrich Gumbrecht hat das »Präsenz- Phänomen« herausgearbeitet, das vom klassischen Dualitäts- und Subjektdenken wegführt und auf das hermeneutische Pathos des Verstehens verzichtet. Auch dies trifft sich mit der hier vorgetragenen pragmatischen Ansicht, dass »Verstehen« gar nicht immer erfordert ist. Korrespondenz genügt in den allermeisten Fällen für unser Zusammensein! Sie ist das Grundlegende, auf das es auch dann ankommt, wenn scheinbar höhere Weisen des »Kommunizierens« und Interpretierens am Werk sind, eine Ansicht, die der Anthropologe Tim Ingold aus Aberdeen in seinem Aufsatz »On Human Correspondence« erst kürzlich wieder ausgeführt hat.[13]

Korrespondenz drückt sich im einfachsten Fall dadurch aus, dass man sich an der Hand nimmt. Überträgt man den Gedanken der Korrespondenz auf höher dimensionierte Geschehensabläufe, dann kommen Begriffe wie »Milieu«, »Öffentlichkeit«, »Medien«, »gesellschaftliches Bewusstsein« und die vielfältigen Atmosphären sozialer Situationen ins Spiel, die wir selber gestalten und deren Teil wir sind. Auf die »ästhetischen Korres-

---

[11] Michael v. Brück, Wie können wir leben? – Religion und Spiritualität in einer Welt ohne Maß, München 2002, S. 157.

[12] Christian Illies, Philosophische Anthropologie im biologischen Zeitalter – zur Konvergenz von Moral und Natur, Frankfurt/M. 2006, S. 132ff.

[13] Tim Ingoldt; On human correspondence //Journal of the Royal Anthropological Institute, VL.23 2017; 9–27; http://dx.doi.org/10.1111/1467-9655.12541.

pondenzen« in Fragen der Kunst, der Architektur, des Städtebaus, der Musik usw. habe ich schon in meinem Reclam-Band von 1994 hingewiesen. Hier soll nun eine Reihe weiterer folgen und das Internet – unsere neue Korrespondenzmaschine – nicht ausgespart bleiben.

Korrespondenz beinhaltet aber auch den Gedanken, dass es gewisse Tugenden gibt, die geübt werden müssen, da man verschiedene Formen des Miteinanders auch durch noch so gute »Kommunikation« nicht erreicht, was wir zum Beispiel sofort einsehen, wenn wir versuchen sollten, ein gemeinsam zu spielendes Musikstück ohne vorheriges *Üben* aufzuführen. Ob man sich in Fällen der Korrespondenz mit einem Begriff wie dem der »Co-Präsenz« (Gumbrecht) zufriedengeben mag, sei dahingestellt, aber er sei doch vermerkt, da hier zumindest das Desiderat klar herausgestellt ist.[14] Bernhard Waldenfels hat in ähnlichem Zusammenhang eine Ethik der »Responsivität« entwickelt[15], die man unter korrespondenz-theoretischen Aspekten lesen kann. Schließlich ist noch auf den Begriff der »Resonanz« hinzuweisen, den der Soziologe Hartmut Rosa als »Weltbeziehung« dem Esoterikmarkt entwunden und neu ausgearbeitet hat.[16] In die Umgebung solcher Bemühungen, die alle seit einer Generation ein philosophisch methodisches Desiderat markieren, stellt sich die vorliegende Arbeit, deren Gegenstand nicht ohne Grund immer wieder auf das Thema des »Atems der Dinge« zurückkommt und deren zentraler Hinweis mit dem Begriff der Korrespondenz markiert ist.

---

[14] Vgl. H. U. Gumbrecht, Präsenz, Frankfurt/M. 2004, S. 223, der im Zusammenhang von Rhythmus und Sinn von körperlicher »Co-Präsenz« spricht, um die Korrespondenz von Texten und bewegungssuggestiven Phänomenen zu beschreiben.

[15] Bernhard Waldenfels, Schattenrisse der Moral, Frankfurt/M. 2006.

[16] Pierre Franckh: »Das Gesetz der Resonanz«, Burgrain 2008; Hartmut Rosa, »Resonanz – eine Soziologie der Weltbeziehung«, Berlin 2016.

3.

Ich verdanke dieses Buch ausschließlich Hinweisen und Möglichkeiten, die mir *andere* gegeben haben und die ich hier nur auf eine mir eingängig erscheinende Weise zusammengestellt habe. Dem Chef des Alber Verlags Lukas Trabert danke ich für die Möglichkeit, dieses Buch als Spitzentitel präsentieren zu können. Der Dank geht weiterhin an die Kollegen und Studenten an der Universität der Künste Berlin, darunter Karl-Heinz Lüdeking, sowie Christian Illies an der Universität Bamberg und an den Musikologen Matthew Pritchard. Hinweise über mittelalterliche Verfahrensweisen mit Reliquien gab mir Daniel Hess vom Germanischen Nationalmuseum in Nürnberg und meine Einlassungen zur Achtsamkeit berichtigte der Buddhologe Karsten Schmidt. Viele Anregungen im Bereich Kunst und Architektur haben mir die Organisatoren des Festivals der Philosophie in Hannover gegeben, ohne die einige der hier behandelten Fragen nie gestellt worden wären, besonders Assunta Verone, Peter Nickl und Eva Koethen. Wiebrecht Ries danke ich für Manuskriptdurchsicht und Gustav v. Campe für die Warnung, nicht zu früh zu veröffentlichen. Der Schriftstellerin und Philosophin Liane Dirks verdanke ich die Idee, dass die zeitgenössische Kunst des »Westens« und die Erkenntniswege des »Ostens« sehr viel miteinander zu tun haben, und Christine Fuchs die »Erstaufführung« dieses Gedankens als Vortrag im Stadt-Theater Ingolstadt. Undine Stier verdanke ich Erläuterungen zum konstruktivistischen Denken und die »Moleküle der Gefühle«. Michaela Moritz gab mir wertvolle Hinweise auf unseren gemeinsamen Seminaren in Torbole und auf Schloss Steinhöfel bei Berlin. Hata Hlavata aus Prag brachte mich auf die Idee, Philosophie und Tango zu verbinden. Sebastian Schuol aus Erlangen machte mich auf mikrobiologische Korrespondenzvorgänge aufmerksam und brachte mir bei, was transiente Gegenstände sind. Hans-Martin Schönherr-Mann verdanke ich das Bild der »Nachtschwärmerin« als neuem Typus der streunenden Liebe.

Der Biologin Ruth Richter verdanke ich viele Hinweise zur Schwarmintelligenz und beharrliche Korrekturen einiger naiver Ansichten zur Botanik. Dorothea Splittgerber verdanke ich Hinweise zur Mikrobiologie und Karin Vogel danke ich für geduldigste Korrekturen und ständige Empathie in schwankenden Stimmungslagen. Für die Möglichkeit einer Rundfunksendung zum Thema Atmosphäre zusammen mit Gernot Böhme beim SWR im Jahr 2016 danke ich Johannes S. Sistermanns. Zuletzt sei der Dank, den Hermann Schmitz in seinem letzten Atmosphärenbuch an mich gerichtet hat, mit Freude zurückerstattet.

Berlin, Oktober 2017

Vorwort zur zweiten Auflage

Dass die zweite Auflage des »Atemkreises« innerhalb weniger Monate nötig werden würde, habe ich nicht erwartet, und so danke ich den Rezensenten und Kritikern, aber vor allem auch den Lesern, die sich den »Übungen« unterzogen haben. Das Wort Übung entspricht dem in der westlichen Philosophie eher geläufigeren »Essay«. Essays beanspruchen, in sich geschlossene Versuche über eine philosophische Frage zu sein. Insofern besteht hier gute Korrespondenz zu dem, was der »Osten« als Übung bezeichnet. Zumindest die ersten drei Kapitel gehören zur »Übung«. Danach mag man dem Interesse folgen. Macht man es umgekehrt, wird man wenig davon haben. – Das erfreuliche Interesse und auch die meist zustimmenden Kritiken sind ansonsten von zwei Schwerpunkten geprägt, auf die kurz eingegangen sei.

Der eine ist in eine Frage gekleidet, mit der ich auch bei fast jedem meiner Vorträge konfrontiert bin, nämlich, wie der Korrespondenzbegriff der Philosophie zu dem in der Sozialwissenschaft gerade prominent werdenden Begriff der »Resonanz« steht, den Pierre Frankh (Das Gesetz der Resonanz, 2012) und Hartmut Rosa (Resonanz, 2016) seit geraumer Zeit erfolgreich kultivieren. Für die Korrespondenztheorie ist der Boom des Resonanzbegriffs einerseits ein Glücksfall, da man hier zu Recht etwas Ähnliches vermutet. Andererseits ist aber auch auf einen nicht unerheblichen *Unterschied* hinzuweisen. Der Resonanzbegriff ist nämlich letzten Endes nur eine Echo-Theorie, ob man ihn nun naturwissenschaftlich kosmologisch oder ob man ihn sozialwissenschaftlich im Sinne eines gesetzmäßigen Verhaltens oder gar einer Verhaltensformel (»Weltbeziehung«) stilisiert. Korrespondenzen dagegen sind Entsprechungen, von denen ein nicht unerheblicher Teil freie, also auch schöpferische Angelegenheiten betrifft, also Muster, die wir aus dem unendlichen Strom der Korrespondenzen auswählen und zusammenordnen. »*Resonanz*« haben zwei Klaviersaiten miteinander, weil hier ein *naturwissenschaftliches Gesetz der Schwingungsübertragung* herrscht. »In Resonanz« geraten auch Pendelbewegungen verschiedener Pendel, die man vorher so angeordnet hat, dass sie sich beeinflussen können, oder Menschenmengen, die nach dem Gesetz der Masse in nicht mehr steuerbare Bewegung, Panik oder Rausch geraten können.

Problematisch wird die Rede von der Resonanz allerdings, wenn wir den Begriff metaphorisch ausdehnen, um nun auch soziale Beziehungen, das Miteinander von Menschen oder gar schöpferische Leistungen damit zu bezeichnen. Solch ein metaphorischer Begriffsgebrauch ist abzulehnen, und zwar als unzulässiger Versuch der Sozialwissenschaft, den Gesetzesbegriff in die sozialen Beziehungen, ins Miteinander von Menschen und damit auch in den Bereich der *freien* Entscheidungen zu übertragen und eine Art Weltformel für Esoteriker daraus zu machen, so als würde sich letztlich alles nach dem Gesetz der Resonanz verhalten.

Die »Korrespondenz« ist in der Philosophie – und auch in der Anthropologie – traditionell der Hinweis auf die *Freiheit im Miteinander,* d.h. auf das Mitschöpferische, etwa in der Kunst, und auf das schöperische Zusammensein, etwa mit Gott im Fest oder in der Musik oder in der Liebe. Von der Korrespondenztheorie der Wahrheit (Abaelards Buch: Sic et Non) über die Erziehungslehre (Dewey) bis zur zeitgenössischen Anthropologie (T. Ingold) ist Korrespondenz der Hinweis *nicht etwa auf eine naturwissenschaftliche Gesetzmäßigkeit* oder einen sozialwissenschaftlichen »Weltbezug«, sondern auf unsere *Freiheit* –

nicht nur die Freiheit der Kunst, der Literatur, der Architektur oder der Religionen, die sich ihre Götter schaffen und damit erstaunliche Entwürfe des Neuen und Unerhörten zustande bringen, sondern auch der Freiheit der alltäglichen *Lebensgestaltung*, der Glücksverfolgung, der Liebe und vor allem der *atmosphärischen Entwürfe* – also jener »Situationen«, die wir allzu leicht als bloß »gegeben« oder gar Gesetzen folgend betrachten, die tatsächlich jedoch alle immer auch mitschöpferisch verstanden werden müssen, ob es sich dabei um die Korrespondenzen einer depressiven Verstimmung oder um die Atmosphäre der Festlichkeit handelt.

Diesen Unterschied gilt es festzuhalten, und vor rein metaphorischen Gebrauchsweisen (»Der Schriftsteller hat »Resonanz« beim Publikum«) gilt es zu warnen, damit nicht alles in Gesetzmäßigkeit und Sozialwissenschaft ertrinkt, sondern damit stattdessen für den kreativen, »freien« Anteil unseres Daseins der Raum offen bleibt.

Die hier anklingende Dichotomie vom »Reich der Notwendigkeit« (Gesetz der Resonanz) gegen das »Reich der Freiheit« (Spiel der Korrespondenzen) muss nun allerdings auch noch relativiert werden, denn die beiden traditionellen »Reiche« sind nicht glatt trennbar. Vielmehr korrespondieren auch sie: So hat etwa die Resonanztheorie durchaus ihren Freiheitsbegriff, etwa weil wir nach Hartmut Rosa bestimmte Resonanzen auch »verweigern« können, um Zwecke zu erreichen. Andererseits kennt die Korrespondenzphilosophie auch Unfreiheit und Gebundenheit im scheinbar freien Reich der Korrespondenzen, etwa wenn uns bestimmte Atmosphären zwingen oder stark bedrücken oder wenn uns Geschehensabläufe oder Bilder »bannen« oder wenn scheinbar eigene »Gefühle« tatsächlich gar nichts Eigenes sind, sondern gesellschaftliche Interpretationsmuster, derer wir uns unwillkürlich bedienen – etwa im Fall der Eifersucht.

Sagen wir also in unserem neuen Duktus: Die Resonanztheorie und die Korrespondenzphilosophie ergänzen und überlappen sich. Die »Resonanzen« behandeln, was uns *leitet*, und die Korrespondenzen das, was uns *begeistert*. Die Resonanz steht für die sozialen Muster unseres alltäglichen Zusammenseins, die Korrespondenz für die Muster unserer Sehnsucht, ob sie sich in Bauwerken, Musik, Literatur, der Religion oder in der Festlichkeit zeigt, *ohne die* unser Leben zwar funktionieren würde, aber doch freudlos wäre. Im dritten Kapitel dieses Buches ist dieser Sachverhalt des allein durch Korrespondenz sinnvollen Lebens behandelt. Es heißt: »Helena oder die Liebe zur Geometrie.« Es zeigt: – das (geometrische) Gesetz der Resonanz ist grau. Die Liebe zu »Helena«, also zum Schönen, die Sehnsucht und ihre Korrespondenzen sind das Geheimnis des grünenden Lebens ... Die Aufgabe der Wissenschaft mag die Erforschung gewisser Gesetzmäßigkeiten sein. Die Aufgabe der Philosophie ist, beides im Auge zu haben.

Der zweite Aspekt, der im Zusammenhang mit dem »Korrespondenzdenken« immer wieder erfragt wird, ist die offenbare Anbindung der hier skizzierten »Ethik der Korrespondenz« an östliche Entwürfe und ihre Absetzung von einer Ethik der Tat. Die Ethik der Korrespondenz favorisiert statt der Tat die »zurückhaltende Einflussname«, womit also taoistische oder gar buddhistische Züge einzufließen scheinen. Hier mag, das ist zuzugeben, zumindest im Sprachgebrauch gelegentlich sogar ein Hauch östlicher Gnosis wehen, wenn es das tatsächlich gibt. Dem Vorwurf jedoch, die Korrespondenzphilosophie habe einen kryptoreligiösen Charakter, der das Einstimmen und Mitmachen der Kritik vorzieht, würde ich mich vehement entgegenstellen.

Wir versprechen keinen »Flow« für jedermann! Philosophie will hier auch nicht predigen oder vernünftig *leiten*, sondern nur *begleiten*. Sie ist von jeher das Korrespondenz-Unternehmen der Menschheit. Dass in unseren Universitäten das »Wissenschaftliche« der Philosophie, also Historiographie, Sprachphilosophie, Analytik und Religions-Soziologie, die Überhand gewonnen haben, ist eine der Voraussetzungen dieses Buches, das eine Gegenwendung versucht. Philosophie ist *keine* Wissenschaft, auch wenn sie eine »Kunst mit Hilfe der Wissenschaft« ist, wie es schon Nietzsche ausdrückte. Sie will zur »Weisheit« und sie verführt zum Glück des guten Gesprächs als Verewigung des Moments. Sie hat den Religionen gegenüber den Nachteil, dass sie keinen Ritus für alle anbietet, aber sie hat den Vorteil, dass der Verständige ohne Kloster, ohne Abt und Hierarchie auskommt. Er braucht dazu nur mit Freunden Philosophie betreiben. Und wenn man das Buch »liest« und es nicht als Informationsspeicher, sondern als eine Sammlung von »Übungen« begreift, dann befindet man sich ja fast schon in einem »Retreat«, einem jener heute so gepriesenen schöpferischen Kloster-Rückzüge, für das die Bedürftigen wesentlich mehr Geld bezahlen als für ein philosophisches Buch, das ja auch ein »Retreat« und die dazugehörigen Übungen im eigenen Haus anbietet. Diese Ausgabe ist verbunden mit zusätzlichem Dank an Günter Körner, Kankyo Tannier und Michaela Moritz für Einreden und festliche Momente.

Leipzig im Mai 2018

Systematik

Kapitel I
Vom Hauch

1. Atmosphäre

In mittelalterlichen Sarkophagen gab es gelegentlich eine kleine Öffnung, durch die der Gläubige seine Hand stecken konnte, um dem heilbringenden Hauch eines darin ruhenden Heiligen nahe zu sein. Andere Möglichkeiten waren die Berührung des Steins, das Sammeln von Wasser, das aus dem Sarkophag trat, oder die Sitte, unter dem Aufgebahrten hindurchzugehen, um ihm nahe zu sein. Städte und Stätten minderer Bedeutung besaßen nur Körperteile oder beziehungsreiche Gegenstände von Heiligen. Die Ansicht, dass der Reliquienkult der katholischen Kirche eine abgeschmackte und durch die Aufklärung längst überwundene Sache sei, kann die Einsicht nicht verdecken, dass er dennoch eine äußerst erfolgreiche Kultivierungsgeschichte markiert. Man stelle sich vor: der »Hauch«, der von einem Gegenstand ausgeht, welcher ehemals ein Mensch war, und der nun, zur *Reliquie* verwandelt, um sich noch einmal ausbreitet, was er am ehemaligen Ort seines Wirkens war. Guido von Pomposa, der ehemalige Abt eines der Zentren religiösen Denkens in Italien, wurde am 3. Mai 1047 von Heinrich III. in Speyer installiert – *um* die Reliquie der Reliquienschrein, *um* den Schrein das Chorherren-Stift zur Pflege des Kultus, *um* dieses die Wohnstätten der Domkapitulare und die wachsende Stadt … – Sphäre um Sphäre also, hervorgebracht und getragen von jenem »Hauch«, der von den Knochen des heiligen Guido auszugehen schien. Gegen solch eine atmosphärische Maßnahme sind Goethes Italienreise, Wagnerfestspiele oder der Museumskult unserer Tage fast schon Petitessen.

Das Atmosphärische ist nicht notwendig ein Heiliges, obwohl

sich beide Bereiche oft durchdringen. Im profanen Sinne ist uns die atmosphärische Aufladung von Gegenständen und Orten vielleicht nur deswegen nicht immer präsent, weil sie alltägliche Selbstverständlichkeit ist, ob es sich dabei um einen Hydranten oder einen Zeitungskiosk, einen Bonsaigarten oder eine Tiefgarage handelt. Von einem Detail, etwa einem Schmuckstück, bis zu weit ausgreifenden Ereignissen, etwa einer Krönungszeremonie, und von der Uniform eines Wachmanns in einer Mall bis zur bedrohlichen Stimmung, die ein Terror-Anschlag in einer Stadt erzeugt, *weht* uns, abgesehen von jedem Wissen um funktionale Zusammenhänge, Symbolik und Eigenschaft der Dinge, jedes Mal auch etwas an, von dem wir beeinflusst werden, ohne es fassen zu können, wahrscheinlich, weil wir es teilweise selber sind.

Die bisherige Theorie der Atmosphären hat den problematischen Aspekt, dass sie weitgehend aus der Betrachtungs- und Flanierperspektive entwickelt wurde. Mit »Flanierperspektive« meine ich den Aspekt, dass es dabei fast immer um ganz typische, sozusagen klassische Atmosphären geht: Gärten, Architektur, Stadtareale, Naturszenerien, der Mond, das Meer ... Schon Nietzsche hatte sich über das »Schweigen der Natur« geäußert, das eine Spiegelung unserer eigenen Sprachlosigkeit angesichts intensiv empfundener atmosphärischer Situationen sein dürfte. Im 20. Jahrhundert waren es eher Bahnhöfe, Häfen, Stadtareale, Plätze und Fußballarenen. Dies alles sind natürlich zutreffende Situationen, wenn es ums Atmosphärische geht. Sie sparen aber aus, dass Atmosphären sich nicht nur grandios in Landschaften oder räumlichen Topologien ausbreiten, sondern auch von einzelnen Gegenständen ausgehen; dass sie sich also mischen und gegenseitig beeinflussen, dass sie miteinander kämpfen und sich neutralisieren, dass wir uns in einem dauernd wechselnden atmosphärischen Geschehen befinden. Wie dies geschieht, wird jedenfalls kaum behandelt.

Dies wäre aber wünschenswert, denn *immer* streift uns der »Atem der Dinge«, sei es angesichts einer Hängebrücke, eines

Halsreifs oder eines Sonnenaufgangs. Immer stehen wir im atmosphärischen Bann von Ereignissen, Personen oder dem »Zeitgeist«, was uns darüber belehrt, dass etwa die Rede vom »gestimmten Raum« nicht weit genug greift. Es ist der Atem unseres Zusammenseins. Wer sensibel ist für den Atem der Dinge, der wird am Ende vielleicht auch den »Atem der Welt« spüren, oder gar einen »Atem Gottes« – und er muss dazu seine Hand nicht eigens in einen Sarkophag stecken.

2. Atmosphären als Gegenstand der Philosophie

Die Frage, wie Atmosphären ein Gegenstand der Philosophie sein können, beginnt schon mit der Benennung derselben. Wir neigen dazu, Atmosphären nach der Situation zu benennen, in der wir sie erleben: Die Atmosphäre eines Künstlerfestes, die Atmosphäre eines internationalen Kongresses oder einer Weihnachtsfeier in der katholischen Akademie zu Berlin … – Wir benennen Atmosphären auch gern nach Stimmungen,[1] z. B. als »heiter«, »düster«, »festlich«, oder nach leiblichen Zuständen: die »nervöse« Atmosphäre, die »angestrengte« Atmosphäre, die ein Redner oder Besucher erzeugte, usf. Schließlich wissen wir, dass man Atmosphären herstellen oder zumindest gezielt Situationen erzeugen kann, in denen sie entstehen. Im einfachsten Fall zündet man eine Kerze an oder man räumt auf, wodurch nicht nur Ordnung entsteht, sondern auch die Atmosphäre der Reinheit oder eines Neubeginns, denn offenbar korrespondieren äußere und innere Ordnung in einer Art Geschehen des »Innenaußen«, von dem Bachelard einmal gesprochen hat.[2]

---

[1] Obwohl problematisch, weil hier die Rede von der Psyche ist, halte ich mich an die Unterscheidung, die Gernot Böhme zwischen Atmosphäre (eine »äußere« Situation) und Stimmung (eine »psychische« Situation) macht. Gernot Böhme, Faust lesen, Faust verstehen, Bielefeld 2014.

[2] Gaston Bachelard, in: Poesie de l'Espace, Paris 1958 / dt. Poetik des Raumes, Frankfurt/M. 1987.

Das Atmosphärische gilt aber auch interpersonal, etwa im Fall des *Auftretens* eines Menschen, sei es als Arzt, als Politiker, Lehrer oder Künstler. Selbst noch im Fall der Prätention, also in der Situation, die durch Gebaren erzwungen wird, wenn sich jemand zum Beispiel besonders weihevoll oder wichtig gibt, wirkt das atmosphärische Phänomen. Weiterungen der interpersonalen Atmosphären sind bestimmte Arrangements, etwa die Gastlichkeit, Festlichkeit oder die Atmosphäre der Geborgenheit. Eher traditionelle Veranstaltungsweisen des Atmosphärischen kennen wir aus dem Garten- und Landschaftsbau. Für den Gartenbautheoretiker Hirschfeld war eine Atmosphäre eine »Gegend«, die man inszenieren konnte wie eine Bühne, auf der sich der Spaziergänger bewegte. Für Goethe war die »heitere Weite« eine bevorzugte Atmosphäre, die sich in dem Roman »Die Wahlverwandtschaften« durch die geschickte Anlage von Wegen und Aussichten in einem Park herstellen ließ. Zeitgenössische Architekten, Städtebauer und Raumplaner wissen, dass sie atmosphärische Situationen herstellen, und es ist zu begrüßen, dass dies neuerdings auch ausgiebig thematisiert wird.[3]

Zuletzt gehört zur Extension des Begriffs auch die Gesamtatmosphäre einer Epoche oder einer Zeit, etwa die kulturellen Moden, eine politische Bewegung oder – im schlimmen Fall – die Atmosphäre eines heraufziehenden Krieges, deren Entwicklung oft so schleichend ist, dass sie nach Jahren erst oder viel zu spät als solche bemerkt wird. Das »viktorianische Zeitalter« etwa repräsentiert in diesem Sinne eine Atmosphäre, die alle Handlungen und Erfahrungen, alles Meinen und Denken über Jahrzehnte genauso färbte, wie es die »Weimarer Republik« oder die »Nachkriegsjahre« taten. Wenn wir von der »christlichen Welt« oder der »Welt des Islam« sprechen, meinen wir letztlich

---

[3] Vgl. Glaube, Liebe Hoffnung, als Hauptthema in: Der Architekt, Zeitschrift des BDA, Nr. 1, 2017. (Themenheft zum Verhältnis Liebe, Empathie, Atmosphäre und Bauen).

auch Atmosphären, denn wir denken dabei nicht nur an Geographisches, sondern an Bedeutungsmilieus, in denen Ereignisse, Zeugnisse, Bücher, Bauwerke, Rituale und Gegenstände affektiv derart bedeutsam werden, dass sie Atmosphäre geradezu abzustrahlen scheinen – heilige Stätten, ein berühmter Dom, das Barthaar des Propheten in Konya … Die Museumskultur der westlichen Welt ist – etwa in Form der Weltkulturerbestätten – nicht ohne Grund ein Angriffsziel von Gegnern dieser Kultur, sind sie doch gewissermaßen die atmosphärischen Tempel und Pilgerziele derselben.

Es gibt bisher eine ganze Reihe Befassungen mit dem Atmosphäreproblem, die meist auf Merleau-Ponty, Husserl und Heidegger zurückgehen. Seit Heideggers Hinweisen auf die topologische Verfasstheit des Raumes in dem Aufsatz »Die Kunst und der Raum« erschien an gewichtigen Arbeiten etwa das Buch »Mensch und Raum« von Otto Friedrich Bollnow[4], der die Rede vom »gestimmten Raum« einführte. Bollnow steht in einer Linie mit Gaston Bachelard.[5] »Der Gefühlsraum« von Hermann Schmitz[6] arbeitet mit dem Leib-Begriff, dieser erinnert an den von Merleau-Ponty, der eine oszillierende Ambiguität von »innen« und »außen« entwarf, das keine »privaten Gefühle« mehr kennt, ein Konzept, an das Schmitz im neuen Atmosphärenbuch anschließt.[7] In einem nahezu kosmologischen Sinn ist für das Thema auch die Sphärentrilogie von Peter Sloterdijk zu nennen und vor allem Gernot Böhmes Atmosphärenstudien seit den frühen 90er Jahren.[8] Ich selbst habe, angeregt von Böhmes ers-

---

4 Otto Friedrich Bollnow, Mensch und Raum, Stuttgart 1963.

5 Gaston Bachelard, in: Poesie de l'Espace, Paris 1958/ dt. Poetik des Raumes, Fischer 1987.

6 Hermann Schmitz, Der Gefühlsraum, (original 1969, versch. Auflagen), Bonn 2005.

7 Hermann Schmitz, Atmosphären, Freiburg/München 2013.

8 Gernot Böhme, Atmosphäre, Essays zur neuen Ästhetik, Berlin 2013. Einer der mir bekannten ersten Aufsätze war »Atmosphäre als Grundbegriff einer neuen Ästhetik«, in: Kunstforum International 120, 1992, S. 247–255.

ten Hinweisen, die Atmosphäre im Rahmen der »Ästhetischen Korrespondenzen«[9] behandelt.

In fast all diesen Arbeiten, wie etwa auch in den »Fundsachen der Sinne« von Jürgen Hasse[10], die Empfindungen alltäglicher Milieus aufnehmen, erscheint der Kern dessen, was Atmosphäre ausmacht, auf den Raum bezogen, wobei dieser in allegorischen, topologischen und architektonischen Formen auftaucht, so dass eine Raumsituation und »Gefühl« in Zusammenhang treten, ob dieses nun privater, subjektiver oder sozialer Art ist. Dies zeigt sich auch an den Definitionsversuchen. Seit Heideggers Hinweisen auf die topologische Verfasstheit des Raumes in »Die Kunst und der Raum«[11] sind Atmosphären in zeitgenössischen Veröffentlichungen »gestimmte Räume« (Ströker, Bollnow), »Quasi-objektive Gegenstände« (G. Böhme), Erlebnisse angesichts von »Umgebungen« (Hasse), Präsenzphänomene (Gumbrecht), »Gefühlsergießungen in flächenlose Räume« (Schmitz), usw. Man könnte diese Liste verlängern, wenn man aus dem engeren Bereich der Phänomenologie in die Sozialwissenschaften ginge. Fast überall erscheint der Atem der Dinge in einer Opposition von Raum oder Raumsituation und synästhetischer Wahrnehmung, meist aus der Betrachtungs- bzw. Flanierperspektive.

Atmosphären sind aber nicht nur raumbezogene Gefühle, sondern auch Phänomene *in der Zeit*, also Geschehens-*Abläufe* (etwa der Verkehr), *Entwicklungen* (etwas, das sich »zusammenbraut« oder anbahnt …) und *Abfolgen* (z. B. eine Reihe von Festtagen, die die Erwartung steigern). Atmosphären sind sodann sich intensivierende oder abflachende politische Ereignisfolgen, die in langen Rhythmen zwischen Krieg und Frieden schwingen, oder sie sind die vielfältigen Echos des digitalen Nachrichtenverkehrs, die insgesamt auch ein Milieu darstellen

---

[9] »Atmosphären«, in: Reinhard Knodt, Ästhetische Korrespondenzen, a. a. O., S. 39–69.

[10] Jürgen Hasse, Fundsachen der Sinne – eine phänomenologische Revision alltäglichen Erlebens, Freiburg/München 2005.

[11] Martin Heidegger, Die Kunst und der Raum, St. Gallen 1963.

(Facebook, soziale Apps) – zusammen mit der noch kaum abschätzbaren Folge einer heute allgemein herrschenden *digitalen Korrespondenz*. Hält man sich dazu vor Augen, dass wir selber nie unbeteiligt sind am atmosphärischen Entwurf, dass wir also gar nicht wenig zu der nur scheinbar »empfundenen« oder uns »anwehenden« oder synästhetisch wahrgenommenen Atmosphäre beitragen – ja sie im Fall der *Musik* sogar extra herstellen und über eine Dauer hin aufführen, dass wir Atmosphären (etwa durch soziale Medien) auf Dauer stellen oder miteinander kämpfende Computer-Programme entwickeln, um die öffentliche Atmosphäre, etwa vor Wahlen, zu beeinflussen[12], dann wird das Desiderat spürbar, das Phänomen des Atmosphärischen aus seiner räumlichen Beschränkung zu lösen und als *zeitliches Geschehen* einschließlich gewisser Rhythmen zu fassen. Weiterhin ist es nötig, die Atmosphäre nicht nur mit Hilfe von Situationshinweisen und der Beschreibung von Architektur zu erläutern, sondern darüber zu befinden, *was* sich denn zu einer Atmosphäre gruppiert und ob dieses tatsächlich ein Raum, ein Verlauf, ein Rhythmus oder nicht vielleicht ein *Geschehen* noch ganz anders zu beschreibender Art ist, ein Geschehen, zu dem wir selber gehören. Ich will deswegen auf den Terminus der *Korrespondenz* zurückkommen, den ich bereits 1994 entworfen habe, der aber bisher relativ wenig Beachtung gefunden hat.[13]

Ich behaupte – und unterscheide mich dadurch hoffentlich nicht zum Ärger, sondern zum Nutzen der am Thema Engagierten –, dass man von Atmosphären nicht nur als von gestimmten Räumen, sondern auch von Geschehensverläufen sprechen muss. Verbunden damit soll daher im Folgenden auch die Skizze einer allgemeinen Theorie der Korrespondenz entstehen, so dass die Atmosphäre als (räumlicher und zeitlicher) Spezialfall von

---

[12] Vgl. »Krieg ohne Blut« in: Die Zeit, 23. Febr. 2017, S. 2.

[13] Es gibt Ausnahmen, allerdings außerhalb der Atmosphärendiskussion. Vgl. Ilona Nord, Realitäten des Glaubens – zur virtuellen Dimension christlicher Religiosität, Berlin 2008, S. 121–125.

Korrespondenzvorgängen sichtbar wird. Im Weiteren stellt sich auch die erkenntnistheoretische Frage, ob es vielleicht sinnvoll ist, von einem allgemeinen Strom der Korrespondenzen zu sprechen, dem wir anthropologisch gesehen geradezu ausgeliefert sind.

3. Korrespondenz und Atmosphäre

Der Ausdruck »Korrespondenz« ist innerhalb der Philosophie bisher nur in einem logischen Sinne fruchtbar geworden. In einem erkenntnislogischen Sinne könnte man etwa, wie im Nominalismus-Streit, zwischen Korrespondenz und Differenz im Sinne von Übereinstimmung und Unterschied sprechen, wenn es um Aussagen über die Wirklichkeit geht.

Wichtiger für unsere Zwecke sind allerdings die Korrespondenzbegriffe der Anthropologie, der Sozialwissenschaft und der vergleichenden Kulturtheorie, die auf gemeinschaftliches Empfinden, Verhalten und Handeln abheben, sowie der Hinweis auf die Kunst als besondere Form der »ästhetischen Korrespondenz«, die die anthropologische Korrespondenz auf eine neue Stufe hebt. Wie man den Korrespondenzbegriff entfalten könnte, sei im nächsten Kapitel dargestellt. Vorher jedoch sei das Wesentliche durch einen Rückgriff auf ein Stück Weltliteratur erläutert, in dem Korrespondenz-handeln und Atmosphäre in ein direktes Verhältnis treten. Es handelt sich um eine Szene aus Goethes Roman »Die Wahlverwandtschaften«:

»Lasst uns den nächsten Weg nehmen, sagte er (Eduard) zu seiner Frau (Charlotte) und schlug den Pfad über den Kirchhof ein, den er sonst zu vermeiden pflegte. Aber wie verwundert war er, als er fand, dass Charlotte auch hier für das Gefühl gesorgt habe. Mit möglichster Schonung der alten Denkmäler hatte sie alles so zu vergleichen und zu ordnen gewusst, dass es ein angenehmer Raum erschien, auf dem das Auge und die Einbildungskraft gerne verweilten. Auch dem ältesten Stein hatte sie seine Ehre gegönnt. Den Jahren nach waren sie an der Mauer aufgerichtet eingefügt oder sonst angebracht, der hohe Sockel der Kirche war damit vermannichfaltigt und geziert. Eduard fühlte sich sonderbar überrascht, wie er durch die kleine Pforte herein trat; er drückte Charlotten die Hand und im Auge stand ihm eine Thräne«.[14]

Wir müssen uns die Szene auf einem Herrensitz zu Anfang des 19. Jahrhunderts vorstellen. Goethe geht es um den Konflikt von Leidenschaft und Vernunft, den er im empfindsamen Miteinander von zwei Paaren literarisch gestaltet. Er lässt sie dazu an einem Garten bauen, so dass sie sich im allegorischen »Raum« der Gefühle, Stimmungen und Gedanken, aber zugleich auch im konkreten Gartenraum, d.h. angesichts konkreter Gestalten und Wege des Parks bewegen.

Die Paare gestalten nach den Prinzipien einer damals utopischen Zeit-Mode, nämlich der des »Gartenreichs«, nach dem die gesamte Umgebung, die Gartenanlagen des Schlosses, aber auch die umliegende Landschaft, Gewässer, Felder, die Kirche, der Kirchhof, das Dorf und die umliegenden Örtlichkeiten einbezogen werden, um die Utopie des gelingenden Lebens im Bereich der betreffenden Grundherrschaft nicht nur *abzubilden*, sondern diese auch real werden zu lassen. So erlässt man für die Landleute z.B. Vorschriften, die man mit der Idee »naturgemäßer Lebensweise« verbindet. Die Landarbeiter müssen sich zu gewissen Stunden ausruhen und dazu »familienweise« auf dazu aufgestellte Bänke setzen. Die Schlossherrschaft fährt dann an den ihre Ruhe genießenden Gruppen vorbei, um die nicht nur bildhafte Entsprechung von idealem Landschaftsarrangement und »natürlichem« Leben bestätigt zu sehen.

Goethes Roman ist ein umfassendes Geflecht, in dem die Landschaft, die arbeitende Bevölkerung, menschliche Beziehungen, Festlichkeit, die Liebesverhältnisse zweier Ehepaare zur universalen Versuchsanordnung verknüpft sind, einer Anordnung, die uns als Erinnerung an den Gesellschaftsentwurf einer

---

[14] Johann Wolfgang von Goethe, Die Wahlverwandtschaften, Goethes ges. Werke Ausgabe letzter Hand, Tübingen 1830, Bd. 58, S. 22.

führenden Schicht kurz vor dem Beginn des Industriezeitalters präsent sein muss. Diesen Zusammenhang von atmosphärisch eingerichtetem Raum und real gelebtem Leben gilt es im Auge zu behalten, wenn wir uns nun genauer dem Geschehen im besagten Kirchhof nähern, in dem Charlotte, wie wir lesen, »für Gefühl« gesorgt hat.

Fragt man den Autor selbst, wie im einstmals verwahrlosten Kirchhof die nunmehr Eduard zu Tränen rührende Atmosphäre entstand, so erhält man als Antwort: »durch ordnende und vergleichende Tätigkeit«, »mit möglichster Schonung der alten Denkmäler«, durch »Wiederaufrichten alter Steine«, dadurch, dass selbst den »nutzlosesten, ältesten Dingen« »die Ehre« gegeben wurde.[15]

Charlotte hat also eine Topologie geschaffen, an der spürbar wird, dass sie sich gekümmert und bemüht hat, den hinfälligsten Dingen gerecht zu werden, das Alte, Gebrechliche aufzurichten und das scheinbar Nutzlose dennoch sichtbar zu ehren. Das Ergebnis ermöglicht es nun nicht nur, historische oder symbolische Bildungs-Bezüge mit der Erfahrung des gestalteten Raumes zu verbinden.[16] Vielmehr gibt der entstandene Zusammenhang auch noch zusätzliche Hinweise auf eine *seelische Gemütslage,* etwa der Hingabe, der Pfleglichkeit, des Kümmerns, des Tröstens, ja ihrer ganzen mit liebender Hand sorgenden Haltung den hinfälligen Dingen gegenüber, die mehr als einmal mit dem »naturgemäßen«, naturnahen und »schonenden« Umgang identifiziert werden.[17] Was man nun als Ergebnis sieht bzw. nachempfindet, löst Rührung aus. Der Kirchhof wur-

---

[15] J. W. v. Goethe. A. a. O.

[16] »Friedhöfe als atmosphärische Räume des Numinosen« vor allem auch in historischer Sicht hat lesenswert und eindringlich Jürgen Hasse untersucht: Ders., Fundsachen der Sinne – eine phänomenologische Revision alltäglichen Erlebens, Freiburg/München 2005, S. 311–348.

[17] Auf den Begriff der Schonung als angemessenen Umgang mit Natur hat in anderem Zusammenhang auch Gernot Böhme hingewiesen. Vgl. J. Hasse, Fundsachen d. Sinne. Freiburg/München 2005, S. 229.

de nach Goethe zu einem Ort, auf dem »Auge und Einbildungskraft gerne verweilten«, eine »Schöpfung«.

Die Szene soll nun *nicht* weiter im Hinblick auf die verwendeten Symbole und die damit verbundenen Vorstellungen verfolgt werden, zu solchen Aspekten gibt es bereits Untersuchungen[18] – sondern im Hinblick auf einen ganz anderen *Aspekt,* den wir uns ausmalen können, wenn wir von der *Verhaltensseite* her an die Situation gehen. Die Vorstellung liegt nahe, Charlotte sei mit den im Kirchhof vorgefundenen Dingen im Einzelnen befasst gewesen, habe die Gegenstände ihrer möglichen Bedeutung nach beurteilt und diese durch Kombination und Arrangement zu verdeutlichen oder durch Gruppierung in ihrer Aussagekraft zu verstärken gesucht. Manche Anordnung hat sie vielleicht wieder verworfen, hat zurücktretend das Ergebnis einzuschätzen versucht, ein Detail zurechtgerückt oder eine Aktivität rückgängig gemacht usw., bis ihr die »Schöpfung« gefiel bzw. bis diese ausdrückte, was sie für wichtig hielt.

Wir stellen uns dabei ein mit Liebe und Engagement zelebriertes *gestalterisches Hin und Her* vor, ein *betrachtendes Arrangieren* und ein *arrangierendes Betrachten.* Es geht nicht um einen Plan, der durchgeführt wird, sondern um *situative Schöpfung,* um Sorgfalt im Kleinsten, Sichtbarmachen von Pflege und Aufmerksamkeit, insbesondere auch gegenüber scheinbar nutzlosen oder zerbröckelnden Zeugnissen ehemaliger Zusammenhänge, die wieder hergestellt werden und dem Augenblick Tiefe geben. Durch diese Tätigkeit baut sie eine atmosphärisch relevante *Situation* auf, d.h., sie verwandelt einen bisher verwahrlosten Friedhof in ein Areal, das ihren Begleiter Eduard zu Tränen rührt.[19]

---

[18] Etwa die von Jürgen Hasse: Fundsachen der Sinne, vgl. Anm. 16.

[19] Die Unterscheidung eines metaphorischen Raumbegriffs (Atmosphäre als gestimmter Raum) und eines als Raum selbst Atmosphäre tragenden Ortes ist vor allem für die Architektur von Bedeutung. Faktische Räume erzeugen durchaus Atmosphäre, während die metaphorische Rede von der

Die Tränen Eduards wollen wir weniger als das »Ziel« Charlottes betrachten als vielmehr als *Erweiterung des atmosphärischen Geschehens* unter Einbeziehung eines Mitspielers. Eduard ist ja nicht etwa ein kühler Beurteiler des neuen Arrangements, das er prüft, nachdem es veranstaltet wurde, sondern er ist von Anfang an mit beteiligt am Spiel der Korrespondenz von gemeinsamem Arrangement und Empfinden, das Charlotte ein Stück weit eigenständig geführt hat und das sich jetzt auf ihn wieder zurücküberträgt. – *Was* genau sich »überträgt«, ist etwas, das wir uns scheuen, als Gefühl zu bezeichnen, denn Charlotte und Eduard haben ja mit Sicherheit nicht *dasselbe* Gefühl, obwohl sie im selben Kirchhof stehen. Wir müssen eher davon ausgehen, dass sich *das gesamte Spiel der Zusammenhänge und ihrer Bedeutungen und Wirkungen überträgt,* dass beide also korrespondierend tätig sind. Eduard fühlt nicht nur und er denkt nicht nur über Charlotte nach, sondern es amalgamiert sich, was Charlotte und Eduard der Idee nach wollen, und es wird hier Gestalt, so dass Eduard nun nicht nur mit freundschaftlicher Teilnahme zustimmen kann, sondern ihr gerührt die Hand drückt. Vor allem die *gereichte Hand* ist ein Indiz, das weit über intellektuelle oder gefühlsmäßige Übereinstimmung hinaus ins Anthropologische weist.

Die aktiv hergestellten Entsprechungen zwischen den beiden Protagonisten in Goethes »Wahlverwandtschaften«, sei es im Sinne der Ideen, die sie haben, sei es im Sinne des Verhaltens, das sie zeigen, oder im Hinblick auf die Empfindungen, die in der Geste der gereichten Hand gipfeln, schlage ich vor, als *Korrespondenzen* zu bezeichnen und als einen eigenständigen philosophischen Gegenstandsbereich zu definieren, der zum Kern einer Philosophie des Zusammenseins werden könnte. *Korrespondenzen* wären – hier nur vermutungsweise ausgeführt – Topoi psychischer *und* physischer Art, die Milieus und Atmo-

---

Atmosphäre als Raum eher ein Notbehelf ist, da man genauso gut von der Atmosphäre als Geschehen sprechen könnte.

sphären aufbauen und diese in ein sich fortzeugendes stimulierendes Spiel versetzen, zu dem die Beteiligten im psychophysischen Sinne mit gehören. Man könnte sie als produktive Muster des Miteinanders verstehen, durch die sich das Milieu dieses Miteinanders zugleich aufbaut und gliedert. Korrespondenzen dieser Art würden hierbei nicht nur von »außen« durch einen Beobachter konstatiert, sondern die Situation auch von »innen« bestimmen, so dass die Grenze zwischen einem psychischen »Innen« und einem »äußeren« Handlungs- oder Erfahrungsraum durchlässig wird und wir behelfsweise von einem »Innenaußen« (Bachelard) sprechen könnten.

Korrespondenzen gäbe es zwischen Menschen, zwischen Menschen und Dingen bzw. Umgebungen, aber auch zwischen Menschen und Tieren. Sie bilden psychophysische Muster bzw. aktive selbststimulierende Phänomene des Mitseins. Die Korrespondenzen würden dann alle zusammengenommen einen psychophysischen Geschehens-Strom ergeben, der vorkategorial, also vorräumlich *und* vorzeitlich interpretierbar, polymorph, aber auch zwingend unsere Leben als dessen geheime Metaphysik bzw. atmosphärische Unterströmung begleitet. Wir selber sind diesem Strom der Korrespondenzen ausgeliefert und gestalten ihn mit, indem wir versuchen, uns in ihm zu behaupten. Inwieweit der Begriff der Korrespondenz zur Erläuterung nicht nur atmosphärischer Phänomene, sondern sehr vieler Geschehensverläufe des Mitseins und seiner Milieus taugt, mag sich nun zeigen. Für die Anschauung deutlich ist, dass zum Beispiel Goethes Romanfiguren so etwas wie eine gemeinsame »Wahrheit« durch ihr korrespondierendes Tun aufgebaut haben. Würde man auf einen erkenntnislogischen Begriff der Korrespondenz etwa in der *Aussagenlogik* zurückgreifen, könnte man sagen, dass es hier um eine den Protagonisten *gemeinsame Wahrheit* gehe. Doch ist diese Wahrheit wahrlich komplexerer Art als die einer Entsprechung von Aussage und Sachverhalt. Man könnte von einer *praktischen Wahrheit* reden, einer Wahrheit des Zusammenseins als ständigem Werden, das in bestimmten Momenten der Einigkeit gipfelt – der gereichten Hand –, einer »Wahrheit«, die wir aber nie ganz überblicken, weil wir selber *zu ihr gehören, und deren Rhythmen und Muster wir nur in seltenen Fällen erfahren,* weswegen es jetzt nötig ist, den Status des Ausdrucks »Korrespondenz« noch einmal in prinzipieller Weise aufzunehmen, um die hier angedeuteten Zusammenhänge systematisch einzuführen.

Kapitel II
Korrespondenzdenken

1. Die Ausgangslage

Wollte man ein Motiv bestimmen, um zu einem vom Korrespondenzbegriff bestimmten Denken zu kommen, so könnte man von der Notwendigkeit eines Brückenbaus zwischen zwei sehr unterschiedlichen Denkstilen im 20. Jahrhundert ausgehen, die bis heute hoch einflussreich und kaum miteinander versöhnt sind. Auf der einen Seite steht der von Habermas inaugurierte Stil des *Diskursiven* mit seinem von Hegel rührenden politischen Anspruch und dem damit verbundenen, aus der Informationstheorie der vierziger Jahre hergeleiteten Modell von Sender, Empfänger und einer »Message«, die – als permanente Diskurs- und Prozessorganisation zum »Projekt der Moderne« deklariert – in der Politik immer noch breite Akzeptanz hat. Man könnte hier metaphorisch von einer Art Dombau der Vernunft sprechen, an dem sich alle beteiligen – etwa nach Maßgabe des herrschaftsfreien Diskurses im Rahmen der Idee einer kreativen Demokratie vom philosophischen Seminar bis zum Europaparlament.

Dem Diskursdenken gegenüber steht – ein wenig altertümlich anmutend, aber deswegen nicht weniger dauerhaft – Heideggers alte Schwarzwaldhütte bzw. die ganz andere, eher emphatische Auffassung vom Denken als einem Weg der Aisthesis, mit den wichtigen methodischen Ausdrücken Entbergung und Seinserfahrung, womit schon gesagt ist, dass man das Wichtige *erfahren* muss und daher eben auch nicht diskursiv organisieren kann. Heidegger war Schüler Husserls, hatte sich aber zunehmend von dessen allgemeiner »Phänomenologie der Sachen«

entfernt und schließlich in Absetzung vom »Ge-stell« nicht nur mit der Kunst verbündet, sondern auch einen fragwürdigen antitechnischen Reflex aufgebaut. Man übertreibt kaum, wenn man sagt, die letzten zwei Generationen des philosophischen Nachdenkens – auch der »Postmoderne« – spielten sich im Streit zwischen der Diskursphilosophie und ihren analytischen Stilen einerseits und den offenen oder geheimen Jüngern Heideggers andererseits ab.

Beide Seiten machten sich dabei Vorwürfe, die bis heute die Atmosphäre bestimmen. So wird den Adepten Heideggers gern eine Art ontologischer Tiefenrausch vorgeworfen, eine Sehnsucht nach dem Sein des Seienden, dessen Vergessen im »Gestell« der institutionalisierten Diskurse vorprogrammiert sei, weswegen das Bemühen philosophischen Sprechens sich im Verbund mit der Kunst (möglichst Hölderlin) und im Hören auf die Sprache bewegen sollte, statt sich in den Konstruktionen des »Geredes« oder im Lärm der Kongresse zu verlieren.[1]

Habermas wird von seinen Gegnern dafür eine Art diskursiver Höhenrausch attestiert, ein fragwürdiger Glaube an die Konstruierbarkeit und politische Steuerbarkeit immer abstrakter sich türmender Diskurse und deren Tagungsmaschinerie nach dem Motto: Platos Konferenzen arbeiten langsam, aber gerecht. Die »Kunst« wird in den Augen des kritischen Kommunikationsbetriebs natürlich am besten gleich selber zum Diskurs. Die Liebe depraviert zum Dialog und so weiter und so fort. Die geheime Überzeugung der Kommunikationstheoretiker scheint zu lauten: Das »Gespräch, das wir sind«, lässt sich organisieren, der Rest ist elitäre Wortklauberei oder eben Dichtung.

Man wird vergeblich versuchen, diese Positionen und ihre Derivate durch Abschwächung der Vorwürfe einander anzunähern. Sicher wird man Habermas und seinen Anhängern

[1] Martin Heidegger, Der Ursprung des Kunstwerkes, 1935, 1956, 1960, 1982 ff. Vgl. etwa den Begriff der Lichtung und die Auffassung von Schaffen, Verbergen, Verstellen und Ins-Werk-setzen der Wahrheit.

keine platte Vereinnahmung der Kunst vorwerfen können, und auf der anderen Seite hat sich – zumindest offiziell – Heidegger auch von der Metaphysik verabschiedet, die er, wie es schon in den Nietzsche-Vorlesungen von 1941 hieß, »verwinden« wollte. Doch wirken beide Konzessionen nicht glaubwürdig. Heidegger und seine Schüler halten am emphatischen Begriff des Denkens fest. Die Erben Habermas' verwandeln derweil tendenziell alles und jedes in Diskurse und Gremienarbeit mit anschließenden telefonbuchstarken Berichten, wobei die gelegentlich umstandslose Identifikation des Tagungsbetriebs mit »Demokratie« nicht unproblematisch ist. Heideggers legendäre »Verwindung der Metaphysik« dürfte ansonsten wohl eher eine der Lebenslügen der Ontologie sein, denn im Wesentlichen lauschen wir bei den Hirten Heideggers nach wie vor auf das niemals ganz zu sich kommende bzw. sich nur zögernd entbergende Sein, welches nur Taoisten kein Problem ist, und tatsächlich spiegelt sich bei Heidegger konsequenterweise auch so manches Östliche, an das heute gern angeknüpft wird, etwa in dem Buch »Abwesen« von Byung-Chul Han,[2] der dann auch den deutlichsten Satz elitärer Herablassung gegenüber der Gegenseite ausspricht, wenn er zum Diskursparadigma konstatiert: »Das Additive, das den kommunikativen Lärm erzeugt, ist nicht die Gangart des Geistes«.[3]

Die »Gangart des Geistes« einerseits und der »kommunikative Lärm« andererseits, die schwer und fast nie zu erreichende Einsicht, für die man sich abwartend offen halten muss, auf der einen, und die tumbe Herrschaft der sich zäh bewegenden Konferenzen auf der anderen Seite, die wenigen wertvollen Blätter edler Jahresgaben der Heidegger-Gesellschaft hier und die unlesbaren Berichtbände irgendwelcher Konferenzen dort, der Gang mit dem Denker auf dem Feldweg in den Momenten der tiefen Einkehr und der Lärm der Übersetzungskopfhörer im

---

2 Byung-Chul Han, Abwesen, Berlin 2007.
3 Ders., Im Schwarm, Ansichten des Digitalen, Berlin 2013.

Meer des internationalen Geschwätzes, das sind wahrhaftig *schon atmosphärisch* kaum zu überbrückende Gegensätze!

Eine Philosophie, die sich als *Korrespondenzdenken* bestimmt, müsste allerdings selbst hier vom Gedanken einer möglichen *Gemeinsamkeit* ausgehen, und dieser ist sehr wohl greifbar: So fundamental sich Heideggers »Denken« und das Diskursmodell des kommunikativen Handelns nämlich unterscheiden, so *ähneln* sie sich doch in einer Hinsicht ganz erstaunlich, insofern sich, sowohl für den Weltprozess der Kommunikation wie auch für das sich entbergende »Seinsgeschick«, zunächst einmal eine *fundamentale Distanz* zwischen Denkbemühung und Ziel bzw. Erkenntnisgegenstand auftut. Wir fühlen uns in beiden Fällen prinzipiell abgeschlagen angesichts der ausufernden Aufgabe, die sich vor uns türmt, und zwar sowohl in den institutionellen Verstrebungen des diskursiven Politik-Domes, der Systemtheorie wie auch angesichts des sich bedeutsam vorwärtsfragenden Denkens Heideggers, das bestenfalls zentimeterweit auf einem endlosen Weg vorwärts kommt, und das heißt eben auch – gar nicht.

Die Kommunikationstheoretiker würden den elitären Selbstdenker mit Weltperspektive vermutlich süffisant daran erinnern, dass der »Philosoph« im emphatischen Sinne des Wortes sowieso erledigt sei, eine zeitabgewandte Figur des idyllischen Subjektivismus, der vermessen und selbstverliebt an irgendeinem Randgebiet der Milchstraße der Diskurse operierend vergeblich nach halkyonischer Höhe sucht, während der große Diskurs der politisch verfassten Menschheit für ihn doch bestenfalls noch eine Arbeitsstelle bereithält – als Universitätsbeamter oder künstlerischer Sozialarbeiter.

Demgegenüber bringen uns nun aber auch Heideggers endlose Frageketten nur quälend langsam vorwärts, wenn sich im fragenden Suchen nicht überhaupt alles auflöst in jenes gern zitierte »Gespräch, das wir sind«, ein Gestus, der sich bei Heidegger – gern unter Bezug auf Hölderlin – immer wieder neu aufbaut.

Wir – mehr oder weniger Zwangserben von Heideggers Ontologie und Diskursbewohner zugleich – fast ahnten wir es – werden gar nicht mehr *alt* genug, um jemals die Horizonte zu erblicken, vor denen sich das Land des Verstehens und Entbergens bzw. die demokratische Weltgesellschaft entfaltet. »Nähern« mögen wir uns – gewiss, aber doch wohl eher wie Moses dem gelobten Land, also *ohne* es zu betreten, und in einem »stets *vergeblichen*« Begreifen, das zugleich das »Begreifen der Vergeblichkeit« ist und sich uns gerade in den Näherungen »ganz besonders entschieden« entzieht. Wer kennt diese aufschiebenden Wendungen Heideggers nicht, die aus dem Denken eine Art andachtsvolles Innehalten machen. Dass dies keineswegs zufällig an jenen Prozess erinnert, den Elias Canetti in seinem Buch »Masse und Macht« im Hinblick auf die Geschichte der römisch-katholischen Kirche beschreibt, also jenen Prozess, in dessen Gang eine Priesterschaft das Jüngste Gericht, Erlösung und den Trost des Ankommens im Paradies immer weiter ins Unendliche hinausschob, um die Zwischenzeit mit den Ritualen der Macht zu füllen, sei am Rande bemerkt.[4]

Habermas als ewiger Revolutionär, der das Projekt der Moderne in die verbeamtete Auflösung weltweiter Konferenzrituale vorwärtstreibt, bis es an seinen Vor- und Rücksichten in tausend Verästelungen scheitert, und Heidegger als ewiger Messdiener, dem sich das Sein im Sinne von Aletheia und Lichtung gerade in der Bemühung entzieht, es zu fassen, während sich der priesterliche Gestus seiner Adepten über den kommunikativen Lärm erhebt – wären diese beiden am Ende nicht ein wirklich sehr gut zusammenpassendes Paar für eine resümierende Betrachtung der Philosophie des 20. Jahrhunderts?

Die Situation zweier Perspektiven, die unterschiedlicher nicht gedacht werden können und mehr als gelegentlich in Gegnerschaft münden, reizt zum Entwurf einer Perspektive, die ihren Gegenstand in einem gewissen Sinne *immer schon er-*

---

[4] Elias Canetti, Masse und Macht, Hamburg1960.

reicht hat oder zumindest immer erreichen könnte, eine Sicht der Dinge, die ab nun »Korrespondenzdenken« heißen soll und von welcher wir nun allerdings auch erst sehen müssen, was sie ist.

2. Die Perspektive der Korrespondenz

Habermas wie Heidegger befinden sich beide auf einem endlosen Weg zu einem immer wieder hinausgeschobenen Ziel. Ihr Stil ist im einen Fall das unermüdliche Vertrauen auf informative Prozesse und deren Ergebnis, im anderen Fall das Offenhalten für und das Bergen des Sinnes von Sein im Verbund mit der Kunst. Was wäre demgegenüber Korrespondenzdenken?

1. *Sprachhistorisch* hat der Ausdruck Korrespondenz seine Wurzeln im lateinischen respondere, was antworten heißt (responsum). Das »responsorium« ist der Antwortgesang in einer katholischen Messe. Co-respondere ist das gemeinschaftliche Zusammenwirken zur Erwiderung, etwa durch Zeugensammlung im Prozess, aber auch im Briefwechsel (correspondentia), womit das Hin- und Herschreiben gemeint ist, aber auch das dadurch zustande kommende Gedankenkorpus, das als »Briefwechsel« veröffentlicht werden kann.

2. In einem *sozialwissenschaftlichen* Sinne entsteht durch Korrespondenz, etwa Geschäfts- oder Vertragskorrespondenz, ein Geschäft oder durch den Austausch von Gesellschaftsklatsch, Argumenten und Rezensionen in den »Korrespondenzblättern«, den Vorläufern der Zeitschriften, jene berühmte »Öffentlichkeit«, von deren Niedergang heute angesichts vieler digitaler Medien oft die Rede ist. Die »Presse« und die Korrespondenzdrucke Walpoles im England des späten 18. und frühen 19. Jahrhunderts waren in dieser Hinsicht Entwicklungsschritte eines durch ständiges Korrespondieren einer bestimmten Schicht ent-

stehenden Milieus, das nicht einfach vorgegeben oder institutionalisiert war, sondern durch Aktivität, Teilnahme bzw. gesellschaftlichen *Verkehr* permanent aufrechterhalten wurde und nach und nach Institutionen ausbildete, wie dies etwa Habermas im »Strukturwandel der Öffentlichkeit« beschreibt. Inwieweit diese »Öffentlichkeit« und ihre Kommunikation durch die Responsivität digitaler Medien und ihrer Stile tatsächlich schwindet oder sich nur drastisch umgestaltet, ist eine Frage, die noch genauer gestellt werden soll.[5]

3. Auf den *anthropologischen* Sinn des Korrespondenzbegriffs, den etwa Marcel Mauss in der Schrift »Die Gabe« entwickelt hat, wies erst kürzlich wieder der Anthropologe Tim Ingold in seinem Aufsatz »On human correspondence« hin.[6]

Schon dass wir uns gelegentlich an der Hand nehmen, wie auch viele andere Aspekte korrespondierenden Mitseins, zeige auf ein prinzipiell viel zu wenig beachtetes Muster immer wieder hergestellter Gleichklänge, die nicht einfach durch Diskurs, Wissensweitergabe oder Erfahrung zustande kommen, sondern Vorgänge grundsätzlicher und situativer Art unseres vitalen Miteinanders als Lebewesen sind. Tim Ingold unterscheidet die *Korrespondenzen der »Gewohnheit«* (habit), etwa der rituellen Feste oder des im Austausch mit der Natur sich ergebenden Gleichklangs der Arbeit, von den *Korrespondenzen situativer Aktionsgebundenheit,* in der es »kein Ich und kein Du« mehr gibt (»agencing«[7]), etwa in einem gemeinsamen Kampf, und

[5] Vgl. den Abschnitt »Heideggers Hirte« in dieser Arbeit.

[6] Tim Ingold, On human correspondence, in: Journal of the Royal Anthropological Institute, VL. 23 2017; 9–27; http://dx.doi.org/10.1111/1467-9655.12541. Ingold bezieht sich hier vor allem auf Marcel Mauss' Schrift: »Die Gabe«, in der das Handgeben, Geschenkaustausch und andere responsive Akte beschrieben werden. Er erweitert die Angelegenheit aber auch ins Prinzipielle.

[7] »In the correspondence of agencing, then, there are no volitional subjects, no ›I‹s or ›you‹s to place before any action.« Weiter unten führt er aus, dass es hier um eine Art von Handeln gehe, in dem der Handelnde in der Situa-

markiert schließlich die Korrespondenzen, die aufgrund unseres geradezu angeborenen Sinns für *Aufmerksamkeit (attentionality) aufeinander gegeben sind*[8]

4. »*Ästhetische Korrespondenzen*« habe ich bereits 1994 relativ ausführlich behandelt und auch am Atmosphärenbegriff und an verschiedenen Kunstgattungen, vor allem der Architektur und der Musik exemplifiziert.[9] Hier ging es unter anderem um den »Anspruch« des Kunstwerks und um Fragen der Korrespondenz von Künstler und Publikum, die davon nicht abtrennbaren Beziehungen von Kunstwirklichkeit und sozialer Wirklichkeit und um Fragen der Gestaltbarkeit von Korrespondenz bzw. den Zusammenhang von Gestaltung und Anspruch.

5. Würde man den Versuch machen, unter Einbeziehung der referierten Korrespondenzbegriffe zu einem allgemein *philosophischen Sinn des Korrespondenzdenkens* zu kommen, nämlich einer generell auf Korrespondenz und die Analyse von Korrespondenzvorgängen hin sensibilisierten Betrachtungsweise unterschiedlicher Facetten der Wirklichkeit, so würde dieser Versuch seinen Ort in jenem großen, seit Aristoteles bekannten Rahmen finden, den das Nachdenken über Identität und Diffe-

tion aufgehe, wie etwa ein Schwimmer im Strom, der im Kampf gegen die Strömung kein rechtes oder linkes Ufer mehr sieht. Vgl. Tim Ingold, On human correspondence, a.a.O.

8 »I aim to show that such correspondence rests on three essential principles. The first is habit, the second what I shall call ›agencing‹, and the third attentionality. The theory of correspondence I propose here is not new. It was already adumbrated a century ago in the writings of the pragmatist philosopher and theorist of education John Dewey. For Dewey it was axiomatic that for life to carry on, it must be lived with others.« Vgl. Tim Ingold, On human correspondence, a.a.O.

9 Reinhard Knodt, Ästhetische Korrespondenzen – Denken im technischen Raum, Stuttgart 1994.

renz markiert. *Erkenntnislogisch* steht Korrespondenz dann nämlich in Spannung zum Differenzbegriff, ähnlich der Identität. Man könnte sie als Nachdenken über »produktive Differenz« kennzeichnen, also als eine über das bloße Konstatieren des Nichtbestehens von Identität hinausgehende Konzentration auf das Zusammenwirken von Nichtidentischem zu etwas Weiterführendem, Übergeordnetem, sei es in konstruktiver wie auch destruktiver Hinsicht. In diesem Sinne bedient sich etwa Hegel des Begriffes der Dialektik als ›Aufhebung‹ von Widersprüchen, allerdings geht es im Fall der Korrespondenz nicht um »Widersprüche« und ihre »Aufhebung«, sondern um bipolare und multipolare Muster des Miteinanders von Differentem, das auf einer höheren Stufe eine praktische Balance oder lebendige Spannung erzeugt, die unter den Namen Milieu, Situation oder Atmosphäre zum Gegenstand phänomenologischer Beschreibung werden kann. Eine Philosophie der Korrespondenzen richtet ihr Augenmerk also nicht auf den Gegensatz von Identität und Differenz, sondern auf die Korrespondenz des Nichtidentischen als einem *Geschehen, das situativ oder atmosphärisch als Grundströmung wirkt.* Nicht die Identitäten sind der Anfang unseres philosophischen Nachdenkens, sondern das Geschehen, aus dem die Identitäten extrapoliert werden oder sich als solche herausstellen. Poetisch kann man diesen Sachverhalt damit kennzeichnen, dass wir zuallererst »im Atem der Dinge« leben und erst in zweiter Linie zwischen Gegenständen und angesichts von Bildern, Worten oder Gedankenordnungen.

Solch eine Perspektive der Korrespondenz ist kein bloßer Rückfall in die Ordnungen des Werdens oder in soziologische Betrachtungsweisen über Gefühle und Stimmungen, sondern die Konzentration auf einen Zwischenzustand, also auf den Rhythmus und erkennbare Muster der Korrespondenz, eine Perspektive, die vor dem ontologischen Abschluss genauso zurückscheut wie vor den oft ja nur beliebigen Systematisierungen der Wissenschaft. – Die traditionelle Definition der Differenz als Gegenbegriff der Identität, etwa in der Metaphysik des Aristoteles[10] bleibt damit zwar gewahrt. Gleichzeitig kann sich aber ein prospektives Korrespondenzdenken (des Miteinanders) in Spannung zum Differenzdenken (als einem potentiellen Gegeneinander) etablieren.

Ob die im Korrespondenzdenken analysierten Facetten der Wirklichkeit dann »Öffentlichkeit« heißen oder »Mall«, ob es dabei um Kunst oder Liebe, Religion, Architektur, Musik oder das Internet geht, immer wird der *Sinn von Zusammensein,* den diese Gegenstände offenbaren, und die damit verbundenen Charakteristika im Zentrum stehen. Es wird dabei vermutungsweise auch immer um den Begriff der Atmosphäre gehen, allerdings nicht mehr als gestimmter Raum (Bollnow), sondern als Korrespondenz*geschehen,* womit das Atmosphärische als wesentlich umfassender und wirkmächtiger angesehen werden könnte, als wir zunächst ahnen. Vom einfachen An-der-Hand-nehmen bis zu einem Geschäft (auch hier schüttelt man bezeichnenderweise die Hand zur Bekräftigung) und vom Miteinander im freundschaftlichen Gespräch, einem gemeinsamen Gebet, einer Meditation, der gemeinsamen Pflege eines Haushalts oder Gartens, des Musizierens, des Gehens oder Sport-Treibens bis hin zum permanenten Austausch von Mails oder Bildern im I-Phone-Verkehr, geht es nämlich immer um jene Vorgänge, bei denen wir zu irgend einem Zweck und in irgend einem Sinne *zusammen* sind und zusammen auch zugleich am Milieu dieses Zusammenseins bauen. Korrespondenzen können dabei allerkleinste psychische Entsprechungen sein, die so fragil sind, dass eine Kleinigkeit – ein falscher Blick, ein Geräusch – ihre Dynamik stört oder eine produktive Entwicklung in eine destruktive verwandelt. Andererseits sind Korrespondenzen oft auch von archaischer Robustheit und geradezu gesetzmäßiger Wiederkehr, wenn wir etwa an die anthropologischen Konstanten unserer Situation als Lebewesen denken. Korrespondenzen sind Beziehungen, die einen flüssigen, unbestimmten Teil haben und

---

[10] Aristoteles, »Anderssein von Dingen«, Met. 9 1018a12.

einen festen, die unendliche Varianten haben, aber zugleich auch einfache Grundmuster, so wie etwa Tänzer nie aufhören, sich gegenseitig zu neuem Einsatz zu reizen, und dabei eine erstaunliche Dynamik und Vielfalt entwickeln, obwohl sie zugleich mit einem banalen Grundmuster auskommen. Korrespondenz kann nicht beschlossen werden. Sie besteht wie eine archaische Freundschaft mit den Dingen und Menschen, in deren Atem wir immer verkehren. Sie kommt in der Kunst zur situativen Erscheinung, sie muss *gelebt* und *geübt* werden, die diesbezüglichen Übungen mögen ebenso ewig und unendlich ausufernd sein wie die Erkenntnisprozesse bei Habermas oder Heidegger, aber sie sind *Übung,* also praktisch und nicht nur verbal oder Schrift, und damit sind sie wesentlich mehr als bloß Wissenschaft oder Erkenntnis – und wenn Erkenntnis, dann eine andere als die einer Wissenschaft.

3. Nicht notwendig, nicht beliebig

Korrespondenzen – der Plural weise darauf hin, dass sich verschiedene Formen der Korrespondenz miteinander zu komplexen Mustern und Abläufen verbinden – sind einerseits *nicht beliebig,* denn sie haben sich in einem anthropologischen oder sozialen Sinn mit uns entwickelt und »wir sind sie« etwa im Sinne von Gewohnheiten, Umgebungen oder Rhythmen, denen wir eingepasst sind. Andererseits sind es aber auch Beziehungen, die *nicht notwendig* sind. Denn sie können ersterben, sich verflüchtigen, bestimmte Zwecke können sich andere Wege suchen, usf. Die Verflüchtigung einer Korrespondenz (Person A liebt Person B nicht mehr …) ist nichts Negatives, denn Korrespondenzen sind Angebote eines Netzes von Zusammenhängen anthropologischer, soziologischer, ästhetischer … Provenienz, auf die man zugreifen kann, wenn man seine Welt einrichtet, die aber auch ihren »Eigen«-Sinn haben. Das Netz einer Untergrundbahn hat nichts Beliebiges, da ja jede Bahn zu einem bestimmten Ziel führt. Andererseits kann der Fahrgast dennoch sein persönliches Ziel erreichen und er wird entsprechend kombinieren, d.h. seinen eigenen Zusammenhang im Rahmen der allgemein zur Verfügung stehenden Korrespondenzen schaffen. Dass die Verbindungen der Pariser Metro tatsächlich »les Correspondances« heißen, ist da zumindest ein passender Zufall.

Mit Aristoteles könnte man eine Struktur, die sich einerseits zielgerichtet, andererseits aber nicht zwingend entfaltet, als *topo-logisch* bezeichnen, also als einen »Logos« möglicher Verbindungen von Gesichtspunkten (geistigen Gesichtspunkten oder »Orten«), die man zwar knüpfen kann, etwa wenn man sie in der Argumentation einer Gerichtsverhandlung braucht, um in eine bestimmte Richtung zu argumentieren, deren Verbindung aber nicht zwingend ist, da man seinen Zweck eventuell auch anders erreichen könnte. Es sind Möglichkeiten, etwa der Argumentation, die nicht ausgeschöpft werden müssen, oder Möglichkeiten der Auffassung einer Situation, die aber auch anders aufgefasst oder aufgebaut werden kann. Aristoteles zeigt, dass wir für gewöhnlich die Kombination von Gesichtspunkten nach bestimmten Mustern vornehmen, etwa im Sinne der »Parallelität«, des »Kontrastes«, der »Ähnlichkeit«, des Verhältnisses von »Teil und Ganzem«, aber auch der örtlichen oder symbolischen Nähe, etwa zu Bildungs-Assoziationen oder kulturellen Gewohnheiten, ja selbst zu Bauwerken oder den architektonischen Teilen eines öffentlichen Platzes, etwa den Götterstatuen, deren Zeugnis bei der Gerichtsrede angerufen wird. Solche Muster sind einem Denken in bloß argumentativen Gesichtspunkten aufgrund ihrer assoziativen Anschmiegsamkeit überlegen. Auch hier sind die gewählten Kombinationen nicht *zwingend,* denn ich brauche sie ja nicht immer, aber eben auch *nicht beliebig, denn sie haben ihren Sinn* und sind durch unseren alltäglichen Umgang mit den Dingen eingeschliffen. Welche Atmosphäre in einem Dom herrscht oder bei einem Motorradrennen, bei einem Sektempfang oder bei einer Demonstration, liegt also zwar tatsächlich nicht fest, doch sind die Grenzen, wie das Ganze alles in allem zu nehmen ist, offensichtlich nicht beliebig weit.

Auf diese Weise kommt die Beziehung der Korrespondenz *zwischen Zufall und Notwendigkeit* zustande – aber sehr wohl regelmäßig und in vielen Fällen ähnlich einem atmosphärischen Gesetz, dem wir unterworfen sind, obwohl doch alles frei scheint. Ja, wir müssen zugeben, dass die allermeisten Beziehungen zwischen Menschen, die wir im Rahmen des »linguistic turn« der Geisteswissenschaften bisher vielleicht unter »Kommunikations-Gesichtspunkten« fassten, vom Smalltalk bis zum Flirt und vom Konferenzgespräch bis zur emotionalen Redeschlacht, in Wirklichkeit solche der Korrespondenz sind, als die sie deswegen auch einmal dargestellt und in ihrer situativen Semantik ausgebreitet werden sollten. Dass es sich dabei weniger um strategische als vielmehr um schöpferische, lebendige, offene und ausgestaltbare Beziehungen handelt, die immer auch einen Grad von Unverbindlichkeit beinhalten, so dass sie diskursiv nie eingeholt werden können, sei hier schon vermutet.

Es ist also nicht so, dass der Korrespondenzbegriff den Kommunikationsbegriff ablöse oder dass die Institutionen des kommunikativen Handelns oder die Intentionen mancher Schüler Heideggers obsolet wären, weil wir ja ab nun die Kunst des Korrespondierens üben, statt immer nur zu kommunizieren. Vielmehr wird diese als Grundlage und immer vorhandene atmosphärische Wahrheit all unserer »Kommunikation« nun deutlich wahrnehmbar gemacht. Dass damit der Glaube an eine sich allmählich durchsetzende »Systemrationalität« und den Sieg eines darin sich entfaltenden profanen Zweckbegriffs und seiner Steuerungsmedien erschüttert sein könnte, bleibt allerdings zu bedenken.

Die Korrespondenzen unserer Beziehungen, die sozialen Milieus, die aus ihnen aufgebaut werden, und die Varianten des Alltags, die wir dementsprechend leben, wird man also nicht als *Diskursergebnisse* und auch nicht als Folge von besserer Einsicht ins Seinsgeschick ansehen dürfen. Man muss sie als *Kor-*

respondenzvorgänge verstehen lernen, an denen wir mehr oder weniger geschickt *teilnehmen* und die es daher in einem noch zu erläuternden Sinne zu »üben« gilt.

Man sollte die Probleme unseres Miteinanders mithin nicht umstandslos dem Logos der Diskursoperanden oder einer deutenden Hermeneutik des allenthalben organisierten »Verstehens« überstellen, denn nicht das Irrationale oder die Manipulation drohen im Bereich der Korrespondenz, wie man befürchten könnte, sondern ganz im Gegenteil entsteht gerade hier die Öffnung zu einer Vernunft, deren Dimensionen wir noch kaum abschätzen können, die uns schon immer »hält« und die von Anfang an praktisch ist.

4. Vom geheimen Rhythmus der Welt

Der Herzschlag eines Menschen ist ein Rhythmus. Der Atem ist ein Rhythmus, unser Gehen ist ein Rhythmus. Schlafen und Wachen folgen rhythmisch aufeinander, unsere Sprache ist rhythmisch, ob in Vers oder Prosa. Unsere Wahrnehmung pulsiert im Rhythmus von Konzentration und Entspannung. Unsere Aufmerksamkeit pendelt zwischen Zentrum und Peripherie. Diese Rhythmen überlagern sich und beeinflussen sich, die Interferenzen der verschiedenen Rhythmen können als weitere regelmäßige oder unregelmäßige Rhythmen oder Rhythmusgestalten aufgefasst werden. Wenn etwas im Bereich der Phänomene des Lebens und seiner Milieus auffällig ist, dann sind es die Rhythmen und ihre langsamen und schnellen Verschiebungen und Interferenzen. Man kann dieses gut beobachtbare Phänomen und die Rede von den Korrespondenzen in Beziehung setzen. Die Rede von *Sein* (ewig, ungeworden, unzerstörbar) und *Werden* (ein ewiger Strom der Veränderung) hat in der europäischen Denkgeschichte – auch in seinen religiösen Varianten – diese Rhythmen nie wirklich grundlegend berücksichtigt. Doch sie sind es, die unsere Wirklichkeit wirken, denn wir »sind« das Atmen, das Gehen, das schlagende Herz, und die Rhythmen sind es also, in denen wir uns letztlich finden und entwerfen, mögen wir uns noch so sehr vom Sinn von Sein getragen fühlen oder – vom Werden und möglichen Entwicklungen fasziniert – Diskurse und Konferenzen organisieren. Rhythmen sind es, die wir in Korrespondenz *mit uns selber* ständig erfahren und im Zusammensein mit anderen ständig gestalten. Wir arbeiten rhythmisch und haben Sex, wir musizieren und marschieren rhythmisch, wir singen und wir klatschen rhythmisch. Wir sind geradezu in dauernder »Resonanz«.[11] Vielleicht sind uns die kleinen Rhythmen und ihre Wiederkehr (das Atmen, der Zyklus der Frauen, Tag und Nacht) noch eher bewusst als die größeren und in langen Schwingungen pulsierenden, aber wir erfahren auch deren Wirkungen, etwa als Atmosphäre eines »Zeitalters«, als Milieu innerhalb eines »Trends«, als heraufziehende Gefahr usf.

Es ist auffällig, wie wenig der Rhythmus, der doch die Spur alles Lebendigen ist, und unser Nachdenken über Phänomene bisher aufeinander bezogen wurden. Der Grund ist offensichtlich. Wir haben neuzeitlich in zunehmendem Maß vom *Einzelnen* her philosophiert und oft nicht mehr beachtet, was alles wir bereits mit den anderen *gemeinsam* haben, wenn wir beginnen zu denken und zu handeln. Eine *Phänomenologie der Rhythmen* steht also aus und auch die Atmosphären müssen von ihrer

---

[11] Hier fehlt, wie gern zugegeben sei, eine tiefere Auseinandersetzung mit dem Resonanz-Begriff von Hartmut Rosa, der m. E. eine wesentliche Bereicherung der Korrespondenzthematik darstellt und über die naturalistischen Thesen des Buches »Gesetz der Resonanz« von Pierre Frankh (2012) hinausgeht. Eine Auseinandersetzung würde vermutlich zwei Unterschiede zu Rosa zeigen. Zum einen unterliegt dem Resonanzbegriff eine Echotheorie. Das hat mit der Bindung an musikalische Beispiele zu tun. Zum anderen ist er ein zweipoliges Verständnismodell der Korrespondenz, die prinzipiell multidimensional ist. Der Resonanzbegriff ist griffig und erläutert viele psychologische und soziologische Phänomene treffend. Gegenüber der Rede von »wechselseitiger Resonanz« (ähnlich wie Gumbrechts »Co-Responsivität«) erscheint mir »Korrespondenz« allerdings günstiger.

räumlichen Gebundenheit befreit und als rhythmisches Geschehen *in der Zeit* beschrieben werden. Denken selber ist Rhythmus, denn es ist – abgesehen von den Rhythmen unserer Wahrnehmung – immer Korrespondenz mit anderem Denken und Sprechen – besonders in der Philosophie, die das denkende Miteinander ist.

Die Phänomene der Korrespondenz und damit die Gegenstände einer möglichen Korrespondenzphilosophie weisen also nicht einfach auf irgendwelche sozialen oder anthropologischen Zusammenhänge, die *auch* interessant sind, sondern auf diejenigen, deren Analyse uns wesentliche Muster unserer kulturhistorischen, politischen, religiösen und künstlerischen Perspektiven erläutern hilft, die weit bis in die sogenannte »Natur«-Wissenschaft hineinreichen, jenem vorgeblich von den Geisteswissenschaften abgetrennten (aber tatsächlich eben korrespondierenden) Sonderbereich, in der die mathematisierten Phänomene und die Geräte zu ihrer Herstellung den Ton angeben.[12]

Dass diese Perspektive der Korrespondenz erfolgreich sein könnte, zeigt sich neben der Anthropologie, die den Terminus gerade entdeckt, auch auf verschiedenen Feldern der Naturwissenschaft. Selbst die Physik hat sich des Themas Korrespondenz angenommen, wie der Nobelpreisträger Frank Wilczeck zeigt,[13] und die Mikrobiologie wird es tun. Der ontologische Status des Genoms wird neuerdings, wenn nicht in Frage gestellt, so doch durch einen »transienten« Status ersetzt, was zumindest als ein Hinweis auf die Neufassung des naturwissenschaftlich definierten *Lebens* als Korrespondenzgeschehen mit gewissen Rhythmen ausgelegt werden darf.[14] Korrespondenzdenken gewinnt hier gegenüber dem Seinsdenken und Diskursdenken einen

[12] Vgl. dazu den Abschnitt »Helena oder die Liebe zur Geometrie« in diesem Buch.

[13] Frank Wilczek, A Beautiful Question – Finding Natures Deep Design. New York 2015.

[14] Vgl. Sebastian Schoul, Das regulierte Gen. Implikationen der Epigenetik für Biophilosophie und Bioethik, Freiburg/München 2017.

weitreichenden Anspruch. Es wird sich im Feld naturwissenschaftlicher Gegenstände, in Fragen der Kunst oder in der Beschreibung des Sozialen – etwa des zeitgenössischen politischen Engagements der »Masse« – einsetzen lassen, das sich durch die digitalen Medien in rasch dynamisierende Bewegungen versetzen lässt, ähnlich den Bewegungen eines »Schwarms«, ein Zusammenhang, auf den Byung-Chul Han kürzlich hingewiesen hat und auf den im Abschnitt »Heideggers Hirte« eingegangen wird.

Ein philosophisch explizierter Begriff der Korrespondenz dürfte weiterhin auch gut einsetzbar sein, um über psychologische Fragen zu urteilen. Liebe, Angst, Begeisterung und die Unabweisbarkeit des Leib-Phänomens gehören dazu. »Gefühle« sind auf diese Weise neu fassbar, weil sie dann keine ontologischen Entitäten mehr sind, die aus einem psychischen »Innen« in ein »Außen« treten, sondern als ein Geschehen des »Innenaußen« (Bachelard), also als *Korrespondenzphänomen* zu fassen sind. *Angst* etwa ist dann kein »Gefühl« mehr, sondern der Eindruck eines drohenden *Korrespondenzverlusts*, der mit einer leiblichen Einengung und Verkleinerung der beteiligten Prozesse zusammengeht; die *Freude* und der damit oft verbundene *Mut* ist das Gefühl eines Zugewinns von Korrespondenzen und damit, wie Hermann Schmitz sagen würde, eine leibliche Weitung, also ein großer Atem, den wir plötzlich zu spüren scheinen, was sich mit der Erfahrung deckt, dass neue Liebe auch neuen Mut schenkt.

Die Verhältnisse der Korrespondenz, aus denen sich unser Leben wie auch das menschliche Miteinander fügt, sind kein starrer Takt. D. h., die Rhythmen schaukeln oder schwingen. Irgendetwas, ein Keim, ist immer schon da. Vielleicht fehlt auch etwas, dessen Fehlen sich mit der Zeit als erstes Zeichen schwindender Korrespondenz oder gar sich hochschaukelnde Feindschaft entpuppt. Korrespondenzphilosophie will darauf hinaus, dass wir deswegen in vielen, und oft in den wichtigsten Fällen unseres Miteinanders nur mit-tun oder dazu-tun, verstärken oder abschwächen können, dass wir also Korrespondenz suchen oder meiden und sie in diesem Sinne durch Teilnahme oder Abseitsstehen als ein Beziehungsgeschehen für uns fruchtbar machen können oder nicht.

In den meisten wichtigen Fällen des Lebens »einigen« wir uns auch nicht per Kommunikation auf irgendeine gemeinsame Praxis, sondern wir korrespondieren mehr oder weniger stark – und zwar nicht nur durch ein Gespräch, sondern durch Handlungen und durch das große Zwischenreich der Gesten, durch künstlerische Interventionen, durch Habitus, Blick oder die performative Demonstration situativer Bereitschaft in einer Situation, was für die zwischenmenschlichen Beziehungen vom Takt des Lachens, Tanzens und Liebens bis zur Teilnahme oder dem Abseitsstehen an den großen historischen Verläufen reicht. Wir kommen in all diesen Fällen, wie übrigens schon die amerikanischen Pragmatisten gelehrt haben, erstaunlich gut miteinander zurecht, auch wenn wir uns gar nicht »verstehen« sollten.

Interpretieren und Analysieren ist also das eine, Korrespondieren das andere. Einen Apfel essen, ist eine Art, ihn zu interpretieren, sagte Nietzsche, und das besondere Glück der Liebe, jenes paradoxe »Verstehen« im Sinne des Einverständnisses, das gar nicht der gleichen Ansichten bedarf, auch wenn die Liebenden vielleicht *glauben*, Gleiche zu sein, zeigt, worum es geht.

5. Worum es geht

Korrespondenz beschränkt sich nicht auf Gewohnheit, Teilhabe oder gemeinschaftliche Erfahrung, wie die Anthropologie sagt, sondern sie ist auch schöpferische Anstrengung. Sie ist das, was sich nicht nur aufrechterhalten will, sondern wie das Leben selbst auch zu wachsen versucht und sich in seinen Polen gegenseitig befeuert. Es sei vermutet, dass wir erst durch *gelingende* Korrespondenz *glücklich* sein können, während wir durch die Kommunikation, den Austausch wissenschaftlicher Daten oder Abmachungen vertraglicher Art bestenfalls erfolgreich oder zufrieden sind. – Nichts gegen Zufriedenheit, die immerhin gute Voraussetzungen für das Glück schafft, es aber eben nicht *ist*, weswegen die Aufmerksamkeit auf das Ziel gelingender Korrespondenz gelenkt sei, denn es geht in der Philosophie nicht um den Vertragsabschluss mit der Welt, sondern ums *Gelingen*.

Für eine »Philosophie der Korrespondenz« gibt es damit keine Gegnerschaft oder endgültige Differenz, sondern immer die Suche nach der verbindenden Perspektive. Heidegger und Habermas haben mehr miteinander gemeinsam, als sie trennt. Selbst Tag und Nacht können eins sein, auch wenn man für diese Einsicht vielleicht einen größeren Abstand von der Erdkugel haben muss. Um die Suche nach solchen Perspektiven der Korrespondenz geht es ab jetzt. Statt auf Einigung, Verstehen, Verträge oder Offenbarung zu zielen, geht die Philosophie der Korrespondenz davon aus, dass die Welt kein Abbild unserer Gedanken ist, vor allem kein duales, dass die Dinge vielmehr »verkettet, verfädelt und verliebt« sind und dass wir in unserem Zusammensein und Zusammendenken in ihre Rhythmen *eingewoben* sind, auch und gerade in unseren scheinbar exaktesten Methoden.

Die Philosophie der Korrespondenz ist also weniger interessiert an der *Differenz* zwischen den Systemen unseres Verstandes und der »Welt« als vielmehr an den Möglichkeiten ihrer Korrespondenz, weniger am Unterschied von Sprache und Wirklichkeit als vielmehr daran, wie aus ihrer Korrespondenz Zeit und Geschichte entstehen. Die Korrespondenzphilosophie betrachtet sich nicht als Denken vom Rand her, sondern als involviert ins Geschehen. Sie setzt die Beschreibung und das Veranstalten (Festlichkeit) von Korrespondenz sowie das Beitragen und Einschwingen *über* den Habitus der Feststellung, des Erkennens, Verstehens, Eroberns oder Veränderns. Wirklichkeit ist nur eine Variante unseres Miteinanders im Rhythmus möglicher Korrespondenz, und ob in produktiver oder destruktiver Hinsicht, ist nur eine Frage des Täuschungsgrades.

Der Naturwissenschaftler und Arzt Empedokles von Akragas hat nicht nur die vier bekannten Elemente ins philosophische Gespräch gebracht. Er hat auch darauf hingewiesen, dass man sich die Welt nicht vorstellen solle als ein Ding, das aus diesen Elementen gemischt sei. Vielmehr seien diese Elemente überall zugleich in einem schwingenden Rhythmus zwischen Liebe und Streit begriffen. Damit war er der Erste, der das Seinsdenken des Parmenides (ewig, unzerstörbar, ungeworden) und den Hinweis auf den ewigen Fluss der Dinge des Heraklit miteinander wirklich verbunden hat. Den Kommunikatoren des westlichen Denkens ist der entschiedene Parmenides näher und den Schwelgern des Östlichen ist Heraklit freundlicher zugewandt. Man könnte aber zwischen beide die Sichtweise des Empedokles als anregendes Bild für die Myriaden sich gegenseitig stimulierenden Korrespondenzen stellen, die unser Leben ausmachen und auf die wir mit dem Ausdruck des Korrespondenzdenkens anspielen.

Kapitel III
Helena oder die Liebe zur Geometrie

1. Die Landschaft des Geometers

In dem Theaterstück »Kein Krieg in Troja«[1] wirft der französische Dramatiker Jean Giraudoux eine interessante Frage auf. Sie lautet, warum die Trojaner Helena nicht einfach den Griechen zurückgaben, wenn dadurch doch ein großer Krieg zu vermeiden gewesen wäre.

Nach dem Bericht der »Ilias« hat sowohl der Raub Helenas wie auch die Unmöglichkeit ihrer Rückgabe nur sehr komplex rekonstruierbare Gründe. Man könnte sie als »atmosphärisch zwingend« bezeichnen, wobei auch wichtig ist, dass das Stück kurz vor dem Zweiten Weltkrieg entstand, also in einer Zeit ergebnisloser Verhandlungen bei gleichzeitig drohendem Krieg. Hinter allem steht aber nun auch ein Problem, das uns zu Husserl bzw. Heidegger zurückführt. Doch der Reihe nach:

In Troja treffen laut Giraudoux zwei Delegationen aufeinander. Der Verhandlungsführer der Griechen ist Odysseus, der auf trojanischer Seite ein Staatsbeamter, der als seinen Beruf »Geometer« angibt. Der Geometer beginnt am entscheidenden Punkt als Begründung für die trojanische Weigerung, Helena zurückzugeben, folgenden Sachverhalt zu erläutern:

»Die Geometer waren bis vor kurzem von Trojas Umgebung weniger erbaut. Dort, wo sich Ebenen und Hügel aneinander schließen, fehlte es den Linien an Schwung. Dort, wo Hügel sich an Berge lehnen, war die Linie wie aus Draht. Aber seitdem Helena hier ist, hat die Land-

[1] Jean Giraudoux, Kein Krieg in Troja, Paris 1935 (dt. Übersetzung Anette Kolb, Frankfurt/M. 1990).

schaft ihren Sinn, ihre Form erhalten. Und – ein Vorzug, für den wir Geometer besonders empfänglich sind – Fläche und Volumen besitzen nunmehr ein gemeinsames Maß: Helena! Dadurch sind alle Instrumente, um das Weltall zu verkleinern, zunichte geworden. Es gibt keine Meter mehr, kein Gramm, keine Meile. Es gibt nur mehr den Schritt Helenas, die Tragweite des Blickes und der Stimme Helenas, die Elle Helenas und der leise Luftzug, den ihr Schreiten verursacht, ist das Maß der Winde …«[2]

Die Geometrie auf der einen Seite, der »leise Luftzug« auf der anderen – die Rede vom Hauch bzw. der atmosphärischen Veränderung in einer vorher nur technisch vermessenen Welt ist unübersehbar. Die technisch vermessene Welt ist repräsentiert durch »Meter«, »Gramm« und »Meile«. Das neue, durch Helena symbolisierte Maß der Dinge ist umschrieben durch die »Tragweite ihres Blickes«, ihre »Stimme«, ihre »Elle«, den »leisen Luftzug, den ihr Schreiten verursacht«. Schließlich ist auch von den Ergebnissen der neuen, atmosphärischen Perspektive die Rede, einer »Landschaft« und deren »Sinn und Form«.

Die Fragen einer Vereinheitlichung naturwissenschaftlicher Messgrößen, etwa von Raum- Zeit- und Energievariablen zu einer Theorie der Relativität, die Fragen der Unschärferelation und ihrer metamathematischen Bedingungen sowie die Kritik an der technisch mathematischen Erfassbarkeit von erfahrbarer »Natur« gehören zum intellektuellen Zeithintergrund.[3] Besonders die Krisis-Schrift Husserls und die dort kurz vorher niedergelegte Kritik des »physikalischen Objektivismus«[4] könnte in

[2] Jean Giraudoux, a. a. O. S. 23.

[3] Ein wichtiges Beispiel von Disproportionalitäten in der Begegnung verschiedener Maßsysteme wäre etwa der Korpuskel-Welle-Dualismus, den Niels Bohr 1927 durch den Begriff der »Komplementarität« allgemein beschrieb. Vgl. dazu die für diesen Zeitabschnitt immer noch instruktive philosophische Darstellung von Oskar Becker. Ders., Größe und Grenze der mathematischen Denkweise, Freiburg/München 1959, S. 54ff.

[4] Edmund Husserl, Die Ursprungsklärung des neuzeitlichen Gegensatzes zwischen physikalischem Objektivismus und transzendentalem Subjektivismus, in: Ders., Die Krisis der europäischen Wissenschaften und die

einer ihrer Passagen direkt auf das Problem des Geometers gemünzt sein: »Die Mathematik«, so hatte Husserl seinerzeit formuliert, »hat im Konnex mit der Messkunst bewiesen, dass man von der Welt der Idealitäten, d.h. der geometrischen Formen, die auf die empirische Welt appliziert werden«, übergehen kann auf die »objektiv reale Erkenntnis im Sinne einer Approximation derselben«. Dies mache, so fährt er fort, »die weltentfremdete ideale Geometrie zur *angewandten*, und so (...) zu einer allgemeinen Methode der Erkenntnis von Realitäten«.[5]

Allerdings, so Husserl, zeige sich nun im Fall dieser »indirekten Mathematisierung« ein Problem. Dieses besagt, dass die Welt unserer Sinnesqualitäten, etwa der »Kälte und Wärme«, der »Rauigkeit und Glätte«, der »Helligkeit und Dunkelheit«, der »Gestalten und Farben«, zwar technisch dargestellt werden kann (man kann etwa die Wellenlänge des blauen oder roten Lichtes durch technische Skalen messen und vergleichen) – dass wir jedoch dadurch ihrer ja zweifelsfrei auch noch vorhandenen Qualität im Sinne eines leiblichen Erlebens verlustig gehen. »Wir haben nur *eine*, nicht eine doppelte Universalform der Welt, nur *eine* und nicht eine zweifache Geometrie, nämlich eine solche der Gestalten und nicht auch eine zweite der Füllen.«[6]

Husserl spricht hier von der »indirekten Mathematisierung derjenigen Weltseite, die keine mathematisierbare Weltform« hat, sondern Erlebnisqualität. Vereinfacht: Statt Farben, Töne, Wärme, Schwere, beziehungsweise der aus ihnen gewobenen situativen Erfahrungsmuster und Atmosphären, Stimmungen und Korrespondenzen im Miteinander, die lebensweltlich betrachtet »das Realste überhaupt« sind, gibt es »objektiv« nur physikalische Messdaten: »Tonschwingungen, Wärmeschwin-

transzendentale Phänomenologie, Den Haag 1936. Herausgegeben von Elisabeth Ströker, Hamburg 1976, S. 19.

[5] Edmund Husserl, a.a.O., S. 33.

[6] Edmund Husserl, a.a.O., S. 35.

gungen, also reine Vorkommnisse der Gestaltenwelt«.[7] Wir erkaufen den Status der wissenschaftlichen Objektivität also mit dem Verlust einer ganzen Klasse von Phänomenen, und zwar nicht nur im Fall der einzelnen sinnlichen Wahrnehmung, sondern auch alles dessen, was wir aus den einzelnen Erfahrungen an Mustern bilden, etwa die gesamte atmosphärische Welt. Die Welt der Wissenschaft erscheint *atmosphärelos und sachlich,* d.h., sie zerfällt in Teile einer praxisbezogenen Zweckhaftigkeit ohne Gesamtsinn. Die Linien der Hügel in Giraudoux' Drama ergeben daher keine »Landschaft«, sie sind »wie aus Draht«.

2. Von Heidegger zu Husserl

Seine Zuspitzung und auch sein antitechnisches Ressentiment erhält dieser Gedanke bei Heidegger in der These von der neuzeitlichen Technik als unaufhebbarer Metaphysik des Machens und der Reduktion unserer Welthabe bis hin zum Absturz in direkte Technik- Gegnerschaft in dem Aufsatz »Die Zeit des Weltbildes«.[8] Mathematisierung, Technik und Wissenschaft sind, so Heidegger, nicht auf den Spuren der Wirklichkeit, vielmehr arbeiten sie konstruierend, messend und idealisierend mathematisch an der leiblich erfahrbaren Wirklichkeit konsequent vorbei und berühren diese nur noch als Ausgangslage und Bühne ihres konstruktiven Sinns. Wir leben so als Mathematiker und Techniker nicht poetisch und aisthetisch »in der Welt«, sondern gegen sie, indem wir sie zu Nutzbarem, zu »Bestand« interpretieren, bis die Welt das ist, was wir als Bild von ihr hatten. In Heideggers streng auf Husserl aufbauenden Sätzen: »Das Wesen dessen, was man heute Wissenschaft nennt, ist die For-

---

[7] Edmund Husserl, a.a.O., S. 38.
[8] Martin Heidegger, Die Zeit des Weltbildes (1938), in: Ders., Holzwege, Frankfurt/M. 1980, S. 73–110.

schung«.[9] Das Wesen der Forschung »besteht darin, daß Erkennen sich selbst als Vorgehen in einen Bereich des Seienden, der Natur oder der Geschichte einrichtet«.[10] Für die Physik bedeutet dies, dass »ein bestimmter Grundriß der Naturvorgänge entworfen wird«. Der Entwurf zeichnet vor, »in welcher Weise das erkennende Vorgehen sich an den eröffneten Bezirk zu binden hat«. Indem sich Physik »zu einer mathematischen gestaltet«, wird die Welt, wie sie uns erscheinen soll, vorher festgelegt: »Durch sie und für sie wird in einer betonten Weise etwas als das schon Bekannte im vorhinein ausgemacht. Dieses Ausmachen betrifft nichts Geringeres als den Entwurf dessen, was für das gesuchte Erkennen der Natur künftig Natur sein soll«.[11]

Seelischer Schmerz, Trauer, Heimweh, die Liebe, was immer sie sei, Ehrfurcht, die Wonnen der Schönheit, die Lust miteinander zu sein, die Erfahrung der Dichtung als Heimat der Sehnsucht, der Glaube, der Traum, die Phantasie, die Freude, die Dankbarkeit, die Schönheit der Musik und die Eigenart ihrer Töne, Melodien und Rhythmen, das alles ist *ohne Helena,* das heißt ohne ästhetische Korrespondenzen nichts. Es ist Quantität, Statistik, Zuhandenheit und Ausgangspunkt zielgerichteter technischer Praxis, zu der am Ende auch die ökonomische oder fiskalische Praxis gehört. Der Strom des Geschehens wird damit scheinbar zur Welt der wissenschaftlichen Tatsachen. Aus dem Zusammenhang der Phänomene und einer sinnhaften Welt wird das extrapolierte Substrat des »objektiven« Fragens und Antwortens einer spezialisierten Disziplin. Das Geschehen der Welt als bewegt empfundener Physis wird zu Materie plus Energie, usw. All das sind perspektivische Änderungen, die im Verlauf der Entwicklung zur *Einrichtung* einer Welt führen, die als technischer Raum im Sinne neuzeitlicher Naturwissenschaft

[9] Martin Heidegger, a.a.O., S. 73.
[10] Martin Heidegger, a.a.O., S. 75.
[11] A.a.O., S. 76.

wie ein Korallenstock die Reste des sogenannten »Lebens« enthalten mag, mit dem sie aber nicht mehr in Korrespondenz steht. Die Apotheose des Machens ist dann die Atombombe als der folgerichtige Sinn der Macht als Macht des Bewirkens von etwas im technischen Sinne.

Husserl hatte dies prinzipiell auch vermerkt, wenn auch nicht so holzschnittartig und nicht mit der katastrophalen Pointe: Es komme, so hieß es bei Husserl noch vorsichtig, zur »Unterschiebung der mathematisch substruierten Welt der Idealitäten für die einzig wirkliche, die wirklich wahrnehmungsmäßig gegebene, als die je erfahrene und erfahrbare Welt – unsere alltägliche Lebenswelt«.[12] Husserl hob also darauf ab, dass wir für Lebenswelt halten, was gar kein Leben ist. Wir meinen zu *erfahren*, was wir vorher nur *konstruiert* haben, und verlieren nach und nach den Sinn für das nicht Messbare, also unser leibliches Spüren, Stimmungen, Atmosphären bzw. jenen berühmten »Hauch«, der die Trojaner im Vorübergehen Helenas anweht, wie der Geometer der griechischen Delegation erläutert. Dass dieser Hauch so wichtig sein soll, dass die Stadt einen Krieg riskiert, scheint dem berechnenden, statistischen oder sonstwie auf den größten Nutzen der größten Zahl abzielenden Denken *absurd*, und das Stück Giraudoux' wird entsprechend auch zum absurden Theater gerechnet, das uns aber gerade in der Darstellung der Absurdität etwas über das Absurde unseres eigenen Verhaltens lehrt, und zwar: Die erfahrene Welt der Atmosphären, Sinnesqualitäten, Genüsse und Leiden nehmen wir »wissenschaftlich« nur noch durch einen »fachlichen Schleier« wahr. Und so sehen wir die Welt nun durch Raster und Argumente, die in Wahrheit doch nur noch einen geringen Teil der Wirklichkeit betreffen.

Wenn wir die Rede Husserls von der Lebenswelt ernst nehmen, die sich in den zwanziger und dreißiger Jahren gegen das mathematisierte Erfahren richtete, d.h. wenn wir hier nicht die

[12] Edmund Husserl, a. a. O., S. 52

Kritik »naturwissenschaftlicher« Methodik, sondern die dazugehörende Kritik der *Erfahrung* ins Zentrum setzen, lässt sich verstehen, inwiefern Heidegger diese als Gefahr in einem existenziellen Sinne auf die Haut rückt. Neu ist an seinen Hinweisen gegenüber Husserl nicht viel. Er spitzt sie aber zu, indem er von reduzierter Weltinterpretation und verbarrikadierter Erfahrungswirklichkeit als katastrophalem *Zwang* spricht. »Wir nehmen das Ideenkleid für die Wirklichkeit«, hatte Husserl formuliert. »Das Ideenkleid macht es, daß wir für wahres Sein nehmen, was eine Methode ist, dazu da, um die innerhalb des lebensweltlich ursprünglich allein möglichen, *rohen Voraussichten* durch (...) *wissenschaftlichen Fortschritt* im Progressus ad infinitum zu verbessern: Die Ideenverkleidung macht es, daß der *eigentliche Sinn der Methode, der Formeln der ›Theorien‹ unverständlich* blieb und bei der naiven Entstehung der Methode niemals verstanden wurde.«[13] Heidegger machte aus diesen Bemerkungen Husserls eigentlich nur noch ein populäres Programm. Knapp formuliert: Aus den Extrapolationen des Verstandes werden Begriffe, aus diesen kontrollierende Messgeräte, aus deren Operationen »Fakten«, welche im Reich der sozialen Zwecke zum Aufbau einer »Welt« führen, die technisch-instrumentellen Charakter hat und deren Betriebsstoff Menschenfleisch ist. »Tatsachen« sind aber – schon Nietzsche hatte es lange vor Husserl ins Feld geführt – »das Willkürlichste überhaupt«. Es scheint uns mittlerweile zwar selbstverständlich, dass z. B. eine Messung der Temperatur oder der Lichtstrahlung »objektiver« oder »genauer« sei als etwa eine ästhetische Empfindungsbeschreibung von Wärme, einem Duft, dem Ton einer Klarinette, den atmosphärischen Wirkungen eines Gebäudes, aber wir sollten nie vergessen, wie fragwürdig die Hypothese eines Verfahrens ist, das die berühmten »Füllen« auf geometrische Gestalten und quantifizierbare Abläufe reduziert.

---

[13] Edmund Husserl, a. a. O., S. 56.

3. Helena

Die Verwechslung von Wirklichkeit und Methode wird brisant, wenn man »Realität« nicht nur ermittelt, sondern diese auch herstellt, wenn man also eine Welt konstruiert, die Gültigkeit im Sinne einer faktischen »Realität« beansprucht und das alltägliche Leben präformiert, bis der technische Korallenstock zur Heimat des Menschen geworden ist und dieser sinnvolles Leben nur als dasjenige empfindet, was sich als funktional für den Betrieb und die Beschleunigung des Systems rechtfertigen kann. Solch eine Welt ist längst keine mehr im Sinne der Natur *einerseits* oder des technischen Apparates *andererseits* oder der wissenschaftlichen Verstandes-Tatsachen einerseits und der Gefühle andererseits. Viel zu sehr ist beides längst in Allianz, definiert sich gegenseitig und steht in schneller Korrespondenz. Es ist auch keine Welt, in der *hier* die mathematisierte Wissenschaft oder die Technik und *dort* die Kunst oder das eigentliche Denken sich gegenüberstehen, wie der junge Nietzsche noch meinte, als er von der »Todtfeindschaft« zwischen Wissenschaftlern und Künstlern sprach. Es ist vielmehr eine Welt, in der es eine sich immer mehr erweiternde *Lücke* gibt, selbst dann, wenn die Kunst als ästhetische Welterläuterung das eine oder andere »ästhetische« Defizit ausgleichen sollte.

Diese Lücke lässt mitunter vergessen, dass unser Verhältnis zu den Dingen in seinem ursprünglichen Sinne nicht das kognitive, sondern ein situatives oder gar atmosphärisches ist. Ein Erleben, das vor allem vom *Miteinander* geprägt ist – und nicht von autonomer Selbstsetzung *gegenüber* anderen und *gegenüber* der Welt. Wir stehen von Anfang an *miteinander* da und haben es tatsächlich dennoch geschafft, das autonome Subjekt in den letzten zweihundert Jahren derart zu stilisieren, dass wir die Tatsache, dass dieses mit anderen *zusammen* lernt, erfährt, Wissenschaft treibt, musiziert, betet und liebt, aus der Wissenschaft fast wegeskamotiert haben. Eher schon fordern wir Unterordnung unter ein System der Objektivität, das uns von den Quantifizierungen von allem und jedem diktiert wird.

Was wir allerdings noch immer wollen und sogar als Festlichkeit empfinden, ist zum Beispiel, dass wir Menschen nahe sind. Was wir immer noch wollen ist, dass diese Nähe qualifiziert ist, dass sie ein potentielles Fest und ein gegenseitiges Wohlergehen ist. Wir wollen also nicht nur ein technisches Wissen und eine Ethik, wir wollen auch die Kunst des Mitlebens. Dahin zumindest zielt die Sehnsucht. Und so ist es also ein Drama besonderer Art, dass wir unsere Welt zwar konstruktiv gemäß eines Bildes vorangetrieben haben, das wir von ihr hatten, aber eben unter Auslassung wichtigster Zusammenhänge; und so wird also auch subjektiv klar, dass es eine immer *größer werdende Lücke* zwischen unseren Erkenntnissen und moralischen Regeln einerseits und unseren Korrespondenz-Fähigkeiten andererseits gibt, sodass all unsere Anstrengungen jedenfalls nicht zu einem sinnvollen oder glückhaften Leben führen, sondern eben nur irgendwohin.

In einem technischen bzw. sozialtechnischen Sinn bekommen wir die »Welt« nur als Informationsmasse einerseits und ethisches Regelwerk – etwa im Rahmen von Diskursformen – andererseits, weil dies der sich immer weiter rationalisierende Sinn der längst ins Rennen gekommenen Systeme ist. Im Sinne einer wirklichen Korrespondenz bekommen wir sie immer weniger oder bestenfalls synthetisch, weil wir im Rahmen des Bisherigen *vorne* suchen, was wir *auf eine ganz andere Weise* suchen müssten. Besonders augenfällig wird dies, wenn eine Methode des *Auffassens* von Wirklichkeit sich zu einer Methode des *Vorantreibens* von Versuchen emanzipiert, in denen immer größere Messmaschinen – man denke an das CERN – scheinbar »suchen«, was sie in Wirklichkeit herstellen, was also nur ein *Produkt* der Anlage und der darauf aufbauenden Schlussfolgerungen sein kann. Was für ein schier religiöser Aufwand für das Higgs-Teilchen! Und nun? Dass die Welt im Berechenbaren nicht aufgeht, dass Sinnesqualitäten nur quantifiziert zur Verfügung stehen und ansonsten dem Alltag überlassen bleiben, ist also letztlich gar nicht der Clou der Kritik,[14] es geht viel mehr um die *Verselbstständigung* eines rationalisierenden Modus – und damit konsequenterweise um die jetzt neue Aufgabe des Wiedergewinns einer ganz anderen Perspektive.

»Seit Helena in Troja ist«, gelten dort nicht mehr die in vielerlei auseinanderfallenden Maße des vermessenen Raumes, »der das Weltall verkleinert«, sondern das Maß, das durch Helenas Schönheit, durch ihren Körper, ihre »Elle«, den »leisen Luftzug, den ihr Schreiten verursacht«, gesetzt ist, ja noch mehr, dieses Maß ist nun all jenen Instrumenten »überlegen«, die ansonsten das Weltall verkleinern. Der Geometer spricht keineswegs leichtfertig. Er ist erschüttert. Als er seine Rede beendet hat, bricht er in Tränen aus.[15] Das Maß »Helena« ist für die Trojaner ein Bedürfnis grundsätzlicher und besonderer Art, ein Zugewinn, der nicht verhandelbar ist: »Sieh nur die Menge um dich her, und du wirst erfassen, was Helena ist! Sie beweist all diesen Greisen … dem Räuber, dem Mädchenhändler, dem Entgleisten, der sein Leben verpfuschte, dass sie alle im Geheimsten ihrer Herzen zu einer Forderung berechtigt waren: Es ist die Schönheit! Wenn Schönheit ihnen so nahe gewesen wäre, wie es Helena heute ist, dann hätten sie ihre Freunde nicht bestoh-

[14] Hauke Brunkhorst hat vor einiger Zeit gezeigt, dass weder die These der Reduktion einer Weltbeherrschung durch Berechnung noch der Hinweis auf das im Berechenbaren Abwesende besonders originell sind. Popper resümierend schreibt er: »Die neuen Erfahrungen, auf die Wissenschaft in ihrem Fortgang stößt, … sind für Poppers Falsifikationismus der unberechenbare, nie aufzuhebende, immer nur verschiebbare Anstoß des Fortschritts zur weiteren und immer genaueren Berechnung … Und diese Berechnung selbst basiert auf neuem Wissen, das die Welt verändert und sie als veränderte der Berechnung immer wieder entzieht«. (Hauke Brunkhorst, Martin Heidegger als Kritiker des neuzeitlichen Egozentrismus, in: Information Philosophie, Nr. 2, 1991, S. 5–16.) Hier gilt es zu sagen, dass die moderne Wissenschaftstheorie der Naturwissenschaft sich nicht über den Charakter der Mathematisierung täuschen mag, dass sie sich aber meist darüber ausschweigt, welcher Schluss daraus zu ziehen ist.

[15] Jean Giraudoux, a. a. O., S. 23.

len, ihre Töchter nicht verschachert, ihr Erbe nicht versoffen. Helena bedeutet ihnen: ihre Gnade, ihre Vergeltung und ihre Zukunft!«[16]

Die phänomenologisch rekonstruierbare Perspektive einer Ahnung vom *geglückten Leben* steht windschief zum technischen Programm des *Erfolgs*. Das Technische kann ihr nicht aufhelfen. Das Gelingen, um das es geht, ist keines der Virtuosität oder der sublimen Erfahrungsschulung in den heute bekannten Kunst-Domen. Es ist etwas, das sich in den Horizonten der »Gnade« und der »Zukunft« erschließt. Gnade heißt Rechtfertigung![17] – Die Trojaner sollen Gnade, Vergeltung und Zukunft fahren lassen? – Dann lieber Krieg!

Dass eine Handlungsweise sowohl strategischen wie auch ethisch gebotenen Rücksichten widerspräche und allein aus ästhetischen Gründen durchgeführt würde, käme uns heute noch absurd vor. Genau dies ist aber der Sachverhalt im vorliegenden Drama. Helena verkörpert den Inbegriff eines gerichteten Miteinanders und das Versprechen, dass alle Anstrengungen auf die eine oder andere Weise am Ende eben doch zum glücklichen Ende führen können. Hier geht es also um alles. Das Schöne als Vorschein eines *Erlösungszustandes*, als Sehnsucht, die sich angesichts bestimmter Zusammenhänge einstellt, reicht weit über die Ästhetik der »Kunst« hinaus, denn das Ästhetische hat seinen Ursprung nicht in der Kunst, sondern in der Sehnsucht.

Das zwischen den Göttern und Menschen angesiedelte Wesen des Eros in Platons »Symposion« sehnt sich bekanntlich nach der »Zeugung im Schönen«. Das Schöne aber ist die lebendige Erinnerung daran, dass wir die Probleme eines allein auf Wissenschaft, Machen und Handeln abgestellten Denkens nie werden lösen können, solange wir sie für Probleme der Wissenschaft, des Machens und des Handelns halten. Dass Helena nicht zurückgegeben werden *kann* und die bedächtigsten Unterhänd-

---

[16] Jean Giraudoux, a. a. O., S. 23, 24.
[17] Thomas v. Aquin, Summa Theologica II, 109.

ler scheitern, weil sie eben nur »kommunikativ« arbeiten oder nach einer Einigung auf dem Verhandlungsweg suchten, dass sie kaum bemerken und erst durch den Geometer darauf aufmerksam werden, dass der Zusammenhang für eine der beiden Seiten mit der atmosphärischen Rechtfertigung des Daseins verbunden ist, das ist der Hinweis, den der griechische Mythos uns geben kann.

Anwendungen

Kapitel IV
Heideggers Hirte – über Korrespondenzmaschinen

»Angenommen, unser Zentralnervensystem würde wie ein Netz den ganzen Erdball umspannen. Es würde etwa eine Nervensphäre bilden, die wir uns als zwischen der Biosphäre und der Atmosphäre liegend vorstellen können. Das ist keine Science-Fiction, (...) sondern es ist das Modell der im Aufbau befindlichen telematischen Gesellschaft.«[1]

1. Herde, Masse, Schwarm

Um dem Phänomen der *digitalen Korrespondenz* auf die Spur zu kommen, also dem Sachverhalt, dass wir seit etwa einer Generation jederzeit, immer und überall miteinander in Korrespondenz stehen, könnte man von einer Trias Herde, Masse, Schwarm ausgehen und den *Schwarm* als Allegorie unseres Zeitalters ansehen, wie kürzlich geschehen[2]. Der Name für die immer dichter werdende Atmosphäre des permanenten Austauschs wurde dabei mit dem Hinweis auf die »Apps«, also die Applikationen sozialer Medien verbunden, doch ist »Social Media« wahrscheinlich noch eine verharmlosende Bezeichnung für die Veränderung, die hier eingetreten ist.

Die Rede vom Hirten und der Herde stammt aus spätrömisch-christlicher Zeit und malt ein Bild, das bis in den Absolutismus seinen Sinn hatte, dann allerdings keine Orientierung mehr bot, als der absolute Herrscher zum ersten Diener des

---

[1] Vilém Flusser, Von der Freiheit des Migranten, Berlin/Wien 2000, S. 81.
[2] Byung-Chul Han, Im Schwarm. Ansichten des Digitalen, Berlin 2013.

Staates avancierte. Seit dem späten 19. Jahrhundert bildete der Begriff der *Masse* den Angelpunkt vieler politischer Überlegungen, vor allem für Hegel, Marx und Le Bon, wobei der Gedanke eines nicht nur im Guten zu Freiheit und Autonomie des Subjekts, sondern auch der im Schlechten zu Unfreiheit und Unterdrückung führenden »Geistes der Masse« eine wichtige Rolle spielte.

Legt man die politische Forderung einer Gesellschaft als institutionalisierter Öffentlichkeit einander widerstreitender und auf institutionellen Konsens zielender Interessen zugrunde, kann man behaupten, dass die europäische Politik der *zweiten* Hälfte des 20. Jahrhunderts nach den Erfahrungen von Diktatur, Krieg und Einparteienstaat eine außerordentlich geschickte Verbindung aus allgemeiner »Kommunikation«, Medienmacht und politischen Institutionen gefunden hatte. Die »Masse« saß dazu vor den Empfangsgeräten oder las Zeitung, während in den Redaktionen der »Qualitätsjournalismus« agierte und die Parteienpolitik das öffentliche Geschehen organisierte. Die bereits in den sechziger Jahren nach Deutschland importierte Theorie der Systemrationalität von Parsons, die im Diskursmodell von Jürgen Habermas mündete, und die daraus entwickelten »Stellschrauben« der Politik, Finanzpolitik, Wissenschaftspolitik, Rechtspolitik, Medienpolitik (oder klassisch nach Habermas: »Tausch«, »Belehrung«, »Weisung«, »Appell«)[3] könnte man als das *goldene Zeitalter der Kommunikation* bezeichnen.

Dieses Zeitalter neigte sich nicht erst unter dem Einfluss der bidirektionalen Medien, sondern auch schon im Zuge der Vervielfältigung des Angebots durch die Sendelizenz für jedermann ihrem Ende zu. Vilém Flussers oben zitierte, geradezu hymnische Einschätzung des rasant sich ausbreitenden Kommunikations-Stils der »telematischen Gesellschaft« und die landläufige Medienkritik der Gebildeten, die vor Überschwemmung, Infor-

---

[3] Jürgen Habermas, Theorie des kommunikativen Handelns. Zur Kritik der funktionalistischen Vernunft, Frankfurt/M. 1981, Bd. II, S. 409.

mationsflut und neuer Archaisierung warnten, standen sich dabei schroff gegenüber. Marshall McLuhan befürchtete in seinem Buch »Understanding Media« die Rückverwandlung des ehemals gebildeten und informierten politischen Menschen in den Urzustand des desorientierten Bilder- und Informationssammlers. Enzensberger kritisierte das rein »Atmosphärische« der neuen Medienvielfalt, und in einer Art erweiterten Neuauflage hat nun kürzlich Byung-Chul Han diesen Einschätzungsstreit wieder belebt, indem er angesichts der mittlerweile entstandenen Social Media Applikationen auf die Metapher des »Schwarms« zurückgriff.[4]

Der Schwarm markiert zweifellos eine neue Qualität, wenn man angesichts von Facebook, Twitter oder anderer nicht sogar bereits von Institutionen sprechen sollte. Der Schwarm folgt keinem Hirten und er hat, wie Han erläutert, auch »keinen Geist«, denn so wie die Herde durch die Leitung des Hirten formiert wird und so wie der »Geist« der Masse durch die traditionellen Medien »versammelt«[5] bzw. politisch formiert wird, ist der Schwarm durch ein völlig neues Prinzip gekennzeichnet – die ständige Information aller durch alle zu jedem Zeitpunkt und überall, in unseren Worten: die *allgemeine Korrespondenz*.

2. Schwärme hüten

Schwärme kann man nicht hüten, höchstens in Aquarien sperren, wenn sie klein genug sind. Die Frage, ob sie eine eigene

---

[4] Byung-Chul Han, Im Schwarm, Berlin 2013. Dazu: Peter Miller: Die Intelligenz des Schwarms, Frankfurt 2010, aber auch Thomas D. Seeley, Bienendemokratie. Wie Bienen kollektiv entscheiden und was wir davon lernen können, Frankfurt 2010. Die Schwarmmetapher hat auch diverse Gegenargumente hervorgebracht: Vgl. Günther Dueck, Schwarmdumm. So blöd sind wir nur gemeinsam, Frankfurt 2015.

[5] »Elektronische Medien wie das Radio versammeln die Menschen, während die digitalen Medien sie zerstreuen«. Han, a. a. O., S. 21.

»Schwarmintelligenz« besitzen, die uns als Landtieren nicht zugänglich sei, stammt aus der Biologie und geistert seit Beginn der Jahrtausendwende durch die Debatten. Im Jahr 2010 wurde der Ausdruck von Peter Miller, dem Leiter des National Geographic Magazine überschaubar gemacht, als er eine ganze Anzahl wissenschaftlicher Untersuchungen über das interne Steuerungsverhalten von Schwärmen in Wasser und Luft vorstellte. Unter den Beitragenden war auch der britische Biologe Iain Couzin. Dieser hatte herausgefunden, dass die zum Teil faszinierenden Bewegungen von Vogel- und Fischschwärmen und deren hochintelligent anmutenden Bewegungsvarianten keiner hoch dimensionierten zentralen Informationsflüsse oder irgendeiner Organisation bedurften. Sie waren stattdessen durch ein sehr einfaches, ja geradezu primitives Modell rekonstruierbar, das nur eine einzige Bedingung erforderte, dass nämlich im Schwarm selbst ständige Korrespondenz unter einer ausreichenden Anzahl von Schwarm-Mitgliedern herrschte. Couzin hatte in einem Computermodell jedem »Fisch« seines Schwarms drei einfache »Wahrnehmungsblasen« zugeordnet: »Die erste war eine *Abstoßungszone*, die dafür sorgte, dass die Fische nicht zusammenprallten. Die zweite war eine *Orientierungszone*, die einen Fisch in dieselbe Richtung schwimmen ließ wie seine Nachbarn. Und die dritte war schließlich eine *Anziehungszone*, die verhinderte, dass sich die Fische zu weit voneinander entfernten.«[6]

Das überraschende Ergebnis des Experiments bestand darin, dass diese drei einfachen Verhaltensprogramme bei *gleichzeitiger Korrespondenz* eines Schwarmmitgliedes mit einer Anzahl anderer genügten, um den simulierten Schwarm auf Hindernisse und Gefahren hin geradezu faszinierende Ausweich-Bewegungen durchführen zu lassen und auch Jagd- und Fluchtbewegungen zu inszenieren, die wir normalerweise mit Reflexion, Planung, Koordination und zentraler Kommando-Struktur as-

[6] Peter Miller, Die Intelligenz des Schwarms, Frankfurt/M. 2010, S. 194.

soziieren.[7] Damit war bewiesen, dass es für den Zustand ohne Hüter (gemäß der Herdenmetapher) und auch ohne Formierung der Masse (durch klassische Informationsmedien und Institutionen) im bloßen Schwarmverhalten einen Mechanismus gibt, der ohne komplizierte Institutionen, Ideologien, Hirtentugenden oder »Stellschrauben« in größeren Gemeinschaften selbst intellektuell schlicht ausgerüstete »Individuen« mit mittlerer Erfolgsaussicht gut über die Runden kommen lässt, ja, der den Schwarm sogar als ein geschlossenes Lebewesen erscheinen lässt, einfach dadurch, dass alle Mitglieder fähig sind, mit ihrer jeweiligen Umgebung zu korrespondieren.

Es ist naheliegend, den Schwarm zum Bild für das Zeitalter der digitalen Korrespondenz zu wählen, wozu nun allerdings auch gehören würde, die in Frage stehende Schwarmkorrespondenz nicht ausschließlich aus dem Blickwinkel nicht gelingender, oberflächlicher oder unzuverlässiger »Kommunikation« zu beschreiben, sondern ihren phänomenologischen *Eigenwert* zu markieren. Han beschränkt sich – er spricht natürlich nicht von Korrespondenz, sondern nur von schlechter Kommunikation – hier weitgehend aufs Negative: »Privatisierung der Kommunikation«, »Abbau der Distanzen«, »Respektlosigkeit,« »porno-

---

[7] »Couzin war vor allem überrascht, wie plötzlich seine virtuellen Fische von einer Formation zur anderen sprangen. Wenn er die Zonen in kleinen Schritten veränderte, schien dies zunächst keine Auswirkungen zu haben. Doch von einem Moment auf den anderen änderte sich plötzlich alles. Eben schwirrten die Fische noch durcheinander wie Mücken, und jetzt schwammen sie in einem großen Kreis (…). Genau wie Wasser bei ganz bestimmten Temperatur- und Druckverhältnissen vom Gaszustand in flüssige Form übergeht, so sprangen die Fische in Couzins Modell abrupt von einem chaotischen in eine geordnetes Bewegungsmuster.« P. Miller, A. a. O., S. 195. »Andere Fischschwärme formieren sich zu Sanduhren oder spritzen auseinander (…). Wieder andere dehnen sich blitzartig aus, um sich dann neu zu formieren (…) um es Jägern zu erschweren, ein bestimmtes Ziel auszumachen. Das erreichen sie nicht etwa durch zentralisierte Kommunikation, sondern indem sie je nach Situation anders auf ihre Nachbarn reagieren.« (A. a. O., S. 196).

graphische Ausstellung der Intimität« sind nur einige der Charakteristika für den neuen »homo digitalis«, der als Schwarmwesen ein »Niemand« ist, der aber überflüssigerweise meint, dennoch ein »Profil« haben zu müssen, der im Netz um Aufmerksamkeit buhlt, aber in Wirklichkeit nur unter dem »Imperativ der Transparenz«[8] und »starkem Konformitätszwang«[9] »wie unter permanenter Videoüberwachung« in einer Wahrnehmungsblase agiert. »Letzten Endes kommt es zu einer Gleichschaltung der Kommunikation oder zur Wiederholung des Gleichen.«[10]

Auch in einem allgemeinen Sinne fallen der »Schwarm« und das drohende Zeitalter allgemeiner digitaler Korrespondenz eher durch Depravation subjektiver wie objektiver Instanzen auf. Die »Einzelnen« im Schwarm bilden »eine Menge ohne Innerlichkeit, ohne Seele oder Geist. Die Teilnehmer des Schwarmgeschehens sind für sich genommen isolierte Hikikomori, die alleine vor dem Display sitzen …« »der Kommunikative Reflux zerstört die Ordnung der Macht. Der Shitstorm ist eine Art Reflux mit all seinen destruktiven Wirkungen«.[11]

Dem digitalen Schwarm, der den »homo electronicus« bzw. den Massenmenschen des Radios und Fernsehen ablöst, fehlt nach Byung-Chul Han nicht nur subjektiv der »Respekt«, »Ehrfurcht« und jene »Distanz«, die allererst Voraussetzung für die Ausbildung persönlicher Qualitäten ist. Ihm fehlt auch in einem objektiven Sinne als *Typus,* was ihn überhaupt erst politikfähig machen würde: »Massenseele« bzw. »Massengeist.« »Die Individuen, die sich zu einem Schwarm zusammenfügen, entwickeln kein Wir«. Den Schwarm »zeichnet kein Einklang aus, der die Menge zu einer Handlungsmasse zusammenschweißt. Der digitale Schwarm ist im Gegensatz zur Masse nicht in sich kohärent.

---

[8] Han, a.a.O., S. 30.
[9] A.a.O.
[10] A.a.O., S. 30.
[11] A.a.O., S. 10.

Er äußert sich nicht in einer Stimme, daher wird er als Lärm wahrgenommen«.[12]

Han packt also eine geradezu alarmistische Zeitkritik in den Begriff des Schwarms. »Bilderwahn« und »Optimierungswahn«, das »Selbst als Projektil, das sich gegen sich selber richtet«, die Vereinzelung in einer Gesellschaft des kalten Kommerz, die »Vernichtung von Humanismus und Altruismus«, einschließlich der völligen Verkennung der Situation durch »messianische Träumer wie Vilem Flusser« in einer Gesellschaft, die durch »Egoisierung und Atomismus« gekennzeichnet ist und Räume gemeinsamen Handelns »radikal schrumpfen« lässt,[13] »Selbstausbeutung«, »Selbstoptimierung«[14] … – gegen solch ein allumfassendes Aufgebot des Negativen, das schließlich in dem Satz gipfelt: »Mehr Freiheit bedeutet damit mehr Zwang«[15], sei zunächst einmal vermutet: Han hat das Phänomen der Korrespondenz zwar bezeichnet, aber er hat es nur als Depravierung, Verfall und Gefahr für die politische Masse und ihre Institutionen apostrophiert. Er hat nicht den Eigenwert der Korrespondenz als atmosphärische Form des Austausches und die gelegentlich sehr differenziert arbeitenden Modi derselben wahrgenommen. Ja, er hat die Korrespondenz als neue digitale Qualität in ihrem Eigenwert und in ihrer potentiellen Korrespondenz zu anderen Medien und Stilen gar nicht gesehen. Hätte er den kursorischen Verkehr über die sozialen Medien als neue Ebene der Korrespondenz mit ihren neuen Wirkungen wahrgenommen, so wäre das Ergebnis phänomenologisch angemessen, wenn auch nicht so schön katastrophisch wirkungsvoll.

---

12 Byung-Chul Han, a.a.O., S. 20.
13 A.a.O. S. 24.
14 A.a.O. S. 65.
15 A.a.O. S. 65.

3. Denken

»Auf den Wanderungen, die ich zusammen mit ihm machte, haben wir auch manchmal Kirchen und Kapellen besucht. Zu meinem tiefen Erstaunen nahm er Weihwasser und machte eine Kniebeuge. Ich wies ihn einmal auf dies als Inkonsequenz hin: ›Sie haben doch von der Kirche Abstand genommen. Sie glauben doch nicht an die Transsubstantiation. Warum eine Kniebeuge? Für Sie ist Christus doch nicht im Altar.‹

Heidegger daraufhin: ›Bestimmt nicht. Transsubstantiation – das ist ein Mißbrauch aristotelischer Physik durch die Hochscholastik. Aber ich bin doch kein Feld-Wald-und-Wiesen-Pantheist. Geschichtlich muß man denken. Und wo so viel gebetet worden ist, da ist das Göttliche in einer ganz besonderen Weise nahe.‹«[16]

Der eigentliche Grund für Byung-Chul Hans Perspektive ist, dass er sich umstandslos des Musters der Technikphilosophie Heideggers bedient und dieses auf neuem Feld appliziert. Zunächst scheint dies folgerichtig. Der Mensch »im Schwarm« mag sich locker mit allem verbunden vorkommen. Er mag sich per Fotoversand, Like und Emoticon über Kontinente hinweg einbilden, ein neues Werkzeug seines Kommunizierens, ja sogar seines Denkens gefunden zu haben, eben ein technisches. Was ihn bei dieser Tätigkeit aber gerade nicht auszeichnet, ist (so Heidegger ehemals und Han nun wieder) »Denken«.

Es durchzieht die europäische »Denk«-Geschichte ein geradezu priesterlicher Reflex vom blinden Seher Teiresias in Sophokles Drama »Antigone«, der sich auf den Abfallhaufen der Stadt zurückgezogen hat, über die Wahrheit, die nur auf Taubenfüßen kommt bei Nietzsche, bis zu Handkes Flügelschlag des Eros, den nur die Stille hört. Zarathustra ekelt sich bekanntlich

---

[16] Martin Heidegger, Briefe an Max Müller und andere Dokumente, Freiburg/München 2004, S. 140.

vor den »Fliegen des Marktes« und Francis Bacon hatte den Trübungen des Denkens durch Masse und Markt den Namen »idola forii« gegeben. Die Identifikation des Marktes mit dem Lärm der ständig ausgetauschten Botschaften des Internet liegt also nahe. Man entwickelt angesichts der Zeitkritik des Buches »Im Schwarm« geradezu Fluchtreflexe und wünscht sich an den Ort von Heideggers Kapellengebet, wenn ausgeführt wird, dass jenes »Denken«, auf das es ankomme, der »Stille« entspreche, die digitalen Medien dagegen dem »Lärm« des millionenfachen Mailens und Postens und Likens, dem Austausch der Bilder und was sonst eben noch durchs Netz huschen mag.

Bei Heidegger hatte sich das Pathos der Distanz im Vorwurf der Seinsvergessenheit des »landläufigen Denkens« und der »Verfallenheit ans Da« profiliert, im Unterschied zu welchem sich das Denken im emphatischen Sinne offen zu halten habe. Heidegger hatte in diesem Sinne alles auch nur im Entferntesten ans Maschinelle – etwa das Schreiben mit Hilfe des »Getasts« der Schreibmaschine – abgelehnt, weil es das Wesentliche des Denkens ans »Ge-stell« ausliefere. Bei Han definiert das massenhafte Geschehen des ständigen Austauschs von Botschaften in einem ganz ähnlichen Sinn »ein neues Sein«,[17] das durch den Habitus des »flüchtigen, ungenauen Denkens« gekennzeichnet ist, und wie Heidegger meist Hölderlinzitate benutzt, um das Andere zu evozieren, so ist es auch bei Han der Hymnus an Nomos, der dann motivisch direkt zu Carl Schmitts Nomosdenken leitet.[18] Die »digitale Ordnung« als »Ge-stell«, so Han, »verabschiedet den Nomos der Erde«[19], wobei sie ihre »nur rechnerische Zudringlichkeit in eine Zerstörung umschlagen« lässt.[20] Auch hier kann Heideggers Technikkritik wortwörtlich übernommen werden.[21]

---

[17] Han, a.a.O., S. 31.

[18] Han, a.a.O., S. 69.

[19] Han, a.a.O., S. 67.

[20] Han, a.a.O., S. 67.

[21] Es gibt Stimmen, die solch einer Oppositionssetzung zustimmen wür-

So sympathisch und vornehm die Reinheits- und Stille-Forderung des emphatischen »Denkens« gegen den Unrat des lärmenden Internets allerdings daherkommt, so schwach fallen die phänomenologischen Hinweise aus. Heidegger hatte mit Husserl von der Gefahr gesprochen, »Natur« bzw. die Füllen und Qualitäten unseres Lebens am Ende nur noch über technische Quantifizierung technischer Skalen zu definieren und für Erfahrung zu halten, was in Wirklichkeit Technik und Rechnen war. Er hatte den Habitus der technisch werdenden Natur-Wissenschaft im Auge und als dessen szientifische Apotheose die Atombombe. Han hat die allgemeine Korrespondenz im World Wide Web im Auge. Entsprechend fällt auch die Kritik des Mobiltelephons parallel zu Heidegger aus, auf dem der Student zwar nicht mehr tastet, wie sich einst Heidegger angesichts der Schreibmaschine beschwert hatte, wohl aber doch »fingert«, wahrscheinlich statt in der Vorlesung aufzupassen. Taugen solche Beispiele dafür, dass wir durch die Herrschaft des Internet zunehmend den »Kontakt mit dem Realen« verlieren?[22]

---

den. Theodore Kisiel etwa schreibt in seinem Artikel anlässlich des Erscheinens der Schwarzen Hefte: »Das Ge-Stell (...) ist für mich die kluge Vorausschau auf unser globalisiertes 21. Jahrhundert des allseits vernetzten World Wide Web mit seinen unübersehbar vielen Websites im Cyberspace, seinen Global Positioning Systems (GPS), seinen Verbundrastersystemen zur Flugverkehrsüberwachung, weltumspannenden Wetterkarten und so weiter, denn all das wird von komplexen Programmen strukturiert, es ist rechnergesteuert (...) Das synthetische Compositing der Computerlogik also ist der Entwurf für das großartige Menschenwerk einer technologischen Infrastruktur, die den ganzen Globus vernetzt«. Theodore Kisiel in seinem Artikel zu Heideggers geschichtlicher Be-Sinnung auf die Weltereignisse der NS-Jahre, in: Marion Heinz u. Sidonie Kellerer (Hg.), Martin Heideggers Schwarze Hefte, Berlin 2016, S. 257.

[22] Han meint wohl, dass aufgrund der digitalen Möglichkeiten »direkter Kontakt« mit »realen Personen« gemieden wird (S. 34). Auch das ist aber eher unverständlich. Wir sind nicht gezwungen, solche Kontakte zu meiden. Wir haben nur die zusätzliche Möglichkeit, diese auf wichtige Fälle zu beschränken.

Was ist das Reale? Der Philosoph in der Mensa? Ein Theaterbesuch? Musik? Die durch das binäre System der Korrespondenzmaschinen sekundär mathematisierten Sinnesqualitäten? Oder wäre hierzu vielleicht doch lieber auch noch das World Wide Web wenigstens *mit* zu nennen, das längst mehr »Reales« eingesaugt hat, als manchen lieb ist? »Realität« wird also etwas anderes sein müssen als bloß die lebensweltlich romantische Opposition zur digitalen Korrespondenz nach dem Muster der Technikphilosophie Heideggers. – Das Smartphone sei ein »Apparat«, der mit einem »komplexitätsarmen Input-Output-Modus« arbeitet und »jede Form der Negativität« austilgt? Man verlerne dabei, »auf eine komplexe Art zu denken ...«[23]? Auch dies ist nur ein Not-Steg zu dem, was Heidegger einst als Apotheose des ins Technische geratenen Denkens vor Augen hatte, denn das Geschehen im Netz ist ja nicht das technisch *Andere* des Denkens in seiner destruktiven Intensivierung (der Atombombe), sondern *geradezu umgekehrt* dessen Extension auf breiter Ebene mit allen möglichen Korrespondenzen, die sich keineswegs im Destruktiven bündeln. Das Wesentliche des Netzes sind seine vielfältigen korrespondierenden Oberflächen. Es ist mithin kein als »Mittel des Denkens« verkanntes und ins Ungenaue, Oberflächliche führendes Medium, sondern ein *Milieu*, das auf seine atmosphärische Art sehr »genau« sein kann und auch dem »Denken« erweiterte Möglichkeiten der Korrespondenz bietet. Baudrillard hat einmal vom Computer als Simulationsmaschine gesprochen. Auch das Netz simuliert in gewissem Sinne etwas, das uns entspricht.

Dem Hirten Heideggers mag die Sache zwar nicht geheuer vorkommen, tatsächlich aber scheint hier doch genauso gut wie die Gefahr auch die Rettung auf, nämlich die Möglichkeit, der Schwarm, der wir *auch* sind, sei eine erweiterte Stufe des atmosphärisch Kollektiven, also *Denken als Korrespondenz*, wobei wir persönlich jederzeit entscheiden dürfen, ob wir uns ausklin-

---

[23] Byung-Chul Han, a.a.O., S. 67.

ken und weiterhin dem Nomos der Erde huldigen wollen. Es ist dafür auch nicht nötig, das Netz nur als lärmenden Resonanzkörper zu verstehen. Dass Han letzteres tut, dass er den »Nomos der Erde« feiert, als dessen »letzten großen Verfechter« er Heidegger sieht,[24] dass er »Faust« zitierend geradezu reuig zurückkehrt (»Die Träne quillt, die Erde hat mich wieder ...«) mutet nur folgerichtig an, weil es das alte Schema Heideggers erfüllt, nicht aber weil es aus den Phänomenen folgt. Es schmeckt nach Rückzug und privatem Wandeln in stillen Gärten. Insofern ist es allerdings nichtig und bräuchte nicht einmal die Charakterisierung der Korrespondenz als missglückter Kommunikation zur Begründung. Stattdessen gilt: Das Netz mit seinen Korrespondenzen ist weder bloß lärmende Resonanz noch bloß unbeholfene Kommunikation. Es hat seinen eigenen, unabweisbaren, phänomenologisch noch nicht ausgeloteten Wert als Atmosphäre.

4. Konsequenzen und Aktualisierungen

Die Schwäche des politischen Versprechens der Kommunikationstheorie war immer auch die Ungleichzeitigkeit der Diskurse, das nie eingelöste Versprechen der »Herrschaftsfreiheit«, das immer zusätzlich bestehende Problem der Macht in den etablierten Medien und Führungsetagen, die keineswegs nur schöpferische Freundeskreise Hochgebildeter sind, sondern auch das Machtfeld von Strategen. Durch die Möglichkeiten eines »um den Globus gespannten Zentralnervensystems« (Flusser) mögen wir vielleicht nicht den Zustand allgemeiner Informiertheit erreicht haben, ja selbst, dass das Netz in entscheidenden Fragen bilde und unterscheidungsfähig mache, mag angezweifelt sein. Aber wir haben dafür die ständige Korrespondenz aller mit allen, wenn auch nicht überall, nicht ungefährdet, nicht in gleicher Qualität und nicht ohne überraschende Verwerfungen und

[24] Vgl. Byung-Chul Han, a. a. O., S. 67.

Einflüsse auf politische Klimata. Dieser atmosphärische Einfluss kann, wie man weiß, Revolutionen auslösen. Das ist eine neue Qualität, die man verkennt, wenn sich Denken im Sinne des Andenkens stilisiert.

Carl Schmitt, auf den Han mit seinem »Nomos der Erde« ja auch anspielt, hatte seinerzeit in »Land und Meer« eine Erklärung für die Überlegenheit der Alliierten im Zweiten Weltkrieg parat, die auf die Rede von den vier Elementen des Empedokles anspielte: So wie die Engländer im Kolonialzeitalter den von ihnen eroberten Ländern immer überlegen waren, weil sie das Element des *Wassers* bzw. die See beherrschten und mit ihren Schiffen an allen Küsten des Weltmeeres auftauchen konnten, statt immer nur dem »Nomos der Erde« bzw. einer Kriegführung marschierender Heere gehorchen zu müssen, so wären laut Schmitt im Zweiten Weltkrieg eben die Alliierten aufgrund ihrer Luftherrschaft gegenüber den Deutschen zu Wasser *und* zu Land überlegen, was zu ihrem Sieg führen müsse. Über das vierte Element, das Feuer, philosophiert Carl Schmitt in »Land und Meer« weniger. Man könnte der kleinen Schrift aber den Hinweis entnehmen, dieses Element im Sinne einer Leerstelle für jene Korrespondenzen zu betrachten, die die Botschaften des Internet enthalten. Wer diese beherrscht, wird einflussreich sein, weswegen sie *nicht* den Manipulatoren, »Protokollanten« und »Psychopolitikern« zu überlassen sind.[25]

Das goldene Zeitalter der Kommunikation ist hinter uns und die Epoche der allgemeinen Korrespondenz ist vor uns. Durch Korrespondenz entstehen in erster Linie nicht politische Institutionen, sondern politische Atmosphären, wie sich längst zeigt. Diese Atmosphären mögen uns wie ein Rückfall in alte, etwa nationale oder regionale, religiöse oder affektive Muster anmuten. Was dies anbelangt, wäre aber nicht der Rückzug auf den Nomos der Erde, sondern das Arbeiten an neuen Atmo-

[25] Vgl. »Krieg ohne Blut« (Zu Cyber-Krieg, Internetkriegen, Desinformation und Bots). Die Zeit v. 23. Febr. 2017, S. 2 u. 3.

sphären nötig – etwa einer europäischen Atmosphäre oder einer Atmosphäre des weltweiten Mitseins.

Die neuen Korrespondenzmedien und die alten Kommunikationsmedien werden sich in Zukunft nicht nur gegenseitig beeinflussen, sondern zu neuen dynamischeren Formen amalgamieren. Die Schwarm-Formationen, die sich dabei bilden, gemeinsame Projekte verwirklichen und sich wieder aus den Augen verlieren, die »Netz-Gemeinden«, die länger oder kürzer zusammenhalten, sind dabei neue fluide Institutionen, in denen sich das »Denken« immer wieder auch neu zu bewähren hat, statt sich aus ihnen zu verabschieden. Kunst wäre das Mindeste. Sokrates hat sich auf dem Marktplatz bewährt!

Ansonsten könnte man anfügen: Nicht den *Kontakt* mit dem »Realen« könnten wir im Zeitalter der Korrespondenz verlieren, wohl aber die Möglichkeit der *Präsenz* bzw. der gültigen Zeit, da wir – zugeschüttet von prasselnden Botschaften, die uns in alle Richtungen zerren – hektisch werden könnten statt weit, und nervös statt gelassen. Die Erzeugung und der Erhalt der *Präsenz (Gumbrecht)* wäre also die Denkempfehlung, um die eine kritische Beurteilung des Schwarms kreisen müsste, und nicht die Neuapplikation von Heideggers Technikphilosophie. Besser wäre es ansonsten, sich im Umgang mit dem Netz zu *üben*, damit es den Intellektuellen nicht so gehe wie einst den Samurai, die sich gegenseitig noch ihre Schwertkunst lobten, während an den Küsten ihres Landes schon die Kanonen donnerten.

Kapitel V
Liebe, Religion und Verwandtes

Vorbemerkung

Über den physikalisch naturwissenschaftlich definierbaren Körper hinaus, kann man phänomenologisch vom »Leib« als dem gestischen Nukleus personaler Atmosphären sprechen. Die Grenzen des physikalischen Körpers können aber nun nicht nur im Hinblick auf das atmosphärische Geschehen des Leibes überschritten, sondern auch zum Molekularen hin unterschritten werden und man ist dann mit einer Reihe von Korrespondenzen konfrontiert, auf die man trifft, wenn man sich mit den Botenstoffen des Limbischen Systems beschäftigt. Phenylethylamine etwa sind nicht nur die biochemischen Manifestationen dessen, was »außen« geschieht (etwa bei einem Flirt oder Liebesakt), sondern sie haben ihre eigenen, oft sehr langen Rhythmen und Dauern und sind unserem Willen nicht unterworfen. Weiterhin findet das atmosphärische Miteinander der Liebe einzelner immer auch innerhalb von Milieus des Miteinanders vieler statt. Es ist also ein Geschehen innerhalb religiöser, kultureller politischer oder kommerzieller Atmosphären und Situationen. Das scheinbar »liebende Ich« steht also sowohl in einer vertikalen als auch einer horizontalen Spannung vom Mikrobiologischen bis zum Leiblichen und vom Korrespondenzmilieu der sich gegenseitig »Liebenden« bis zu den Milieus der sie umgebenden Außenatmosphären, was sie nun zum anspruchsvollen Übungsfall der Korrespondenzphilosophie macht. Die folgenden Skizzen sind nur Anfänge, sie dürften aber ausreichen, um gewichtige Instanzen wie die des liebenden »Ichs« und des »Dus«, der Person, des »Gefühls« usw. aufzulösen. Das Ich ist kein

Ding, sondern ein Ort, sagte der japanische Philosoph Kitaro Nishida. Somit dürften diese Bemerkungen auch gelten, wenn wir von Freundschaft, Nächstenliebe, Fürsorgeliebe, Kinderliebe, Elternliebe, Gottesliebe oder der Liebe zu einer Lebensweise sprechen. Auch das Phänomen der erotischen Attraktion, das mit der Liebe am Rande zu tun hat aber keinesfalls so zentral ist, wie oft geglaubt, ändert korrespondenzphilosophisch seine Gewichtung. Wie der Liebesbann zustande kommt, wie er sich aufrecht hält und was ihn trägt, wären die zu erörternden Fragen, von denen hier einige angerissen seien.

1. Hepta

Betrachten wir ein Liebespaar, das Hand in Hand vorübergeht. Die verschlungenen Hände deuten auf eine Art des Zusammenseins, das nicht damit erklärt ist, dass sie ihn an der Hand nimmt, oder er sie. Vielmehr suchen sich die Hände Liebender und streben unwillkürlich zusammen. Das Paar geht inmitten einer Menge anderer Menschen, die allein daherkommen. Die beiden, die sich an der Hand halten, haben sich – zumindest im Moment – offenbar auf ganz besondere Weise gefunden. Sie sind ›enger‹ zusammen als die anderen. Ihr »Hand in Hand« als äußeres Anzeichen der ineinander verschlungenen Hirne, der Takt ihres gemeinsamen Gehens, das Einverständnis, welches dadurch sichtbar wird, sind nur scheinbar beiläufige Phänomene. Viel eher sind es schon Hinweise auf einen tieferen anthropologischen Grund ihres Beisammenseins. Es gibt Kulturen, in denen es zeitweise untersagt war, sich in der Öffentlichkeit an der Hand zu nehmen, etwa das maoistische China. Es gibt Kulturen, in denen Männer, die Hand in Hand gehen, zum Straßenbild gehören, während es nicht erlaubt ist, dass Mann und Frau Hand in Hand gehen, weswegen sich diese Liebespaare in die Parks zurückziehen. Als der amerikanische Präsident vor einiger Zeit mit seiner Frau bei einem Staatsbesuch über ein Rollfeld lief und versuchte, sie bei der Hand zu nehmen, schlug sie diese Hand aus. Die Filmsequenz wanderte als vorgeblicher Beweis fehlender Gemeinsamkeit durch die Yellow Press.

Das An-der-Hand-Nehmen wird also auch im alltäglichen Sinne keineswegs als beiläufiges Phänomen betrachtet. Es deutet darauf hin, was ein Paar, das sich auf diese Weise gefunden hat, gegenüber dem Rest der Welt sein will.

Dass Liebe als eine besondere Art des Durchbrechens zueinander aufgefasst werden kann, ist dem Roman »Hepta – the last lecture« zu entnehmen, einem Bestseller des ägyptischen Autors Mohamed Sadek aus dem Jahr 2014. Hier ordnet ein Soziologieprofessor in seiner letzten Vorlesung die Liebe in eine Reihe von Stadien, die zeigen, wie eng sich ein scheinbar ganz persönliches Liebesverhältnis und gesellschaftliche Milieus wechselseitig beeinflussen. Das erste Stadium nennt er das der *Begegnung*. Ein Mensch trifft auf einen anderen, von dem er zur Ansicht kommt, dass dieser seiner Aufmerksamkeit ab nun ganz besonders wert sei. Das folgende Stadium nennt er das des *Wahns*. Die beiden denken – ohne vielleicht mehr als ein paar Worte miteinander gewechselt zu haben – ständig aneinander, haben den Wunsch, den anderen zu sehen, erfinden Gründe oder Ausreden gegenüber ihren traditionell agierenden Familien, halten sich bewusst dort auf, wo der andere auftauchen könnte, obwohl es keinen sachlichen Grund gibt, außer dem einen natürlich, dass man zusammen sein möchte. Es ist fast, als ob sich die beiden prospektiven Liebenden zusammenkämpfen, Hindernisse beiseiteschieben, Gelegenheiten schaffen, sich mehr als gewöhnlich umeinander kümmern, miteinander endlose Gespräche führen. In Verbindung damit – nun treten auch mikrobiologische Vorgänge ins Spiel – kommt es zu Unruhe. »Gefühle« scheinen aufgewirbelt, Freude, Angst, Dankbarkeit, Sehnsucht, Wut und Verzweiflung spielen ihr seltsames Spiel, bis man sich einander versichert hat und nun ins »dritte« Stadium einmündet, das der *gemeinsamen Träume*, also der Spaziergänge Hand in Hand, der Lebensentwürfe und Zukunftsbilder, der gemeinsamen Sexualität usf., was nun alles nach und nach zur vierten Phase führt, der der *Versprechen*, also Treue, Ehe, gemeinsame Projekte, Kinder, usw.

Diese ersten vier Stadien sind in zweierlei Hinsicht interessant. Zum einen zeigt sich im Wegräumen gesellschaftlicher Schranken, dass die Liebenden nicht allein in ihrem Tun sind, sondern als Bündel gesellschaftlicher Erwartungen aufeinander treffen. Zum zweiten ist das Durchbrechen zueinander aber auch die Herstellung von Exklusivität. D. h., es wird nicht einfach ein Schema erfüllt, sondern phantasievoll ausgestaltet. Der Liebende, der sich gerade damit beschäftigt, zum Geliebten durchzubrechen, konzentriert sich, bündelt alle Kraft und Phantasie, er scheint geradezu vom Anderen besetzt zu sein, so dass er sich nicht mehr ausreichend auf die Normen des Alltäglichen konzentrieren kann. Die hohe Konzentration und Exklusivität nimmt mit der steigenden Sicherheit der Beziehung zwar wieder ab, andererseits treten nun aber von außen gesellschaftliche Exklusivitätsregeln in Kraft, denn nun stehen gewisse Konsequenzen an, eine Ehe, gemeinsame Aufgaben, etwa zusammen Kinder, Status und Besitz anzustreben.

Noch interessanter wird es nach Sadek in den drei Stadien nach der Eheschließung, und hier zeigt sich, dass die Liebe eben nicht nur ein Fall der Paarliebe ist – sondern ein Reigen von Korrespondenzen weit ausgreifender Art. Das Liebesverhältnis – eventuell auch schon die daraus gewordene Ehe – gerät nämlich nun ins Stadium der »*Wahrheit*«, in welchem sich zeigt, was aus den ehemaligen Träumen und Versprechen wurde bzw. noch werden kann. Es ist die Phase, in der sich zeigt, dass das Liebespaar sich nicht allein liebt, sondern sich im Raum von Milieus und Erwartungen befindet. Die »Liebe« mag Kastenschranken, religiöse Gebote, die eigene Unsicherheit, Entfernungen, Finanz- oder Milieugrenzen überwunden haben und die beiden Personen mögen sich besonders zugetan sein, dennoch kommt es, wie nach einem Rausch, irgendwann zur Ernüchterung, zur Einschätzung der wirklichen Stärken, Schwächen und Grenzen des Anderen, der Nachteile, die eine Verbindung brächte oder schon brachte. Die Einflüsterungen und Ansichten von Freunden, Eltern, Chefs werden plötzlich wichtig, eigene Projekte, die vergessen waren, treten wieder in den Vordergrund. Diese Ernüchterung kommt so sicher, wie das limbische System sich nicht im Zustand eines Dauerrausches halten kann, und das Stadium der Wahrheit ist zugleich der Scheidepunkt zwischen der bisherigen Verliebtheit und dem, was nun kommt.

Sadek nennt den Zustand nach der Phase der Wahrheit die des »*Widerstands*« bzw. der gemeinsamen Anstrengung eines Paares, das Liebes-Projekt trotz der aufbrechenden Ernüchterung nicht scheitern zu lassen. Die Liebe kann sich nun zwar nicht mehr vom träumerischen Wahn des Anfangs nähren, die gemeinsamen Träume sind Erinnerung, die ersten Schmerzen sind einander zugefügt und weit gesteckte Hoffnungen womöglich aufgegeben, doch ob das Paar nun auseinandergeht, ob es »im *Widerstand*« *lustlos* bis ans Ende weitermacht oder ob es sich – als die angestrebte Möglichkeit – neu erfindet, das hängt von der siebten (Hepta) Stufe ab, dem »*Opfer*«.

Die Vokabel *Opfer* klingt nicht nur religiös. Sie reformuliert die Empfindsamkeitsreligion der europäischen Romantik und fordert das Opfer des »Ich« um der Idee des Zusammenhaltes bzw. der ehedem religiös durch die priesterliche Verheiratung geforderten Einswerdung zweier Menschen. Nur wenn beide bereit sind, diesen Preis zu zahlen, ist die Liebe der idealen Form nach gerettet, das Paar verschmilzt nicht nur vorübergehend oder in gelegentlicher Umschlingung der Körper, sondern auf immer und im Sinne einer höheren Verfügung, womit die Liebe ins Stadium der »Ewigkeit« tritt.

Sadek lässt seinen Protagonisten gleich nach der Szene, in der sich das reif gewordene Paar neu, schwärmerisch und endgültig gefunden hat, überglücklich aus Versehen von einem Balkon stürzen. Literarisch ist das folgerichtig, philosophisch ergeben sich allerdings einige Weiterungen, die angerissen seien:

Als erstes kann der geschilderte Verlauf uns eine ganze Reihe Hinweise auf das *phänomenologische* Problem geben, etwa dass wir es angesichts der »Liebe« nicht mit einem festumrissenen Gegenstand, sondern mit einer Reihe von *Korrespondenzstadien* zu tun haben, also einem Geschehen in der Zeit, das in der Welt der Situationen und Atmosphären nichts Dauerhaftes hat, sondern aus Wünschen, religiösen Vorstellungen, gesellschaftlichen Erwartungen, Ich-Konstruktionen, Traum und Realität, Hoffnung und Angst, Gewohnheit und Berechnung sowie auch Vorgängen der Körperchemie und deren Eigengesetzlichkeit zusammengesetzt ist.

Die Liebe ist also im wahrsten Sinne des Wortes und nach einem Romantitel von Ludwig Fels ein »Unding«[1], und zwar auch insofern, als erfahrungsgemäß das zu liebende Gegenüber ja nur in den seltensten Fällen strategisch oder gar mit Weitsicht ausgesucht wird. Wir lehnen dies sogar ab, weil wir mittlerweile nahezu weltweit einer Dominanz der romantischen, auf dem »Gefühl« und dem besonderen »Moment« der Begegnung basierenden Liebe huldigen. Diese darf als Erbe des frühen 19. Jahrhunderts gelten, als das Bürgertum sich von den scheinbar nur aus Lust und Berechnung bestehenden Liebesverhältnissen des Adels absetzte und das reine Empfinden und den glücklichen Moment dem Verstand – etwa eines Hochzeitsvermittlers – als Basis der freien Übereinkunft entgegenstellte. »Gefühl« verhieß Authentizität und Selbstübereinstimmung. Der besondere Moment war der, in dem Gott selber die Liebenden zusammenführte, weswegen man sich unter anderem im Fall der Untreue gelegentlich auch duellierte, eben um sich dem Gottesgericht nochmals zu stellen, wie dies Fontane in seinen Romanen ausführt. Ansonsten galt – und das war das eigentlich Neue, das revolutionäre Prinzip der bürgerlichen Gesellschaft bis in die Institutionen der Politik – das Prinzip der freien Vereinbarung Gleicher.

---

[1] Ludwig Fels, Ein Unding der Liebe, Cadolzburg 2015.

Bis heute gilt für die Masse der Liebesverhältnisse der »westlichen« Kultur, dass der »Andere« in einem glücklichen Moment ins Milieu eines Miteinanders tritt, dass von da an etwas Neues beginnt, das die Betreffenden dann miteinander »haben«, an dem sie kraft gemeinsamer Vereinbarung weiterbauen, das nun aber eben auch in die geschilderten Phasen gerät, wobei keinesfalls gesichert ist, ob es alle durchwandert. Paare, die eine oder zwei der genannten Phasen ständig wiederholen, oder Einzelne, die ihre Verhältnisse gewohnheitsmäßig immer nur bis zum Punkt x führen und dann wieder von vorn anfangen, stellen sicher einen beachtlichen Teil des Personals heutiger Liebesbeziehungen dar, so wie sich in nicht monogam reglementierten Gesellschaften natürlich auch Lebensformen denken ließen, in denen die referierten Phasen anders verlaufen. Festzuhalten scheint aber: Liebe ist aus dem relativ spontan auftauchenden Wunsch des lustvollen Zusammenseins angesichts einer vage geahnten Möglichkeit, dem Achthaben aufeinander und atmosphärisch situativer Zufälligkeit gemacht. Sie wird als Aktivität und Durchbrechen zueinander in einer Welt der Reglementierungen erlebt und gegen den »Alltag« durchgesetzt und sie muss sich im Anschluss an die rauschhafte Phase mit der umgebenden Welt wieder arrangieren. Es gibt, wie in einer dicht bebauten Stadt, nur wenig gestaltbaren Raum für die Architekten einer völlig neuen Art der Liebe. Wir bauen sozusagen immer schon »im Bestand«, erwarten ungefähr dasselbe voneinander, fordern unsere Partner zu ungefähr denselben Verhaltensweisen auf oder halten sie wegen bestimmter Verhaltensweisen für besonders wertvoll, was ansonsten auch für viele andere Lieben und Freundschaftsverhältnisse gelten mag. Wir sind jedenfalls keineswegs »objektiv«, sondern vielfach nur gefangen, sei es von Stimmung, Atmosphäre, dem berühmten Augenblick und eben »Neigung«. Aristoteles definierte Freundschaft in der »Nikomachischen Ethik« als »gegenseitige Zuneigung«.[2] In der

[2] Aristoteles, Nikomachische Ethik, Steph. 1155b27 ff.

»Eudemischen Ethik« bezeichnet er das Zusammenleben mit dem Freund als etwas Lustvolles, weil man sich dann ständig »gegenseitig wahrnehme«.[3] In beiden Fällen spielt er auf sich einspielende Korrespondenz an, also jenes »Hin und Her«, angesichts dessen ja auch schon Eduards und Charlottes Hände in Goethes »Wahlverwandtschaften« ineinander wanderten, was nichts anderes ist als die unwillkürlich eintretende Manifestation des Sachverhalts, dass wir immer schon zusammen sind, dass uns die kulturellen Verhältnisse nur zunächst vereinzelt haben und wir jetzt eben wieder zueinander durchbrechen.

2. Der eifersüchtige Gott

»Du hüte Dich aber, mit den Bewohnern des Landes, in das du kommst, einen Bund zu schließen; sie könnten dir sonst, wenn sie in Deiner Mitte leben, zu einer Falle werden. Ihre Altäre sollt ihr vielmehr niederreißen. Ihre Steinmale zerschlagen, ihre Kultpfähle umhauen. Du darfst Dich nicht vor einem anderen Gott niederwerfen. Denn JHWH trägt den Namen ›Der Eifersüchtige‹. Ein eifersüchtiger Gott ist er. Hüte Dich, einen Bund mit den Bewohnern des Landes zu schließen …«[4]

---

[3] Aristoteles, Eudemische Ethik, Steph 1245a35–40.

[4] Exodus 34,12–16. Zitat nach: Jan Assmann, Totale Religion, Wien 2016, S. 47. Die Eifersucht Gottes wird in der protestantischen Tradition zunehmend gemildert. In der Luther-Ausgabe von 1908 (Bayern) liest sich die Exodus-Stelle: »… denn Du sollst keinen anderen Gott anbeten. Denn der Herr ist ein Eiferer: ein eifernder Gott ist er.« Zwei Generationen später ist aus dem eifersüchtigen Gott ein »eifriger« Gott geworden: »Denn der Herr heißet ein Eiferer, ein eifriger Gott ist er«, Bibelausgabe der württembergischen Bibelanstalt, Stuttgart o. J. (ca. 1950). Der Charakter der religiösen Liebes-Eifersucht ändert sich allerdings nicht. Dem ewig verzeihenden und sündenvergebenden Liebesbündnis (Bewahrung der Gnade in tausend Glieder) ist von der Eifersuchtsdrohung »bis ins dritte und vierte Glied« begleitet, sollte ein Verrat bzw. die Anbetung zusätzlicher, anderer Götter erfolgen.

Manchmal wird behauptet, die Eifersucht gehöre gar nicht zur Liebe, sondern zerstöre sie, doch sind wir in der Korrespondenzphilosophie auf die Zusammengehörigkeit gerade solcher scheinbaren Gegensätze angewiesen, und es zeugt auch nicht von allzu viel Realismus, in einer Kultur, deren religiöser Hauptsatz »Du sollst keine anderen Götter neben mir haben« dem ehelichen Treuegebot doch recht ähnlich ist, auf diesen Zugang zu verzichten. Liebe ist nicht Eifersucht, aber sie findet kulturhistorisch betrachtet im Raum des gegenseitigen Bewachens und Misstrauens statt.

Was die Eifersucht anbelangt, so deutet Jan Assmann in seinem Buch »Totale Religion« etwas an, was nicht nur in einem generellen Sinn, sondern ganz praktisch und in vielen einzelnen Phänomenen für die jüdisch christlich geprägte Kultur ein wesentliches Moment und eine große Verständnishilfe nicht nur in Liebesdingen sein dürfte. Assmann schreibt: »Die Idee des eifersüchtigen Gottes, der keine anderen Götter neben sich duldet, ist sicher nicht irgend ein marginales und längst überwundenes Zwischenstadium in der Geschichte des Monotheismus. Hier berühren wir vielmehr das Zentrum (…). Es scheint mir auch, um das noch einmal zu betonen, vollkommen verfehlt, diese Gottesidee als spezifisch alttestamentlich darzustellen und ihr den christlichen Gott der Liebe gegenüberzustellen. Die Eifersucht Gottes *entspringt* ja seiner Liebe, und immer ist die Gnade tausendmal größer als sein Zorn. Es ist ein liebender Gott, der Welt und seinem Volk zugewandter Gott, der zwischen Freund und Feind unterscheidet.«[5]

Das Alte Testament ist, wie viele religiöse Grundbücher, das Zeugnis kriegerischer Kolonisation und der Inspiration ihrer priesterlich kriegerischen Anführer. Es lebt, außer vom Blut seiner Opfer, vor allem von einer dualen Grammatik, die die Welt in »wir« und »sie« aufspaltet, in das Volk Gottes und den Rest. Nicht nur Erkenntnis und Wissenschaft, Kriege und Friedens-

[5] Jan Assmann, a. a. O., S. 31.

schlüsse, auch die »Liebe« ist in solch einer dualen Kultur ein Fall von Pro und Kontra, Zweifel und Gewissheit, gefordertem Vertrauen und dauernd befürchtetem Vertrauensbruch. Der Gott einer solchen Kultur ist »*eifersüchtig*«, und zwischen dem eifersüchtigen Gott des Alten Testaments und der Eifersucht in Liebesdingen gibt es engste Strukturzusammenhänge – nicht nur in den drei monotheistischen Weltreligionen.

Wir haben an dieser Stelle allerdings den tiefsten bzw. eigentlich deprimierenden Punkt noch gar nicht erreicht. Fügen wir daher ein noch etwas dramatischeres Detail hinzu: In Deuteronomium 20 wird die Einnahme entfernt von Kanaan liegender Städte (»Was Du bei Deinen Feinden geplündert hast, darfst Du verzehren; denn der Herr, dein Gott hat es dir geschenkt«) von der Einnahme jener Städte unterschieden, die das israelitische Heer in Kanaan, also dem verheißenen Land besiegt. Dort nämlich, wo der erste Staat der Israeliten gegründet werden soll, müssen nach der Einnahme alle Einwohner, auch Frauen und Kinder erschlagen und das Gut der Stadt als Opfer auf dem Marktplatz verbrannt werden. Jan Assmann nennt dieses Verfahren »okkasionelle Adolatrie«. D. h., wenn die Eroberung sehr wichtig ist, wird die Stadt schon vor der Schlacht dem Gott geweiht, von dem man sich Beistand erhofft, dem sie dann aber auch ganz zum Opfer gebracht werden muss, um auszuschließen, dass die Eroberung aus eigensüchtigen Beweggründen, etwa einer Bereicherungsabsicht, stattfindet.

Diese Opferung der Kriegsbeute einschließlich aller potentiellen Gefangenen muss man nach Assmann als *Liebesopfer* betrachten, denn der Sieger gibt hier etwas, das er für sich behalten könnte, »gegen sein Interesse dem eifersüchtigen Gott, aufgrund des vorher geschlossenen Liebesbündnisses«.[6] Karl V.

[6] »Da legte Israel JHWH ein Gelübde ab und sagte: Wenn Du dieses Volk wirklich in meine Hand gibst, dann werde ich seine Städte mit dem Bann belegen (Num 21,1). JHWH hört das Gelübde »und gab die Kanaaniter in ihre Hand«, a. a. O., S. 51.

von Spanien soll die betreffenden Stellen aus dem Alten Testament zum Vortrag gebracht haben, um nach beunruhigenden Berichten von Blutbädern während der südamerikanischen Landnahme unter seinen Höflingen wieder Gleichmut herzustellen.

Der liebende Gott, das Bündnis mit ihm und die mit dieser Liebe wie auch mit dem Bündnis verbundene Radikalität kann mit Jan Assmann als das kulturelle Muster des »Liebesmonotheismus« bezeichnet werden. Der anfängliche Liebesmonotheismus des Alten Testaments (Du sollst keine anderen Götter haben neben mir) setzt nämlich voraus, dass es andere Götter gibt, dass dieser eine aber – eben der Gott Israels – mit seinem Volk ein *besonderes* Bündnis geschlossen hat, ein Bündnis, das etwa einer bürgerlichen Ehe des 19. Jahrhunderts strukturell durchaus gleichkommen würde und das sogar mit sexuellen Vokabeln beschrieben wird, indem etwa der »Verkehr« mit anderen Göttern als »Hurerei« bezeichnet wird.[7] Der »kognitive Monotheismus«, der im Unterschied dazu davon ausgeht, dass es überhaupt nur einen Gott gibt, würde nicht das Treueverhalten fordern, sondern konsequenterweise das Bilderverbot, wie es der Islam vollständig und die protestantischen Bewegungen ansatzweise durchgesetzt haben.

Es wäre voreilig zu meinen, der neutestamentarische, christliche Gott habe sich vom alttestamentarischen vollständig emanzipiert oder der kognitive Monotheismus der späteren Zeit habe sich vom polytheistischen Monotheismus der jüdischen Frühzeit weit entfernt. Statt solcher Fortschrittsthesen der älteren Religionswissenschaft, die die zunehmende Humanisierung

[7] Für die Verheiratung der Söhne mit Frauen des geschlagenen Feindes heißt es: »... und nehmest Deinen Söhnen ihre (der Feinde) Töchter zu Weibern und dieselben huren dann ihren (der Feinde) Göttern nach und opfern ihren Göttern und machen Deine Söhne auch ihren Göttern nachhuren ...« Der »Liebesmonotheismus« – so Assmann – ist zu unterscheiden von dem sich nach und nach entwickelnden »kognitiven Monotheismus« (es gibt nur einen Gott), aus dem das Bilderverbot folgt.

veranschlagt, gilt für Assmann, dass eine Überlieferung in der Tradition einer Kirche nie aus der Erinnerung, den rituellen Strukturen und damit auch den unbewussten Prägungen getilgt werden kann. Der neutestamentarische und selbst der nachreformatorische, »moderne« Gott liebt also *exklusiv*, und dies gilt, ob man sich nun protestantisch vertrauensvoll an einen hoffentlich humorfähigen Chef wendet oder gut katholisch den »Zorn Gottes« fürchtet. In beiden Fällen gilt: Gott enttäuscht und betrügt nicht, er schenkt die Möglichkeit der reinen Liebe, ja, er *ist* die Liebe, er ist geduldig und immer großmütig, immer verzeihend, er liebt uns mit allen Fehlern und dies auch jederzeit und an jedem Ort – es sei denn, ich *breche* mit ihm und liebe andere Götter. Die Ehegesetze der bürgerlichen Gesellschaft besagen bis zur Abschaffung des Schuldparagraphen in Scheidungsfällen einschließlich ihrer Sanktionen nichts anderes, wie sich anhand vieler Romane des 19. Jahrhunderts und der darin zelebrierten Strafgerichte für die Treulosen – bezeichnenderweise meist Frauen – leicht zeigen ließe. Sie sagen: Man kann jeden Fehler machen, wenn man nur treu ist. Liebe zum Falschen (bzw. zwischen Falschen) jedoch ist strafbar und die Strafe ist grausam und gnadenlos. – Alttestamentlich gesprochen: Wer die Feinde des Volkes Israel aus Liebe zum eigenen Gott »opfert«, handelt recht, wer eine Frau aus dem Lager des Feindes und deren falsche Götter lieben sollte, wird mit ihr zusammen »geopfert«. *Liebe* als Korrespondenzverhältnis zweier oder mehrerer Menschen ist ohne das Muster der archaischen Eifersucht eines Gottes bzw. ohne die Radikalität der Eifersucht im Unterbau der kulturellen Atmosphäre überhaupt nicht zu verstehen.

3. Liebe und westliche Philosophie?

»Denn auch sterblichen Gliedern ist eingeboren die Liebe. Durch sie sinnen sie Holdes, vollenden Werke der Paarung, bald mit

Namen sie Wonne, bald Aphrodite benennend. Wie sie kreist unter ihnen, das hat noch kein sterbliches Auge jemals geschaut.«[8]

Der Zugang zur Liebe über die Philosophie erscheint uns vorgeblich Gebildeten natürlich geradezu heimatlich im Vergleich zum Alten Testament, doch sollten wir uns nicht täuschen. Die Liebe hatte über zweitausend Jahre hinweg durchaus auch in der Philosophie starke Vernachlässigung, ja sogar einen echten Verrat zu verkraften, jedenfalls wenn man auf die großartigen Anfänge blickt. Empedokles von Akragas gab ihr (philotes) den höchsten jemals vergebenen Rang, nämlich den eines kosmologischen Prinzips, das die Weltsphäre (sphairos) aufbaue und vom Prinzip des Grolls (neikos) unterschieden wird, welches die Welt in einen Un-Ort (akosmia) verwandelt. Von hier aus betrachtet ist die Liebe dann aber doch eher zunehmender Relativierung unterworfen. Bei Plato ist das Gute grundlegender als das Böse, doch ist der Eros des Gastmahls bereits eine Art vom Guten abgetrennter Einzelgänger, Jäger und Fallensteller, der sich auf die Kunst der Verführung versteht und deswegen unter Kuratel des Verstandes zu stellen ist. Aristoteles favorisierte die Freundschaft und stellt die Vereinigungslust in die zweite Reihe, weil sie kein weiteres Ziel als eben das der Vereinigung habe, während aus Freundschaft das eigentlich Wertvolle im Familien- und Staatsleben entsteht. Der römische Cupido flattert unter den Augen der Stoa eher unglücklich und störend und in der christlichen Philosophie wird angesichts der Gottesliebe über Sinnlichkeit immer weniger gehandelt, während die Liebe zum großen auch philosophischen Thema der Dichter wird und bei Dante, Petrarca und Walther ihre schönsten Reflexionen findet.

---

[8] Empedokles v. Akragas, um 495 v. Chr. Diels-Kranz, Fragmente der Vorsokratiker, 17, 22. (»Wie sie kreist unter ihnen«, soll nach W. Capelle mit »wie sie kreist unter den Elementen« übersetzt werden. Vgl. W. Capelle, Die griechische Philosophie, Berlin 1971, S. 103.

Dass man in Hinblick auf das Thema Liebe vielleicht überhaupt eher bei den Dichtern nachschlagen solle, mutmaßt bereits Angelika Krebs, und Martha Nussbaum hat sie ja nun glücklicherweise wieder für den analytischen Diskurs zugelassen,[9] weswegen wir froh sein müssen, dass mit Nietzsche ein antiplatonischer Neubeginn und eine neue Vernunft des Leibes markiert ist. Noch Kant hatte ja im Geist des lustfeindlichen Vernunft-Milieus der europäisch-christlichen Philosophie über den »Blasebalg der Gefühle« gespottet und konstatiert, dass Vernunft die Neigung im Widerspruchsfall eben »niederzuschlagen« habe.

Dies ist allerdings nur eine sehr grobe Skizze des Mainstreams des kontinentaleuropäischen Denkens. Die hierzulande leider seltener zu Wort kommenden *Utilitaristen*, vor allem Hutcheson und Hume, würden nämlich einen Widerspruch von Vernunft und Neigung nicht unbedingt anerkennen. Wir haben nach Hume nur widersprechende oder nicht alle zur gleichen Zeit erfüllbare Neigungen (wishes, emotions). Gelenkt werden sie vom »moral sense«, also dem sozialen Gefühl für das Angemessene, das heißt in steter Korrespondenz zur Umgebung. Wir haben die Neigung, der Gemeinschaft anzugehören, womit also eine sich ständig korrigierende Struktur unseres Wollens vorausgesetzt werden kann. Unsere »emotions« (Gefühle) sind nach diesem Modell also nichts Privates, sondern die ständig bestehende Abgleichung von Wünschen und sozialen Mustern, an denen wir diese orientieren. Eine Handlung »aus Pflicht« gibt es bei Hume nicht, ja, der Beweis, dass die

[9] Martha Nussbaum unterscheidet den »analytisch philosophischem Stil«, den »literarischem Stil« und ihren eigenen »dritten Weg«: »Eine Kombination aus literarischer Fülle und erklärendem Kommentar …, ein Stil, der auf das literarische Werk antwortet und es selbst, sowie seine Strategien zu einem gewissen Grad fortführt.« Zit. nach A. Krebs: Zwischen Ich und Du. Eine dialogische Philosophie der Liebe, Berlin 2015, S. 238 /239. Hätte die analytische Philosophie ihren Weg nicht selbstvermessen ohne die Literatur versucht, es bräuchte keinen dritten Weg dieser Art. Nussbaum definiert hier das neu, was Phänomenologie und Hermeneutik seit drei Generationen betreiben.

Vernunft bzw. das Sittengesetz das »Motiv« einer Handlung sei, kann gar nicht geliefert werden, weswegen der kategorische Imperativ eben auch nur feinere Servilität bzw. Rationalisierung religiöser Auffassungen sei.

Dass man mit solch einer Konstruktion einen Staat nicht von einer Räuberbande unterscheiden könne, ist der Einwand Kants gegen Hume, der den kategorischen Imperativ als einzige Versicherung sich rationalisierender Verhältnisse setzt. Dass unsere Staaten gar nichts anderes sind als Räuberbanden, die ihre Raubzüge nur rational kaschieren, war das Urteil Nietzsches. Die »Sittlichkeit der Sitte« und das »Vernunftgesetz« sind nach Auffassung der »Genealogie der Moral« nicht die »höchsten«, sondern die am spätesten entwickelten, schwächsten Glieder im Zusammenspiel von Wollen, Fühlen und Denken. Das »Menschenthier« kann gar nicht überleben, wenn die »Missgriffe des Verstandes« nicht immer wieder durch »Instinct« korrigiert würden. Die Vernünftigen und Nüchternen, bzw. »priesterlichen« Typen, sind nicht etwa von Liebe durchdrungen, sondern von Machtgelüst und Gemeindeorganisationswünschen, weswegen die Liebe – vor allem die zum Leben – gerade *nicht* ihr Gebiet ist. »Neidisch, grün und missgünstig« blickt der Asket auf alles gesunde, schöne, körperlich lustvoll sich offenbarende Leben. Er verdammt die Lust und zwingt die Herde durch Gewissensbildung und Organisation der »Schwachen« unter das Joch der Starken, d.h. zuletzt einer rationalisierten Gesellschaft, in der wir vorgeblich alle den gleichen Gesetzen gehorchen, was aber nicht wirklich zutrifft, denn was in rationalisierten Gesellschaften herrscht, ist weder Gerechtigkeit noch Liebe, sondern die Macht der Klügeren und der priesterlichen Typen.

Nietzsches Lösung ist der Ausbruch aus den sich rationalisierenden Strukturen, die Leidenschaft des gemeinsamen Spiels und des »Tanzes über den Abgründen«. »Alle Lust will Ewigkeit.« Die Lust aneinander, die »Treue zur Erde«, »Leiblichkeit« und das Lachen der sich in schöpferischer Freude steigernden Liebenden ist ihm »heiliger Ausdruck« des »Sich-selberwollenden Lebens«. Nicht die vernünftige Niederschlagung der Gefühle, sondern ihre Vergöttlichung steht also an.

Mithin geht es ab Ende des 19. Jahrhunderts in der Philosophie der Liebe wieder aufwärts, es geht darum, zu spielen, zu denken, zu dichten und es gut miteinander zu haben, und dies natürlich besser gekonnt als unbeholfen und sich gegenseitig steigernd statt ausbeutend, was die Psychoanalyse aufgreift und bis Erich Fromm und Paul Watzlawik als Kunst glücklich zu sein ausbreitet und was natürlich auch wieder zum Grundton von Schillers »Briefen über die ästhetische Erziehung des Menschengeschlechts« passt: »Denn um es endlich einmal herauszusagen, der Mensch spielt nur, wo er in voller Bedeutung des Wortes Mensch ist und er ist nur da ganz Mensch, wo er spielt.«[10]

Bevor wir allzu schnell in die neuere Philosophie der Liebe geraten, sei noch ein korrigierender Rückblick gestattet, denn zur Lust am Zusammensein und zur immer wieder zitierten Rückeroberung der Lust gegen die religiös geprägte Philosophie gehört die Frage nach der vorgeblichen Lustfeindlichkeit der Religion. Dieser Vorwurf, für den vor allem Nietzsche berühmt ist, stimmt nämlich nur zum Teil. Tatsächlich ist zwar in der christlich werdenden Philosophie der ausgehenden Antike – also der »Kirchenväter« – der ›grob‹ sinnliche Aspekt der Liebe über fast 400 Jahre ausgeblendet, und über eine noch längere Epoche hinweg – nämlich bis in die Schafottliteratur des 18. Jahrhunderts gilt der Sexualakt selbst unter Ehepartnern als »Sünde«[11], doch

[10] Friedrich Schiller, Briefe zur ästhetischen Erziehung des Menschengeschlechts, 15. Brief.

[11] Vgl. Regula Pastoralis III, 27; zit n. Georges Duby: Die Frau ohne Stimme. Liebe und Ehe im Mittelalter, Paris 1988, S. 31. Duby verdeutlicht, dass das »christliche Mittelalter« sowohl die Verachtung der Ehe als gerade noch verzeihliche weltliche Schwäche als auch die Einhegung der Ehe als Sakrament im 11. und 12. Jahrhundert und schließlich sogar das Plädoyer für eine Ehe kennt, deren Basis die seelische Übereinstimmung im Sinne der »Eudemischen Ethik« sein sollte.

hat die Amtskirche die Ehe auch als Sakrament ausgestaltet und vor allem eine Idee erneuert, die im 8. bis 13. Jahrhundert in der europäischen Adelsgesellschaft keineswegs weit verbreitet war, nämlich die Idee von der Freundschaft der Partner als einzig wünschenswerter Basis einer Ehe. Es war der Kleriker und Mönch Heinrich von Lausanne, der 1161 in einer Predigt in Le Mans forderte, dass die Ehe allein auf das seelische Einverständnis zweier Menschen und nicht auf Vermögensverhandlungen und Familienrücksichten zu gründen sei.[12] Der persönliche Durchbruch in die Regionen der Liebe als Verschmelzung und ihre heiligen Momente, die mit psychischer Erschütterung, innerer Wandlung, dem Opfer des Eigenen und dem Vereinigungserlebnis zu tun hat, könnte man ansonsten sogar als eine von der Religion geforderte und erhöhte »Lust« eines gesteigerten Miteinanders bezeichnen, vor allem, wenn man in den Bereich der Mystik blickt.

»… Als ich aber in meinem angesetzten Eifer so hart wider Gott und aller Höllen Porten stürmete, … in willens, das Leben dran zu setzen … ist mein Geist durch der Höllen Porten *durchgebrochen* bis in die *innerste Geburt der Gottheit* und allda mit Liebe umfangen worden, wie ein Bräutigam seine liebe Braut umfähet. Was aber für ein Triumphieren im Geiste gewesen, kann ich nit schreiben oder reden. Es lässt sich auch mit nichts vergleichen als nur mit deme, wo mitten im Tode das Leben geboren wird, und vergleicht sich der Auferstehung von den Toten. In diesem Lichte hat mein Geist alsbald *durch alles gesehen* und … Gott erkannt, wer der sei und wie der sei und was sein Wille sei: auch ist alsbald in diesem Licht mein Wille gewachsen mit großem Trieb, das Wesen Gottes zu beschreiben.«[13]

Jacob Böhmes »Durchbruch« ähnelt strukturell den Erfahrungsberichten der christlichen Meditationspraxis, der östlichen Mystik (etwa der Sufis) und der Teravada-Mönche des Hinayana-Buddhismus. Er ähnelt auch den Erfahrungsberichten westlicher

[12] Heinrich v. Lausanne, zit. n. Duby, a. a. O., S. 29.
[13] Jacob Böhme, »Morgenröthe im Aufgang«, Abschnitt 19, 10–13.

Kreativer, seien deren »Durchbrüche« größer oder kleiner. Immer geht es dabei um eine zunächst empfundene Irritation durch die Begegnung, um eine psychische Umstrukturierung, bis das »heiße Bemühen« und »Berennen der Höllenporten« zum »Erkennen« dessen führt, was wir anfangs nur begehrten. Es folgt dann – zumindest im Bericht Jakob Böhmes – eine Art träumerische Gewissheit abseits gesellschaftlicher Normen und Vorstellungen, die von Glücksgefühlen begleitet wird. Der Mystiker ist zur Geburtsstelle Gottes geworden, so wie der Liebende irgendwann sein Ziel der Verschmelzung im sexuellen Akt erreicht. Religion und »Liebe« sind also nicht nur verwandt, sie ähneln sich strukturell und eine Liebes-Philosophie, welche sich allzu emanzipativ gegenüber religiösen Grundwollen verhält, könnte in Gefahr geraten, das Rad später doch wieder neu erfinden zu müssen, so wie es im Übrigen die Liebesphilosophien von Jung bis Fromm und von Harry G. Frankfurt bis zu Angelika Krebs zeigen. Der Rhythmus der »Lust« ist auf Verschmelzung aus, wobei die Liebe in der Praxis aber auch jene Haltung ist, die von der Erkenntnis, den anderen nie wirklich zu haben, solange man ein »Ich« ist, immer begleitet sein wird, so wie die jungen Paare in dem Roman »Hepta« auf die Notwendigkeit des »Opfers« zusteuern und so wie Jacob Böhme die »Höllenporten« durchbricht, ganz egal, was danach ist und was immer ein grundsätzliches Problem bleiben wird, ein Problem, das bereits Rousseau beklagte, nämlich dass wir zurück zur früheren Gemeinsamkeit miteinander und mit den Dingen nicht kommen, dass wir aber wenigstens noch ihren Atem spüren.

»Mein Geliebter kam zu mir, er saß bei mir
Und ich – verfluchter Schlaf – erwachte nicht.

Er kam in stiller Nacht, er hatte eine Harfe,
und meine Träume träumten seine Melodien!

Ach, warum ist es jedes Mal, in allen Nächten so?
Warum versäum ich ihn, gerade wenn er bei mir ist?

Immer wieder werde ich ihn gerade dann nicht sehen,
wenn er da ist, wenn im Schlaf sein Atem meinen streift.«[14]

Das hier zitierte »Liebesopfer« Rabindranath Tagores ist der Versuch einer Verbindung der mystischen Dichtung des Islam – etwa Rumis – mit der Tradition hinduistischer Liebesmetaphorik wie auch christlicher Mystik. Das Paradox des schweigenden Gottes, der da ist, wenn das Ich schläft, und sich entzieht, wenn dieses Ich die Lust des Zusammenseins »wach« genießen will, weist auf das Paradox der Liebe und definiert ihr Geschehen als ein Aushalten und Ausüben dessen, was mit uns geschieht. – Die »Übung« selber kann verlagert werden und muss sich beileibe nicht im Sexualakt erschöpfen. Dschelaladdin Rumi mag aus ähnlichen Erwägungen auf den Tanz als religiöse Praxis gekommen sein. Die Fuke-Shu-Mönche spielen aus diesem Grund die Flöte, das Kamasutra verfeinerte und verlangsamte den Geschlechtsakt bis in seine religiöse Sublimierung. Tagore wählte einen besonderen Weg. Er gründete Visva Bharati als multireligiösen Kosmos[15] aus Religion, Musik, Tanz, bildender Kunst, Geisteswissenschaften und praktischem Zusammenleben aller Studierenden, ein Kosmos, der also überindividuell löst, was dem individuellen Verschmelzungsstreben versagt bleibt.

4. Gefühle contra Volitionen?

> »Auch die Liebe ist in die Negativspannung des Hasses eingespannt«. (Byung-Chul Han)

Bevor wir die Reflexion fortsetzen, seien zwei Hinweise gemacht. Der erste ist der schon Anfangs erwähnte, dass die Liebe

---

[14] Rabindranath Tagore, Gitanjali (Liebesopfer), Nr. 26; Bengalisch: Gitanjali Nr. 61, geschrieben am 25.4.1910. Vgl. Axel Monte, Gitanjali – Gebete, Lieder und Gedichte, Reinbek 2013.

[15] Im ostindischen Shantiniketan, gegründet 1901.

nur begriffen werden kann als Spannungsverhältnis im Milieu eines liebenden und strafenden, aber auf alle Fälle eifersüchtigen Gottes, der andere ist, dass wir bisher eine Grundentscheidung akzeptierten, die man angreifen kann, nämlich die Liebe überhaupt als Angelegenheit von Korrespondenzlust Einzelner einerseits und einer zugleich im Überbau der Kultur wirkenden Hass-Spannung andererseits (bzw. der Eifersucht) zu betrachten, denn es gäbe prinzipiell noch eine zweite Möglichkeit:

Harry G. Frankfurt, der 2005 einen vielbeachteten Essay über die Liebe verfasst hat, betrachtet sie nämlich als *»volitional«*, wobei er sich von Anfang an des zweiten Pferdes in Platos berühmtem Wagenlenkerbeispiel bemächtigt, dieses (der Wille) ist das besser erzogene und dem Wagenlenker (der Vernunft) folgende, das mit dem unruhigen, schlecht erzogenen Pferd des bloßen Lustbegehrens zusammengespannt ist, um dieses zu lenken.[16] Etwas zu »lieben«, hat in Frankfurts Sichtweise entsprechend weniger mit dem zu tun, was eine Person gerade fühlt oder begehrt, sondern vielmehr mit einer Willens-Konfiguration, die ohne ihre soziale Form nicht denkbar ist. Entsprechend kann Frankfurt auch mit der »gefühlsbeladenen, romantischen Liebe« und ihrem Gegensatz zu gesellschaftlichen Erfordernissen und Schranken wenig anfangen, wie er behauptet. Er stützt sich vor allem auf die aristotelische Auffassung der Liebe als freundschaftlicher Sorge, womit dann Kinder, Staat, die Gattin und sonstige »Nächste« ins Spiel kommen. »Volition« ist eine »Liebe (...) der es um die praktische Sorge geht, was für das geliebte Wesen gut ist«.[17]

Was an Frankfurts Überlegungen mit unserer These der Liebe als Korrespondenzgeschehen gut vereinbar wäre, ist die Beobachtung: »Die Liebe kommt in Graden«. Das heißt, sie sollte nicht so betrachtet werden, als käme es auf einen ersten Blick hin in einem besonderen Moment zu einer Art entscheidendem

---

16 Harry G. Frankfurt, Gründe der Liebe, Frankfurt/M. 2005, S. 47.
17 Harry G. Frankfurt, a. a. O., S. 47.

Erlebnis, das alle Perspektiven ändert. Tatsächlich nämlich suchen wir nicht lebenslang diesen einen Menschen, den wir finden oder nicht, sondern sind jederzeit bereit, eine ganze Reihe von Kandidaten durchzuprobieren, wenn wir begegnungsbereit bzw. »offen« sind, und wir sind bereit, diesen, und seien es wechselnde, auch immer wieder die Chance zu geben, sich als »passend« herauszustellen, wenn Situation und Atmosphäre danach sind. »Gefühl«, so Frankfurt, ist »Stimmung«. Stimmung ist flüchtig. Wenn nicht – und Liebe ist eine erstaunlich zähe Angelegenheit –, dann ist sie auch kein Gefühl. Etwas anderes muss im Spiel sein – also Wille.

Dies klingt zugegeben logisch, ist es aber nicht. Doch folgen wir zunächst Frankfurt. Mit der Liebe als Volition sind wir gefangen durch das, »was wir selber sind«. Wir wollen zwar manchmal dies und manchmal jenes, in vielen Fällen aber können wir nicht anders: »Was wir lieben und nicht lieben, liegt nicht in unserer Hand (...) Im Gegenteil, die Nötigung kommt aus der Mitte unseres eigenen Wesens. Wir werden durch unseren eigenen Willen und nicht durch eine externe oder fremde Kraft genötigt«.[18] Die Motivationen, die wir Liebe nennen, drücken also etwas aus, was »zu unserer innersten und grundlegendsten Natur gehört«. Sie sind so zwingend »wie die Vernunft«, wenn auch nicht allgemein, sondern eben »persönlich«.[19]

Frankfurts hochinteressantes, nennen wir es »englisches« Modell kann eine ganze Reihe von Phänomenen gut erklären, etwa, warum wir zumindest subjektiv immer den Eindruck haben, gar nicht anders zu können, als das zu lieben, was wir lieben, was unsere streunende Liebe aber auch immer wieder entschuldigt, sollte sie anderen Lieben widersprechen oder diese überlagern, so dass wir zum Beispiel zwischen zwei Lieben hin- und hergeworfen sein können. Als »Volition« ist Liebe kein ein-

[18] A.a.O., S. 51.
[19] A.a.O., S. 53.

faches Begehren, sondern ein strukturierter Komplex, den wir angesichts eines passenden Objektes nicht wahlweise haben können oder nicht, wir *müssen* uns geradezu verlieben, weil der oder die Betreffende eben jenes ist, was uns gerade fehlt und von dem wir uns – haben wir es gefunden – auch nicht trennen wollen, es sei denn unter lebensmindernden Umständen. Ich kann als Vater nicht entscheiden, dass es vernünftiger wäre, meine Kinder nicht zu lieben, oder bei entsprechender Erziehung mein Land, meinen Gott, meine Eltern, meine religiöse Gemeinde oder meine philosophischen Freunde. Ich kann mich auch nicht ohne Weiteres entscheiden, meine Frau zu verlassen, bloß weil ich mich in eine andere »verliebt« habe, es sei denn ich habe mich verliebt, weil ich meine Frau sowieso nicht mehr liebe. Wogegen es philosophisch wohl auch keinen rationalen Einwand geben dürfte, ist der Fall dass unsere Liebe einer weiteren Liebe gar nicht widerspricht, dass wir also mehrere Menschen zugleich lieben können.

Frankfurt zeigt: Wen oder was auch immer wir einmal lieben »gelernt« haben, geben wir nur in größter Not auf, und sicher ebenso wichtig ist: wir lieben nicht einfach nach dem Prinzip des »entweder oder gar nicht«, sondern »in Graden«, das heißt, hier weniger und dort mehr, hier noch nicht so stark, dort aber schon usf., so dass wir jedenfalls nicht einfach gegen überschäumende oder sich widerstreitende »Gefühle« ankämpfen oder diese gar »niederschlagen« müssen, wie Kant forderte, sondern bestenfalls gegen nicht *zusammenpassende Wünsche* oder gegen ein nicht zusammenpassendes zeitliches Zugleich von Wünschen, das wir an uns selber zu überprüfen oder in einfacheren Fällen eben zu organisieren hätten.

Man könnte vorsichtig zusammenfassend sagen, das »volitionale« Modell sei das angelsächsische, auf Hume basierende, während das »kontinentale« Modell – nennen wir es die empfindsame Liebe Goethes – eher dualistisch konzipiert ist und davon ausgeht, dass Vernunft und Begehren bzw. Gefühle und Ideen in Spannung miteinander stehen, weswegen sich auch

Liebe in Hass, Zuneigung in Abneigung verwandeln kann, ganz besonders, wenn religiöse Muster im Spiel sind und der eifersüchtige Gott bzw. Gatte fordert, wirklich auch der einzige zu sein.[20]

5. Liebe korrespondenztheoretisch

Eine *korrespondenzphilosophische* Sicht der Liebe fände bei Frankfurt zwar sympathische Züge, würde sich deswegen aber noch nicht zum Volitionalismus bekennen, da sie nicht vom Willen als Ursache, sondern von einem multipolaren Zusammenspiel atmosphärischer Art ausgeht – und auch nicht von einer konstanten Willens-Identität. Wir wollen durchaus nicht immer dasselbe und unser Wille ist von unseren Stimmungen keinesfalls so zu trennen, wie Frankfurt das vorsieht. Auch können Gefühle wesentlich länger und durchdringender wirken als das, was wir hier und da »wollen«.

Streifen wir, um das zu erläutern einen Gedanken, der sich einem mittlerweile vergangenen Trend der Geisteswissenschaft, nämlich ihres »linguistic turn« verdankt und mit dem Namen Paul Watzlawick verbunden ist:

»Die Wirklichkeit, die wir wahrnehmen und auf die wir reagieren (...) ist das Ergebnis der Wechselwirkung zwischen dem Beobachtungsstandpunkt, den wir einnehmen, den Mitteln die wir verwenden, und der Sprache, die wir benutzen, um diese Wirklichkeit mitzuteilen. Es gibt daher keine »wahre« Wirklichkeit, sondern nur so viele Wirklich-

---

[20] Man könnte hier eine etwas waghalsige Unterscheidung der männlichen Eifersucht von der weiblichen versuchen, etwa das Eifersuchtsmuster des Mannes, das mit dem Topos des Gefühlsbesitzes hantiert (Ich bin der Herr Dein Gott und Du sollst keine anderen Götter haben), unterscheiden vom Eifersuchtsmuster der Frau, die vor allem Treulosigkeit im Sinne des »Im Stich Lassens« anprangert, besonders wenn Kinder im Spiel sind. Auch die »Strafen« für Untreue wären dann gesondert zu betrachten. Prinzipiell: Medeas Rache contra Heinrich VIII.

keiten, wie es mögliche Wechselwirkungen zwischen Subjekt und Wirklichkeit gibt.«[21]

Die Wirklichkeit im Sinne eines multiplen Geschehens der »Wechselwirkung« zwischen einem »Subjekt« und dessen je eigener »Wahrheit« ist nicht nur ein entscheidender Schritt weg vom traditionellen Bild der »Psyche« als Instanz des Fühlens und Wollens. Sie sagt auch Neues über den Begriff der Gefühle selbst. Fruchtbar gemacht hat den Aspekt Heiner Hastedt, den das Verhältnis von »Subjekt und Welt« zu einer Neufassung des Gefühlsbegriffs anregte. Hastedt schreibt:

»Das Involviertsein der Gefühle (im sozialen Interagieren, d. V.) lässt sich nicht einfach wie bei einer Maschine an- und abschalten; es ist aber auch nicht einfach ohne unser Zutun gegeben: Weder sind Gefühle willkürlich konstruiert, noch einfach vor aller Interpretation authentisch gegeben.«[22]

Wir sollten nicht annehmen, so Hastedt, dass es eine »private Psyche« gebe, in der sich fest umrissene Gefühle herumtreiben, um dann vielleicht nach außen zu treten und sich zu den Objekten unseres Begehrens hin zu entfalten. Solch eine Auffassung hieße »Begriffe als Ursachen für Phänomene« zu nehmen. Ein »Gefühl« ist vielmehr, ganz ähnlich wie ein Gedanke »und von diesem kaum zu trennen, eine sprachlich kognitive, emotional situative (…) Konstruktion«, an der wir *»emotional und rational zugleich«* tätig sind.[23] Wir leben, arbeiten und »fühlen« also in korrespondierenden Zusammenhängen, die aufeinander wirken, *ohne* dass es einen davon ausgenommenen Gefühlsbereich in einer privaten Seelenabteilung gebe, die wir gelegentlich öffnen oder schließen könnten. Die Extrapolation einer »Situation«

---

[21] In: Paul Watzlawick/Giorgio Nardone, Kurzzeittherapie und Wirklichkeit, S. 11, zit. nach H. Hastedt, Gefühle. Philosophische Bemerkungen, Stuttgart 2009, S. 92.
[22] Heiner Hastedt, a. a. O., S. 92.
[23] Heiner Hastedt, a. a. O.

zu einem bestimmten »Zeitpunkt« erhält dabei einen »standardisierten Namen« (Hass, Wut, Trauer, Scham, Freude, Angst ...) und natürlich auch eine »leibliche Performanz«. »Gefühle« sind mithin standardisierte Konstrukte oder auch Korrespondenzmuster, in denen eine gesellschaftlich vorgegebene Form und eine psychophysische Instanz miteinander korrespondieren, etwas, das wir im Fluss des Geschehens herausbilden und variieren, indem wir Handlungen und Erwartungen damit verbinden. Die möglichen Korrespondenzmuster variieren mit Zeit und Ort. Dies gilt für kleinste Veränderungen – was wir »wollen« kann sich in einer Minute ändern, wenn die Situation oder die Atmosphäre sich ändert oder wenn plötzlich andere Mitspieler im korrespondierenden Spiel der Kräfte auftauchen. Ein Beispiel für eine drastische Veränderung wäre, dass in einem bestimmten sozialen Milieu zu einem bestimmten Zeitpunkt des 19. Jahrhunderts auf »Ehebruch« wegen der damit verletzten »Ehre« des Mannes ein Duell gefordert war, wo hundertfünfzig Jahre später ein gemeinsamer Besuch beim Eheberater vorgezogen würde, wenn es nicht überhaupt als weiser betrachtet wird, nicht allzu viel Aufhebens zu machen.

In Fontanes »Effie Briest« etwa bekennt der »betrogene« Ehemann, Baron Instetten, seinem Freund Wüllersdorf, warum er sich nach der Entdeckung eines Liebesbriefes von vor sechs Jahren an seine Frau nun mit dem Verfasser duellieren müsse, obwohl er durch die seit Jahren zurückliegende Affäre seine Frau keineswegs weniger liebe oder den Major, mit dem sie ihn hintergangen habe, etwa hasse. Er verstünde seine Frau sogar, ja er müsse es sogar als besonders liebenswürdig von ihr ansehen, dass sie damals alles diskret behandelt und keine Szene gemacht oder ihn verlassen habe, doch müsse er sich nun duellieren, denn er, der Freund, wisse nun darum und damit eben »die Gesellschaft«. »Und wenn meine Frau von Treue spricht oder, wie Frauen tun, über eine andere zu Gericht sitzt, so weiß ich nicht wo ich mit meinen Blicken hin soll. Und ereignet sich's gar, dass ich in irgend einer ganz alltäglichen Beleidigungs-Sache zum

Guten rede, weil ja der Dolus fehle (...) so geht ein Lächeln über Ihr Gesicht und in Ihrer Seele klingt es: »der gute Instetten, er hat doch eine wahre Passion, alle Beleidigungen auf ihren Beleidigungsinhalt hin zu untersuchen. Das richtige Quantum Stickstoff findet er *nie. Er ist noch nie an einer Sache erstickt ... Habe ich recht, Wüllersdorf?*«

Und der Freund antwortet: »Ich finde es furchtbar, dass Sie recht haben, aber sie *haben* recht. (...) Die Welt ist einmal wie sie ist, und die Dinge verlaufen nicht, wie *wir* wollen, sondern wie *die andern* wollen.«[24]

Dass das »Lebensglück« des Baron Instetten durch den »Fehltritt« seiner Frau »dahin« ist und dass er damit nun auch das Lebensglück des Duellanten und das seiner Ehefrau wie auch sein eigenes zerstören muss, würde sich nach heutiger Sichtweise eher als Fall einer handfesten Neurose bzw. der Behandlungsbedürftigkeit des betreffenden Ehemanns darstellen. Allein dass es global betrachtet Regionen und Milieus gibt, in denen die Sichtweise der Dinge auch heute noch so ist, macht ihn interessant. Fontanes Figuren haben in ihrer Zeit so »gefühlt«, wie es »die anderen« erwarteten. Ihr Gefühl war also ein Fall der Korrespondenz und nicht dasjenige, was ein »Ich« hatte. – Der mitschwingende Unterton in Fontanes Roman, dass man von der Affäre klugerweise nicht viel Aufhebens machen sollte, weil ja der »dolus« fehle und eigentlich kein Schaden existiere, klingt im historischen Text zwar mehrfach an, faktisch jedoch wird das Duell exerziert und wir verstehen aufgrund unserer Überlegungen zur Eifersucht des israelitischen Gottes, warum es gar nicht anders geht, als den Treuebruch als das totale Verbrechen und das Duell als den Versuch einer totalen Sühnung durch Opferung der Beteiligten zu zelebrieren. Mit anderen Worten, eine Adelsgesellschaft im Niedergang hält sich genauso streng ans Protokoll wie eine Gruppe feindbedrohter religiöser Kolonisato-

---

[24] Theodor Fontane, Effie Briest, Gesammelte Werke, Bd. III, München 1979, S. 241, 242.

ren, und eine muslimisch agierende Gemeinde in einer westlichen Gesellschaft, in der sich solch ein Fall zutrüge, tut es auch. Immerhin lässt Fontane den Freund Instettens sagen: »Das mit dem ›Gottesgericht‹ wie manche hochtrabend versichern, ist freilich ein Unsinn, nichts davon, umgekehrt, unser Ehrenkultus ist ein Götzendienst, aber wir müssen uns ihm unterwerfen, solange der Götze gilt.«[25]

Es geht hier wohlgemerkt *nicht* um Fontane als Gesellschaftskritiker, sondern als Protokollant vergangener »Gefühle«, der zeigt, dass diese eben keine Entitäten irgendeiner damit beladenen Psyche, sondern Muster interaktiver Zusammenhänge sind, an denen wir durch Wiederholung und Pflege festhalten, die aber deswegen um nichts rationaler sind, nur weil sie Kultcharakter haben. Sie wären also als Korrespondenzen zu rekonstruieren, als etwas, an dem wir Anteil haben, das wir mit anderen in gegenseitiger Korrespondenz durchleiden, und keinesfalls als nur individueller Schmerz. Wie stark uns gewisse Eindrücke oder Situationen ändern oder gar umherwerfen, variiert von »Ich« zu »Ich«, unserem nächsten Problem:

Das »Ich«, das ein Gefühl »hat«, ist, wenn es einmal als eine bloße Stabilitätskonstruktion im atmosphärischen Kosmos ermittelt ist, kaum mehr als Instanz der Liebe zu halten. Das »liebende Ich« ist also *Fiktion,* die sich spätestens dann als solche erweist, wenn es arbeitslos wird bzw. sein korrespondierendes Gegenüber verliert. Die Rede vom Ich und Du – und leider auch die Bücher darüber entpuppen sich als Idealisierungen und nicht als Beschreibung des Liebesphänomens. Es ist geradezu umgekehrt mit allen Gefühlen so, dass sie nicht von einem »Ich« ausgehen. Vielmehr ist das liebende Ich das abstrakt entworfene Ergebnis aller Korrespondenzvorgänge, die es herausbilden und als Geschehen in Gang halten. Dass das »Ich« ein Geschehen ist, scheint eine Denkzumutung. Man braucht aber, um dies einzusehen, nur zwei Stunden durch eine Stadt zu gehen und sich

---

25 Theodor Fontane, a.a.O., S. 142.

dabei zu beobachten. Ansonsten steht es mit anderen aufgewirbelten »Gefühlen« und deren »Ichs« wohl ähnlich.

Dass sich der falsche Eindruck eines Liebes-Ichs ergibt, wenn bestimmte Voraussetzungen gegeben sind, findet sich im gesamten Reigen der gefühlsschaffenden Korrespondenzen. *Freude* oder *Dankbarkeit als gesellschaftlich eingeführtes Muster führen zum Entwurf eines dankbaren oder sich freuenden Ichs der Liebe. Angst* (etwa vor dem Verlust der Intimität oder bei der Befürchtung, es mit jemandem »verdorben« zu haben, verlassen zu werden usf.) stipuliert ein einsames, verworfenes, bedrohtes, ausgestoßenes Ich der Liebe, das mit seiner Liebe nun allein ist. *Sehnsucht* angesichts gewisser Bilder etwa von körperlichen Details oder besonderer Situationen oder Augenblicken des Glücks (Daseinslust), die mit gewissen Ausschüttungen im limbischen System zusammenhängen, führen zum Eindruck eines liebestrunkenen glücklichen Ichs und einer festen Instanz der liebenden Erinnerung, weil die Erinnerungen eben auch regelmäßig bestimmte biochemische Prozesse auslösen. Gleiches gilt für die *Begeisterung* oder *Ergriffenheit*, etwa durch einen gemeinsamen »heiligen« Moment, in dem zwei zunächst getrennte Ichs ganz und gar eins waren. Der »leichte Irrsinn« in beginnenden Liebesangelegenheiten, über den bereits Schopenhauer als Vorrichtung der Natur spottete, um Frauen eine schmerzhafte Art der Fortpflanzung schmackhaft zu machen, steht wohl nicht in Frage und hier ist eben jene Verschmelzung imaginiert, die die Opferung des stolzen Ichs im heiligsten Moment der Phenylethylaminausschüttung als »Ursache« einer Verewigung preist, weil das Zeitgefühl für ein paar glückliche Momente des Rausches in die Präsenz fand. Dass man kurz danach das Gleichgewicht verlieren und vom Balkon stürzen kann, ist also nur die ironische Pointe des referierten Romans.

Korrespondenztheoretisch muss also weder vom Gefühl noch von der Volition, sondern von einem durchgehenden Zusammenhang zwischen dem *atmosphärischen, leiblichen* und *biochemischen* Geschehen bzw. deren langen und kurzen Rhythmen ausgegangen werden, ein Zusammenhang, der dazu noch in ständiger Korrespondenz mit religiösen, kulturellen, politischen, sozialen und sonstigen Milieus steht und von *allen* diesen Faktoren her beeinflusst werden kann. Es ist ein Geschehen, das sich aus kleinsten Anfängen aufschaukelt und mithin in seinem Entstehen nichts Irrationales an sich hat, wohl aber ab einem gewissen Stadium in irrationales Verhalten einmünden kann, also Verlust des Zeitgefühls, Rausch, Aufgabe liebgewordener Vorstellungen, Unsicherheit, Wunder, Vergöttlichung eines anderen Menschen, Vereinigungsphantasien, das Gefühl, zusammen zu fliegen ... – Liebe eben.

In der »Liebe« liebt nicht das Ich das Du, vielmehr baut sich aus dem Reigen korrespondierender Muster ein liebendes Ich und auch ein liebendes Du in relativer Konstanz auf. Der ›eine‹ zeigt dem anderen, was er (oder sie) ist, und modelliert ihn. Ansonsten bauen »Liebende« an einer atmosphärischen Sonderwelt, in die alle möglichen anderen atmosphärischen Welten stets verändernd hineinragen.

Wenn wir diesen Gedanken akzeptieren, und er bedeutet durchaus eine Veränderung des Ichs, dann zeigt sich auch, dass Liebe überall ist, dass die Möglichkeit, sich über Blicke, Gesten, Worte oder kleine Zärtlichkeiten und ganz einfach im Umgang miteinander nach und nach »trunken voneinander« zu machen, keine überall lauernde Gefahr, sondern eine hoffnungsvoll stimmende überall vorhandene Möglichkeit ist, *»Lust«* aus dem Miteinander zu ziehen und an jenes archaische Miteinander und Füreinander zu erinnern, das uns die ineinander verschlungenen Hände symbolisieren, eine atmosphärische Kunst, die es zu üben gälte, statt sie nur dem unbeholfenen Turteln Verliebter zu überlassen. Liebe ist überall und im Wesentlichen ist sie nicht auf Treue aufgebaut, sondern diese ruht auf dem Vertrauen auf einen immer und jederzeit möglichen Beginn *miteinander*. – Anfängergeist.

6. Coda – Faust

Dass die Meister der Beschreibung des Korrespondenzphänomens »Liebe«, ja sogar ihre Philosophen genaugenommen die Dichter sind, zeigte vor kurzem Gernot Böhme in einer Interpretation,[26] in der er die Beziehung Fausts zu Grete analysiert und die wir hier als Bestätigung unserer Überlegungen an den Schluss setzen wollen. Auch Böhme spricht von der Liebe als einem »leiblichen Vorgang«, im Sinne der neuen Phänomenologie, also einem den physikalischen Körper umspielenden Vorgang der Bewegungs- und Anmutungsaura und seiner »Ausdrucksphänomene« (Gesten, Blicke, die Art sich zu kleiden, zu geben ...), die im Text Goethes nun als Detail eines nach und nach sich anbahnenden Liebesbanns zwischen Grete und Faust fungieren bzw. »durch Physiognomie und Gesten zwischen zwei Menschen eine Atmosphäre erzeugen (...)«.[27]

Die Rede von den »Ausdrucksphänomenen« verdeutlicht, dass es hier *nicht* um »Kommunikation« geht, also nicht um Information über irgendein Gefühl, das womöglich vorher da ist und dann einer anderen Person mitgeteilt würde. Stattdessen geht es darum, dass Faust und Grete aus kleinsten Anfängen korrespondierender Verhaltensweisen in »Gebärde, Blick und Geste«, Rede und Gegenrede, Verweigerung und Rückeroberung des Dialogs an einer Art *gemeinsamem Projekt* arbeiten. Dieses ist ein Geflecht von Verbindlichkeiten, das nach und nach dichter wird und in das die beiden sich unter Anleitung Mephistos unwiderruflich einspinnen – der Liebesbann.

»Zufällig sieht man sich, / man fühlt, man bleibt, / und nach und nach wird man verflochten.« Nicht um Faust geht es, und nicht um Margarete. Es geht vielmehr um die langsam konkret werdende Anordnung symbolischer, leiblicher, gestischer und verbaler Korrespondenzen in einer Situation, die von sich aus

[26] Gernot Böhme, Faust lesen, Faust verstehen, Bielefeld 2014, S. 26/27.

[27] A. a. O., S. 27.

fruchtbar zu sein scheint. Die »Liebe« ist im Fall Faust und Grete – und wahrscheinlich in Millionen von anderen Fällen – also zunächst einmal nichts anderes als jenes schon bei Charlotte im Garten der »Wahlverwandtschaften« erwähnte »Hin und Her«, das mit dem ersten Blick beginnt (»Beim Himmel, dieses Kind ist schön«[28]) und dann nach und nach zu einer substanziellen Atmosphäre ausgebaut wird, in der Worte und Handlungen mit Notwendigkeit aufeinander folgen und das Geschehen sich ins Leibliche und schließlich Körperliche – etwa den Liebesakt – verdichtet, der nun seinerseits wieder zeigt, woher der Wind von Anfang an wehte.

Dass es im Detail immer auch anders – wenngleich mit ähnlichem Ergebnis – gehen könnte und dass das Geschehen jederzeit die Richtung wechseln oder abgebrochen werden kann, muss hierbei klar sein. Andererseits kann sich auch ein länger anhaltender Bann entwickeln, also eine Form der Sucht, etwa dem Flirt-Ziel nun auch treu zu bleiben, weil dort bereits eine Reihe von Korrespondenzen bestehen, mit denen das limbische System als Lustspender bestens vertraut ist. Bereits miteinander freundlich sein, macht bekanntlich Lust, also möchte man dort weitermachen, wo es so gut funktioniert hat, das Geheimnis der »Verbindlichkeit«.

Weiterhin spielen nicht nur das Miteinander von Personen, sondern auch *sachliche* Korrespondenzen ihre Rolle, etwa die durch Margarete *gestaltete* Atmosphäre eines Zimmers, das für den Besucher Faust die sich aufbauende »Liebe« geradezu abzustrahlen scheint: »Wie atmet rings Gefühl und Stille, / Der Ordnung, der Zufriedenheit ... umgibt mich hier ein Zauberduft? / Mich drang's so g'rade zu genießen / Und fühle mich im Liebestraum zerfließen! / Sind wir ein Spiel von jedem Druck der Luft?«[29]

---

[28] Faust beim ersten Blick auf Grete. Zitat nach Gernot Böhme, a. a. O., S. 27

[29] Faust in Gretes Zimmer. Zit. nach Gernot Böhme, S. 31.

Die Beziehung Faust – Grete entwickelt sich atmosphärisch nun aber nicht im luftleeren Raum, sondern in einem Milieu, das das hier versteckt entstehende atmosphärische Kunstwerk der Liebe nicht duldet. Schon die Liebelei der beiden darf die Mutter nicht sehen. Die Schwangerschaft schließlich, die Entdeckungsgefahr, das zeitliche Engwerden der Situation und die korrespondierende Angst Gretes zentriert nach kurzer Zeit die Atmosphäre auf mehr als nur eine drohende Gefahr hin. Statt des idealen, schwärmerischen und sich auf Ausbreitung und Aufbau hin bewegenden Miteinanders der beiden kommt es nun zur Einschnürung, zur Abkehr voneinander, zum Verlust wichtiger einstiger Korrespondenzen, auch zur leiblichen Enge und schließlich zur Herrschaft der Angst (der eigentlichen Gegnerin der Liebe!), ja zum Grauen bzw. dem vollständigen Zusammenbruch des Liebes-Ichs. Dieses »Grauen« ist kein neues Gefühl, das plötzlich in einem Ich auftauchen würde, vielmehr reißt das neue Zentrum der sich formierenden ehemaligen Korrespondenzen (die reale Möglichkeit des Schafotts) die schon bekannten ehemals zur »Liebe« zusammenspielenden Einzelheiten des Geschehens in einen neuen Zusammenhang: »O weh! deine Lippen sind kalt, / sind stumm. / Wo ist dein Lieben / Geblieben / Wer brachte mich drum? … Heinrich! mir graut's vor dir!«[30] Die Details und Zusammenhänge der *ehemaligen* Atmosphäre sind also plötzlich umgedeutet, die *neue* Situation lässt alte Bezüge verstummen und das Grauen aufkeimen.

Die Petrischalen der Dichtung haben den Vorteil, dass in ihnen das Geschehen idealtypisch und gut protokolliert abläuft. Die Wirklichkeit ist komplexer und undeutlicher. Wir sind keine unwandelbaren Charaktere, wenn wir überhaupt überzeugt davon reden dürfen, jenen Status der »Person« verlässlich zu besitzen, den nach Ansicht Gernot Böhmes die abendländische Philosophie gegen die Ergriffenheit durch Gefühle gesetzt hat.[31]

---

[30] Grete, zit. n. Gernot Böhme, S. 38.

[31] Und wer weiß, wäre dann auch das Gefühl eine Standardfiktion, zumin-

Vielleicht sind wir eben nur Korrespondenzwesen voller Gewohnheiten, Gemeinsamkeiten, Rollenverhalten, dem sehr genauen Beobachten dessen, was andere tun, und nur sehr gelegentlich ausgezeichnet durch Selbstständigkeit in Gedanken, Worten und Werken. Vielleicht ist es auch einfach eine Übertreibung, wenn wir »Ich« sagen, oder auch eine Untertreibung, denn wer weiß, vielleicht sind die meisten Exemplare der Gattung Mensch viel reicher als ein »Ich«.

Wir wollen dies nicht ausschöpfen. Das Modell Goethes, das wir unter Bezug auf Böhme interpretiert haben, könnte aber in der realen Welt so manches erklären – etwa die Unmöglichkeit, zu ehemaligen Korrespondenzverhältnissen einfach zurückzukehren, wenn sich die Situation einer Liebe gedreht bzw. das Korrespondenzmuster sich über eine gewisse Zeit einmal verändert hat. Es ist ja nicht so, dass Liebe in Hass einfach umschlägt. Vielmehr besteht die Veränderung in einer Umordnung vieler Bezüge auf ein neues Interpretationszentrum hin.

Faust und Margarete, so müssen wir bekennen, machen es natürlich ganz besonders ungeschickt und ihre Geschichte erinnert eher an die Moralfabel, die im Faustdrama versteckt ist und von der wir uns sowieso schnellstens zu verabschieden hätten.[32] Aber ob geschickt oder ungeschickt, Liebende sind wir doch alle, ob wir den Garten, die Kunst oder einen Menschen, unsere Kinder, Gott oder einen Sterbenden lieben, zu lieben versuchen oder gar lieben *müssen*. Und oft »üben« wir unser aufzuführendes Stück ja mehrmals, bis es befriedigend auf der Bühne eines der vielen Milieus aufgeführt werden kann, die wir ständig durchwandern. Weniger oft treffen sich Meister, die

---

dest wenn wir Heiner Hastedt glauben wollen: Ders.: »Sind Gefühle ›Konstruktionen‹ oder authentisch vorhanden in einer privaten Innerlichkeit?« Vgl. Heiner Hastedt, Gefühle. Philosophische Bemerkungen, Stuttgart 2005/2009, Abschnitt 6, S. 89 ff.

[32] Goethe hat die Faust-Gretchen-Episode einem zeitgenössischen Moraldrama entnommen, nämlich dem von Jakob Michael Reinhold Lenz verfassten »Zerbin oder die neue Philosophie« (1776).

dann aber trotz aller Kunst doch den Gesetzen der Liebe unterworfen sind, an der sie immer nur *mitschöpferisch tätig sein können, die sie also nur verstärken oder verhindern, aber nie erzeugen können, denn die Liebe ist* wie ein Hand in Hand wanderndes Paar in der Menge, das Aufblinken eines ganz besonderen Rhythmus im allgemeinen Strom der Korrespondenzen, ein Rhythmus, der uns überall und immer umgibt, der uns wünschen lässt, dass es immer so sei, von dem die Philosophie an ihrem Anfang als dem Zusammenstreben der Elemente schrieb und von dem die Dichtung wie in einem Echo bis heute weiterschreibt.

Kapitel VI
Festlichkeit – Über Architektur und Rhythmen

»Die Erlebnismolluske Innenraum ist beides, sowohl ein subjektives Leibgefühl als auch ein objektiv gestaltetes Werk. Charakteristisch für ihre Wirkung und Ausdruckskraft ist die Korrespondenz von Leibgefühl und gebauter Form.«[1]

1. Rhythmus

»Ein *Tala* in der südindischen Musik besteht aus einer bestimmten Anzahl von Schlägen, genannt *Matra,* die in Abschnitte, genannt *Vibhag* eingeteilt sind. Während die Musiker im Verlauf eines Stückes ihre rhythmischen Variationen spielen, treffen sie einander wieder auf der *Matra*. Die aufgebauten Spannungen lösen sich dann mit diesem einen gemeinsamen Schlag.«[2]

Dieser Hinweis auf ein besonderes Charakteristikum nichteuropäischer Musik – man hätte auch aus dem Jazz ein Beispiel nehmen können – sei hier vorangestellt, um eine Behauptung plausibler zu machen, die darauf hinausläuft, dass Atmosphären Rhythmen haben. Die Hypothese komplexer Rhythmen, die gegenüber einem Grundschlag variativ und spannungsreich sind, die Verhalte und Synkopen haben usw., ermöglicht es, nicht nur auf Strukturähnlichkeiten zwischen Architektur und Musik ein-

[1] Wolfgang Meisenheimer, Die Konstruktion von Innenraumgefühlen durch Architektur, in: Jürgen Hasse (Hg.), Die Stadt als Wohnraum, Freiburg/München 2008, S. 40.
[2] Vgl. Wikipedia, Stichwort Tala (Musik).

zugehen, sondern deren leibliche Korrespondenzen zu verstehen, also die Frage, warum sie uns ergreifen, beanspruchen, beeinflussen und wie sie das tun. Dies wird unter anderem erklärbar, wenn wir betrachten, was sie als Rhythmus sind. Für die Architektur etwa im Blick auf das, was wir als »anspruchsvoll« oder »anspruchslos«, »schlicht« oder »aufwändig«, »festlich«, »überschwänglich«, »kühl« usw. bezeichnen. In der Musik wäre es ähnlich, nur kommen noch melodische Elemente hinzu oder auch Klangfarben. Ähnliches gilt für die bildende Kunst. Reflexionen zu Atmosphäre und Rhythmus leiten also prinzipiell zur Beurteilung von Kunstwerken, aber nicht nur diesen, sondern auch zu Phänomenen, wie etwa dem der Atmosphäre einer Stadt oder gar eines Landes, einer »Nation«, einer Kultur.[3]

Die Behauptung, Atmosphären hätten Rhythmen, setzt oberflächlich betrachtet einiges an Traditionsbrüchen innerhalb der Atmosphärentheorie voraus. Zunächst etwa den Bruch mit der Auffassung, Atmosphäre sei »gestimmter Raum«, eine Ansicht, die sich von Heideggers Schrift »Die Kunst und der Raum« und Bollnows Einlassungen bis zu zeitgenössischen Architekturtheoretikern fortsetzt, was dann bis zu der Rede von »Innenraumgefühlen« leitet, die man »konstruieren« könnte.[4] Dies alles ist durchaus plausibel. Der Raum, von dem hier die Rede ist, hat allerdings wenig bis nichts mit dem dreidimensionalen cartesianischen Auseinander zu tun, sondern viel mehr mit dem, was Heidegger als topologisches Netz von Orten (Topoi) beschreibt, also Plätzen, Gegenständen, Raumdetails, Kunstwerken, Straßen, Geschäften, Werk- und Fabrikanlagen, Cafés, Gärten, die unser alltägliches Milieu darstellen. Raum ist so verstanden nicht mehr fest und so oder so geometrisch umrissen,

---

[3] Die Frage, was ist deutsch, ist soeben in einem fast tausend Seiten starken Buch behandelt worden. Vgl. Dieter Borchmeyer, Was ist Deutsch, Reinbek 2017. Die naheliegende Frage, ob es eine »deutsche Atmosphäre« gibt, taucht dabei allerdings nicht auf.

[4] Vgl. das Anfangszitat in: Jürgen Hasse (Hg.), Die Stadt als Wohnraum, Freiburg/München 2008. S. 40.

vielmehr ist er variabel und von einer Unzahl von »Topoi« oder auch Wegen (Bollnow sprach in diesem Sinne auch einmal vom »hodologischen Raum«) gekennzeichnet.

In diesem Sinn ist eine mit Symbolen, Altären, Erinnerungstafeln, den Leichnamen der Heiligen oder Bildstatuen angefüllte mittelalterliche Kathedrale ein besonderer Raum des Bedeutsamen, in dem sich Einzel-Atmosphären geradezu ballen, gegenseitig beeinflussen, sich steigern, ein gestisches Fest erzeugen usw. – *Joseph Rykwert* hat diesen Aspekt auf die Konstruktion von Städten übertragen und etwa die Gründung einer antiken Stadt als symbolischen Akt des Bedeutsam-Machens von örtlichen und landschaftlichen Bezügen durch Priester beschrieben. Eine Stadt ist also nichts weniger als nur eine Anhäufung von Nützlichem und Bequemlichkeit, sondern vor allem auch des Bedeutsamen. – Gewisse Weihehandlungen geben ihr einen *Mittelpunkt*, eine *Achse* oder verbinden sie mit einer Kosmogonie. Der römische Augur deutete hierfür die Linien des Vogelflugs, zeichnete dabei mit einem Stab gewisse Markierungen (templa) in den Sand und verband sie schließlich mit Linien – d. h. er »con«-templierte das Bedeutsame der zukünftigen Stadt. Die ›*Templa*‹ wurden dann jene Orte, an denen später tatsächlich die den jeweiligen Göttern geweihten Gebäude standen. Dass »Raum« in diesem Sinn nicht der dreidimensionale und auch nicht nur einfach der »konstruierte« architektonische Bezugsrahmen einer »Umgebung« des Leibes ist, sondern *Korrespondenz* in einem geradezu Festlichkeit erzeugenden spirituellen Sinn, habe ich früher ausgeführt.[5]

Die in unserem Anfangszitat konstatierte Korrespondenz von *»Leibgefühl« und »gebauter Form«* ist also nichts Statisches, so als wäre auf der einen Seite ein fühlender Betrachter und auf der anderen ein architektonischer Raum oder eine Umgebung. Sie

[5] Vgl. »Raum als Korrespondenz und Umgebung – eine Unterscheidung«, in: R. Knodt, Ästhetische Korrespondenzen. Denken im technischen Raum, Stuttgart 1994, S. 77–84.

ist vielmehr ein *Geschehen*, das einen Verlauf hat, wobei der *Leib* als Bewegungsaura des Körpers und die »gebaute Form« nicht etwa nur aufeinandertreffen oder ineinanderpassen, sondern miteinander in ein *zeitliches* Verhältnis geraten und rhythmisch interagieren. Das vom Architekten Intendierte und das vom erlebenden Betrachter leiblich Entworfene geraten dabei in Korrespondenz, etwa indem die gebaute Form Bewegungssuggestionen erzeugt. Man denke an die Promenadenwege, Freitreppen oder die Wasserspiele eines Barockgartens, an die Ausstellungswege eines Gebäudes wie das jüdische Museum von Daniel Libeskind in Berlin, durch dessen Gänge man ständig aufwärts zu gehen hat. In unterschiedlichen Umgebungen bewegen wir uns unterschiedlich, »sind« wir also auch unterschiedlich anwesend. Wir werden etwa zum Schlendern oder zum Schreiten, zum Gehen oder zum Eilen, zum zögernden oder zum mutigen, zum leichten oder schweren Gang angehalten. Anders ausgedrückt, wir erkennen im Gebäude einen gewissen Anspruch, wobei die Vokabel »erkennen« nichts Kunstwissenschaftliches meint, sondern eine Art *Erkenntnis des Leibes*. Leib heißt: Nicht nur der Körper, auch unsere Gedanken »schreiten«. Der Garten oder das Kunstwerk beansprucht also nur, das Besagte als Teil eines Korrespondenzgeschehens mitzugestalten. Daher auch die Rede vom Anspruch oder der Anspruchslosigkeit in Kunst und Architektur.

Wenn wir diesen Gedanken akzeptieren, könnten wir einsehen, dass es nicht glücklich ist, zu formulieren, wir würden Gefühle »konstruieren«. Wir müssten stattdessen sagen, Architekten arbeiten an einem Korrespondenzverhältnis, in dem Umgebung und Wahrnehmungstätigkeit zu einem leiblichen Geschehen zusammenstimmen müssen, das dann feierlich, ängstlich, eilig oder gedrückt, beschwingt oder federnd wird bzw. »uns«, die betrachtenden (oder benutzenden) Flaneure in dieser Weise beansprucht.

Hier erhebt sich nun die Frage, ob das Zusammenspiel von Leiblichkeit und Raumtopologie sich etwa nach gewissen

Rhythmen vollzieht. Ähnlich wie im Fall der Musik könnte der Architekt durch Vorausnahme unserer Aufmerksamkeits-Streuung, unserer Bewegungsweise oder unserer Blicke agieren wie ein Komponist, auch wenn eine ganze Reihe von zeitgenössischen Gebäuden uns heute leider nicht auf diese Idee bringen würden. Dazu zwei Überlegungen:

1. Eine Form bzw. ein dauernd Anwesendes, wie ein Gebäude oder ein Platz, gleichzeitig als *Geschehen* zu begreifen, ist ein grenzwertiger Gedanke, doch hat er prominente Vorläufer. Gaston Bachelard etwa hat in diesem Zusammenhang in seiner »Poetik des Raumes« die These entworfen, dass eine Atmosphäre erst in einem Bewusstseinsakt zustande kommt. Er beschreibt den Vorgang, in dem wir zu einer, scheinbar bestehenden, zeitlosen, situativen Atmosphäre *machen,* was in Wirklichkeit ein Geschehen in der Zeit ist. Dazu bedient er sich des Beispiels eines »Kerzenträumers«, also eines Menschen, der in einem abgedunkelten Raum vor einer Kerze sitzt.

Die Kerze verkleinert den Raum des Kerzenträumers, indem sie seine Aufmerksamkeit auf die Flamme richtet und die umgrenzenden Wände des Zimmers in Dunkel hüllt. Die Flamme als Geschehen im Zentrum des Raumes, den sie selbst durch ihr Brennen definiert, ist ein sehr kleines Modell für eine atmosphärische Situation und eben an diesem sehen wir nun, dass das Atmosphärische daran sich in einem ganz bestimmten Rhythmus vollzieht: Die verdämmernde Helligkeit nach außen, die schwarze Nacht, in die man eingehüllt scheint, kommt einem sinnlichen Medium gleich, welches das Bewusstsein nicht wirklich dulden will, indem es etwa von der Flamme abschweifen will, aber vom Nichts der Dunkelheit wieder zurückgeworfen wird auf die Flamme. So nimmt der Kerzenträumer scheinbar »die Atmosphäre« eines Raumes wahr, in dem eine Kerze brennt. Tatsächlich aber »träumt« er ihn, denn seine Wahrnehmung ist nur dauernd damit beschäftigt, sich in der einen oder der anderen Weise zu konzentrieren oder wieder auszubreiten.

Nichts ist ruhig, alles pulsiert im Hin und Her zwischen Kerzenflamme und Dunkelheit, ein Rhythmus, den wir nicht als solchen erleben, weil er der Bewegung unserer eigenen Wahrnehmungsweise angehört, den wir stattdessen zu einer »Situation« zusammenfassen, um uns nicht zu verlieren, ganz ähnlich wie wir das übrigens auch angesichts eines rauschenden Wasserfalls tun. Wir verfolgen die stürzenden Wassermassen ein Stück weit, kehren wieder zurück, fassen Neues ins Auge, verfolgen es wieder. Auch das fallende Wasser ist ein Geschehen in der Zeit, das wir aber eben nicht als ›eine Zeit lang fallendes Wasser‹ sehen, sondern als ›den Wasserfall‹, vor dem wir dann eine Zeitlang, fast wie meditierend verharren. Vom Sturm bis zum Regen und von der Atmosphäre eines Bahnhofs, die wir auch aus vielen Einzelheiten zusammenaddieren, bis zu einem Marktplatz mit seinen hundertfältigen Ablenkungen und schließlich tief in unsere Vorstellungswelt hinein nehmen wir so atmosphärisch am Geschehen eines Raumes, einer Stadt oder gar einer Epoche teil.

Diese Rhythmen des Wahrnehmens, das zwischen einem Zentrum der Aufmerksamkeit und einem allgemeinen Geschehen in der Peripherie im ständigen Schwingen ist, so als wären wir ein schweifendes Tier, das sich einerseits mit seiner Beute und andererseits mit der Gefahr aus allen Richtungen zugleich beschäftigt, schaffen also jenen atmosphärischen Bann, den bestimmte Arrangements für einen Flaneur oft genug darstellen. Aus keinem anderen Grund können wir von einem bestimmten architektonischen »Geschehen« nicht lassen, bevor wir uns wieder losreißen. Weiterhin zeigt sich darin aber auch, dass das Atmosphärische selber ein Geschehen in der Zeit ist, dem wir das Räumliche – nur sehr unvollkommen und allegorisch – zusprechen.

Gehen wir von der Vorstellung einer Atmosphäre als eines *rhythmischen Geschehens* aus, beobachten wir etwa, dass in einer Stadt gewisse Wiederholungen in der Struktur der Fassaden vorkommen, dass in den Alleen und Kolonaden die Reihung eine beherrschende Rolle spielt, dass die Serialität und der Takt vieler »Gegenden« unabweisbar ist, dass beim Blick über einen Fluss die rhythmische Wiederholung, etwa von Brücken, die sich in die Unendlichkeit fortzusetzen scheinen, eine Rolle für unser Empfinden spielt, dann könnten wir verstehen, wie man zu dem Gedanken gelangen kann, dass Atmosphäre als Rhythmik rekonstruierbar wird, also als Geschehen, das unsere Bewegung in der Zeit mit in Rechnung stellt. Es ist ein Geschehen, in das wir, ähnlich dem Geschehen eines Festes, eingewoben sind, in dem wir mitschwingen und in dessen Zyklen wir mitbewegt werden. Man denke an das Phänomen eines Festzuges und seiner Wirkung der sich ständig aufgipfelnden und dann wieder abflauenden Eindrücke und an vieles andere, das uns im »Mitspielen« im Takt eines Gebäudes, einer Stadt usf. begegnet, dann versteht man, dass Atmosphären Rhythmen haben, Rhythmen, die nicht immer im Takt europäischer Musik, ja vielleicht nicht einmal im Takt irgendeiner schon komponierten Musik erläutert worden sind. Doch betrachtet man die kompositorische Avantgarde bzw. das kompositorische Grenzgängertum – etwa die Klang-Plastiken von Johannes S. Sistermanns, deren Synkopen und Interferenzen, verschiedene gleichzeitige Rhythmen oder eben auch deren individuelle rhythmische Zyklen verschiedener Geräusch- und Klangquellen sich in besonderen Momenten treffen[6] –, dann mag man eine Parallelisierung zwischen Musiker und Architekt als erlaubt betrachten. Beide beziehen sich auf eine Wirklichkeit, in der sich Tausende von Menschen in ihren individualisierten Rhythmen und Tätigkeiten von Zeit zu Zeit immer wieder treffen, rein zufällig oder zu besonderen Zeitpunkten, etwa bei öffentlichen Festen oder bei Sportereignissen, beim Abendgebet in muslimischen, hinduistischen oder in christlichen Kulturen. Wer im rhythmischen Tohuwabohu einer indischen Stadt zu einem ganz bestimmten Zeitpunkt gegen Abend die Muschelhörner hört, weiß, was gemeint ist.

---

[6] https://de.wikipedia.org/wiki/Johannes_S._Sistermanns

Wir können damit also, ohne besonders kühn zu sein, nun behaupten, dass ein architektonischer Raum, ein Ensemble oder eine ganze Stadt gewisse rhythmische Zyklen haben, die auch wiedererkennbar oder von Kennern überprüfbar wären. In diesem Sinne hat dann auch die Atmosphäre jeder Stadt ihren eigenen Rhythmus. Buenos Aires steht für einen anderen Rhythmus als Berlin und München für einen anderen als Kalkutta. Es ist nicht das Bild und nicht die Gestalt, die hier gemeint sind, es ist nicht der Farb- und Geräuschkosmos, Wohlstandsfragen oder Gerüche. Es ist der Rhythmus, der sich als situativer Anspruch des städtischen Raumes ergibt und der mit dem Herzschlag seiner Bewohner korrespondiert, während unser Blick vielleicht über Fassaden streift oder an einer Säulenreihe entlang, wo wir zugleich die Geräusche hören, ein An- und Abschwellen des Verkehrs und wo dies alles zugleich und in rhythmischem Miteinander der Fall ist, so dass wir – *ähnlich wie auf einem Fest* – nach einiger Zeit in einen rauschhaften Zustand geraten oder aber fliehen wollen, wenn wir keine Korrespondenz herstellen können. Die Korrespondenzfähigkeit, in einen festlichen Zustand einzuschwingen, ist auf der profanen Ebene als Fähigkeit der Aneignung oder bleibende Fremdheit, Begeisterung einerseits oder Ängstlichkeit andererseits erkennbar. Wenn wir ab jetzt also sagen, dass ein architektonischer Raum oder eine Stadt Atmosphäre habe, dann meinen wir damit nicht, dass diese an ihr klebe oder sie umgebe, sondern dass sie dasjenige Geschehen ist, an dem wir teilnehmen, bewusster oder unbewusster, sehend oder blindlings, bauend oder konsumierend, aber jedenfalls beansprucht und diesem Anspruch gerecht werdend oder eben nicht.

2. *Die Kritik* an architektonischen Umgebungen des urbanen Raumes lief in den 90er Jahren oft darauf hinaus, dass dieser »anästhesierende Effekte« hätte. Rudolf zur Lippe etwa formulierte, dass uns die rationalisierten Umgebungen der großen Stadt des westlichen Typus als »ästhetische Wesen« nur halb

fordere. Auch in der Architekturtheorie fand sich dieser Topos. Joseph Kupfer etwa schrieb vor einer Generation über die großen Funktions-Gebäude, in die man vom Krankenhaus bis zum Ministerium alles packe, was irgendwie rational zu funktionieren hatte, als einen fragwürdigen Weg »vom Gebäude zum Gerät«.[7] Dass das Mantra »form follows function« heute langsam ausgedient hat, zeigt sich daran, dass man neuerdings tatsächlich bemüht ist, »Empathie als Kernkompetenz« für die Konstruktion von Städten zu reklamieren,[8] und die Empathielosigkeit jenes »coolen« Designschrotts beklagt, in dessen Wüste sich der Städter heute oft bewegen muss.

Die Feier des Kühlen, der Funktionalität, die Rationalisierung der Umgebung und der dazugehörigen Verkehrsführung von der autogerechten Stadt bis zur Quartiersberuhigung, dazu die kontrastiv bereitgestellten Malls, Flaniergegenden und Fußgängerzonen haben in den letzten zwei Generationen tatsächlich zu einem Zustand geführt, der nicht etwa der Rhythmisierung, sondern der Verwüstung mancher Städte durchaus nahekommt. Standardisierte Situationen, Gebäude, Dinge, Menschen, Medien und Verkehrsverhältnisse – womöglich mit überall der gleichen Beschallung – fordern uns als ästhetische Wesen kaum. Die »Gestalt« der uns umstehenden Anlagen sehen mitunter Computermodulen ähnlicher als Wohn- oder Arbeitsplätzen und erinnern daran, dass schon Adolf Loos gern versuchte, Bauwerken die Form von praktischen Geräten zu geben. Die Verkehrsmittel, Verkehrszeichen, Brücken und Straßen, die gesamte Situation einer urbanen Welt der wartungsfreien und herstellungsfreundlichen Bürohäuser, Bankhäuser, Firmensitze, Produktions-, Abfertigungs-, Sport-, Politik- und Bildungsmodule der letzten dreißig Jahre erinnern heute tatsächlich oft genug an eine wirr

[7] Joseph Kupfer: »From Edifice to Device. Architecture of disengagement«, in: Technology in Society. Nr. 12, 1990, S. 319–332.
[8] Vgl. Torsten Nolting, »›Mehr Liebe‹ – Empathie als Kernkompetenz der Stadtbevölkerung«, in: Der Architekt, Glaube, Liebe, Hoffnung – Empathie als Grundlage der Gesellschaft und ihrer Architektur. Nr. 1, 2017, S. 46, ff.

bestückte Computerfestplatte mit den immer gleichen Bauteilen, den wir Verdichtungsraum nennen, was dazu führt, dass trotz aller Ästhetisierungsversuche[9] ästhetisch verwahrloste Gegenden nahezu überall im Wachsen sind. Oft genug ist es nur eine Frage, wie nah man einem Objekt kommt, das aus hundert Metern, also aus der Flanierperspektive noch ganz imposant wirkte. Ansonsten ist es natürlich praktisch, dass ich in einen Laden wie »Nanu Nana« die darin befindlichen Dinge in jedem europäischen Bahnhof vorfinde, dass ich in München und Hamburg und Paris bei Starbucks einkehre und dass ich in jeder Großstadt der Welt im Economy-Inn absteigen kann. Auch gewisse Zeitschriften kann ich inzwischen an jedem Punkt des Welt-Transportsystems vorfinden, während mich zugleich die immer ähnlicher werdenden Paläste des Designs aufnehmen.

Spielt hier nicht immer das gleiche Lied? Ist die »Musik« dieser Räume am Ende immer die eine und wird es irgendwann einmal gleichgültig sein, ob ich in München oder Buenos Aires sitze? – In dem Roman »Korrektur« schrieb bereits Thomas Bernhard von einem im Gange befindlichen »Bauverbrechen gegen die Menschheit«, das zur ästhetischen »Vernichtung der Weltoberfläche« führe.[10] Vielleicht ist man heute bereits dabei, schonendere Varianten des »Bauens im Bestand« zu entwickeln, vielleicht hat man auch die geheime Hoffnung, das heute Gebaute ließe sich ja auch bald wieder abreißen, was man wünschen muss, wenn man sich durch bereits vollständig von Architekten zerstörte Städte bewegt, wie etwa Hannover. Aufs Ganze gesehen entstand und entsteht teilweise noch heute in vielen städtischen Umgebungen tatsächlich das immer gleiche atmosphärisch anspruchslose Gemisch von Rhythmen, die an einfachste Popmusik erinnern.

---

[9] Sehr übersichtlich dargestellt bei Jürgen Hasse: »Schöner Wohnen? Zur Bedeutung von Ästhetisierung im Stadtraum«, in: Ders.: Die Stadt als Wohnraum, Freiburg/München 2008, S. 109 ff. besonders 120–127: »Ästhetisierungen großstädtischen Wohnens.«

[10] Thomas Bernhard, Korrektur, Frankfurt/M. 1975, S. 131 ff.

»Atmosphäre« ist also letztlich ein uns beanspruchender Rhythmus, sie ist ein Geschehen in der Zeit und eben gerade keine einrichtbare »Bühne«, wie das barocke Gartenarchitekten gedacht haben. Würde man statt von Raum von Geschehen sprechen, entstünde das Missverständnis nicht, dass man ihn möblieren könne, um Atmosphäre zu erzeugen.

2. Architektur und Festlichkeit

Es gibt weltbekannte architektonische Feste. Wer vor dem Taj Mahal stand, wird das nie vergessen. Islamische und christliche Dome, das Pantheon, die Elbphilharmonie, Calatravas Konzerthalle … Das »Festliche« an diesen Gebäuden ist nicht ihre Form, sondern das, was diese Form mit dem Betrachter und Benutzer macht, dasjenige, was ihn herausfordert, also ihr *Anspruch*. Dieser kann nur bestehen, weil wir hier *leiblich* in ein architektonisches Geschehen einstimmen und nicht bloß intellektuell oder visuell. Der Eindruck, eine gebaute Umgebung bedeute Glück, man *müsse* es lieben, es reiße uns empor, es sei ein Fest, es befreie innerlich und bringe uns dem Ewigen nahe usf., hat also nichts mit Design zu tun, sondern mit der geradezu religiösen Kunst, Räume geschehnishaft zu öffnen.

Die Kritik des Bestehenden wäre gegen diese Hoffnung genommen geradezu uferlos, doch seien einige Anmerkungen gemacht. In unseren Städten gibt es etwa viele Dinge, die nicht altern können, sondern nur veralten, die keine Patina als Zeichen ihres menschennahen Sinnes und Gebrauchs ansetzen können, also Zeichen einer in sie eingehenden Zeit, Liebe oder Pflege, sondern stattdessen nur zunehmende Schäbigkeit gewinnen und nach einer gewissen Zeit ausgetauscht werden müssen. Dazu gehören Blumenkübel aus Kieselbeton, Busunterstände, unter die man selbst bei Regen nicht geht, Parkbänke, die aussehen, als habe ein Golem sie schnell aus Lehm gebaut. Form sollte in vielen Fällen gerade *nicht* der Funktion folgen, denn wir leben und lieben eben nicht nur im funktionalen Raum, sondern im Raum unserer Nostalgie, unserer Sehnsüchte und kreativen Fähigkeiten. Es gibt ein Recht auf Erinnerung! Es gibt ein Recht auf Schönheit und Pfleglichkeit! Pfleglosigkeit aber ist atmosphärisch spürbar, ob Pflege nun fehlt oder ob sie nicht vorgesehen ist, und so haben viele städtische Umgebungen nichts »Einladendes«, nichts »Gastliches,« nichts, woran man spüren könnte, dass jemand sich »kümmert«, dessen Leben damit sinnvoll würde, dass er sich kümmert. Stattdessen haben zum Beispiel viele öffentliche Anlagen ein Aussehen, als würden sie gerade noch mit letzter Mühe vom gröbsten Schmutz befreit. Wenn heute, wie oben bereits erwähnt, eine der führenden Architekturzeitschriften unter dem Titel »Glaube, Liebe, Hoffnung« die Empathie wieder als Grundlage der Gesellschaft und ihrer Architektur entdeckt und hoffentlich erfolgreich propagiert, wird also nur klar, was über zwei Generationen Nachkriegsarchitektur versäumt wurde. Pflege ist Korrespondenz und Aufbau von Korrespondenz und damit sinnvollen Lebens. – Es geht also gar nicht darum, sich architektonisch möglichst glatt, pflegeleicht und extravagant zu gebärden, bis jede Ecke und Kante der städtischen Welt ans Apple Design erinnert. Was solche »ikonographische Flicken«[11] mit der Beachtung einer Korrespondenz von »Leibgefühl und gebauten Formen« zu tun haben soll, wenn der Rest der Stadt ästhetisch gerade noch erträglich ist, wird also mit Recht gefragt.

Ein weiteres Phänomen ist, dass angesichts vieler Umgebungen unserer technischen Welt auch eine bestimmte Situation für den Betrachter oder Benutzer festgelegt ist, so als ob eine Vorschrift bestünde, nach der man hier oder dort zu gehen, zu verfahren, zu handeln oder mit einem bestimmten Gerät zu hantieren habe. Ein Bürgersteig, eine Parkuhr, ein Bankomat oder ein Pauschalurlaub – man ist zunehmend damit beschäftigt, etwas

[11] Ein Ausdruck v. Jürgen Hasse. Vgl. ders., A. a. O., S. 129

richtig zu *»bedienen«, um auf einer Spur vorwärts zu kommen, die uns immer weiter wegführt* von den Gärten wie natürlich auch von den vielleicht möglichen kleineren architektonischen Festen unserer alltäglichen Umgebung. Es ginge hier also um Festlichkeit, auch der kleinen situativen Festlichkeit. Stattdessen bewegen wir uns zunehmend in einem atmosphärischen Kriegslager der rationalisierten Welt, in dem jeder Gegenstand zu flüstern scheint: »Ich bin die zweckmäßigste Funktion für all Deine Bedürfnisse. Alle anderen Möglichkeiten sind bereits geprüft und verworfen. Gebrauche mich gemäß der Vorschrift und ersetze mich beizeiten.«

Wenn sehr viele Dinge aufgefasst werden können, als würden sie dies sagen, dann entsteht eine Gesamtatmosphäre wie in einem Gerät, in einer Klinik oder einer Anstalt, in der wir bewacht und betreut sind, in der sich unsere Leiblichkeit reduziert, so als wären wir an einem Ort, den wir schnellstens wieder verlassen möchten. Ein ICE, eine Bank, ein Krankenhaus, ein Bahnhof, eine Fußgängerzone, ein kindgerechter Park, der vor allem durch die Robustheit seiner Geräte prahlt, oder künstliche Felsen in öffentlichen Arealen, denen man ansieht, dass sie gepresster Müll sind, gegen solche »Umgebungen« ist heute ein Smartphone bereits eine Heimat. Dies liegt nicht nur daran, dass man durch den städtischen Raum anästhesiert oder »halb gefordert« wird, wie es Rudolf zur Lippe sagte, sondern auch daran, dass man auf Bedien-Zwecke hin konzentriert und formiert wird.

Die psychische Formierung des Einzelnen als eines zur Bedienung von Geräten gezwungenen Wesens, das damit die Geräte am Laufen hält, könnte man natürlich auch als Vorteil betrachten. Die Umgebungen des technischen Raumes »erziehen« gewissermaßen, und bei genauerer Selbstprüfung brauchen wir womöglich sogar eine gewisse Erziehung. Wir streunen ja gern. Aber ist der gelegentliche Wunsch des Streunens nicht geradezu ein lebensfördernder, lebensnotwendiger Impuls aus ehemaligen Zeiten, als das Umherschweifen das Wichtige war und das soldatische Reglement der erste Schritt zu Krieg und Sklaverei? Heute flanieren wir ja bestenfalls noch in Flaniergehegen, die sich zum Beispiel Mall, Fußgängerzone oder – in einem psychischen Flaniersinn – Multiplexkino nennen. Die *Anstaltsatmosphäre,* die unsere lebensweltlichen Bezüge dadurch erhalten, die Atmosphäre eines allgemein nervösen, hochkonzentrierten Mittuns bei fehlender Empathie und die Tatsache, dass bei zunehmender Rationalisierung der Verflüchtigung unserer Korrespondenzmöglichkeiten eine immer dichtere Bewachungsatmosphäre real wird, diese manifeste Inhumanität, vielleicht von gelegentlichem Terror unterbrochen, kann durch keine Art der Sonderveranstaltung aufgehoben werden, weil diese atmosphärisch doch immer wieder nur wie ein Ausflug der Anstaltsleitung wirkt. – Natürlich kann ich ein »Sabatical« nehmen oder aus städtischen Umgebungen ausbrechen. Aber wenn ich dann mit Hilfe eines Urlaubssonderangebots aus der Umgebung meiner Stadt in die Umgebung eines Touristendorfes fliege, aus dem ich mit einem per Scheckkarte geliehenen Auto in die von Landschaftsplanern präsentierte »Natur«, einschließlich der zu ihrer Betrachtung vorgesehenen Parkplätze flüchte, dann bricht doch die bisher nur angedeutete atmosphärische Not zu ihrer wahren Spürbarkeit auf, dem geradezu körperlich uns krümmenden Wissen, dass wir aus einer bestimmten Global-Atmosphäre der systemrationalen Zweckmäßigkeit und kommerzieller Zwänge am Ende nur noch »nach innen« ausweichen können.

Dass man nur »nach innen« entkommen kann, hat mit dem Phänomen zu tun, dass wir nicht nur psychisch, sondern dazu korrespondierend auch räumlich eine Art Einsamskeitszelle errichtet haben, in der wir meinen, die Atmosphäre wirklich in der Hand zu haben und zu einer Art privatem Fest zu gestalten. Inwieweit das zutrifft, sei zumindest angezweifelt, wahrscheinlich ist es unser grandiosester Irrtum, wie bereits Musil anmerkte, aber wir verhalten uns zumindest massenhaft so, als gäbe es den Trost in den eigenen vier Wänden, wobei gewisse geliebte

Dinge dann das Biotop unserer Träume und Sehnsüchte möblieren, Dinge, die vorgeblich im Gegensatz zur öffentlichen Betreuungsatmosphäre stehen, dieser aber oft durchaus ähnlich sind! Die Steine auf der Fensterbank, die sich die Anthroposophen Goethe abgeschaut haben und die man auch im Design-Geschäft kaufen kann; die politisch korrekten Kleidungs- und Gebrauchsgegenstände der neuen Achtsamkeit vom Veganer und Tierfreund bis zum nostalgischen Sammler, die Fahrradsammlungen vorgeblich ökologisch korrekter Zeitgenossen, die Möbelstücke rasch flottierender Stilrevivals und auch die funktionalen Geräte wie Mixer und Kaffeemaschinen, die mittlerweile längst zu atmosphärischen Trägern geworden sind. Das Smartphone in der Hand, jener Zauberkristall, der uns mit den Liebsten verbindet, d.h. den entferntesten Freunden – hat er nicht auch schon den tröstlichen Atem der »Heimat«, wenn sie sonst nirgends mehr ist?

Ältere Generationen bevorzugten »Patina«, Alter, überhaupt Alterungsfähigkeit von Dingen, Handarbeit, ein wenigstens ahnbarer Weg zur einfachen Herstellung oder politisch korrekten Herkunft, eine Patina, die uns schon durch die stille Präsenz des Gegenstandes mit der Welt des Schönen und Guten verbindet. Jüngere Generationen bereiten sich assoziative Verbindungen zum Sehnsuchtsmodell des »Wilden«, des »Exotischen« oder des »Numinosen« oder stellen atmosphärische Gegenmodelle der ästhetischen Intelligentsia her, die in den heute häufigen Design-Start-ups zu besichtigen sind, an ihrer Spitze die Künstler und die inszenierte artifizielle Dürftigkeit einer Atelierwohnung, der Trend zum Minimum, das Kokettieren mit der reduzierten Geste, die Chuzpe des Lassens, die aufgesuchte Stille bis hin zu den Exotismen des Leeren, die Meditationsgruppe, die Raku-Schale, die Tee-Zeremonie …

Der Rückzug in den Atem der privaten Dinge, die private Wohnung und Arrangements von Gegenständen und Möbeln, aber auch die Antiwohnung des Künstlers, der irgendwo in einer ehemaligen Fabrikhalle ein Wohnkonzept veranstaltet oder sich in einer Dachgaube notdürftig etabliert und sich ansonsten entzieht … solche und ähnliche Varianten ergäben Hinweise auf die atmosphärische Gegenheimat zur Funktions- und Design-Atmosphäre des alltäglichen Mittelmaßes, das heute zumindest in den großen Städten im Schrumpfen ist. Dazu gehören auch die Medien, vor allem die digitalen, die es erlauben, uns mit allen und jedem ständig in Verbindung zu fühlen und auch tatsächlich in Verbindung zu setzen, denn das Leben der westlichen Zivilisation beginnt längst, vom faktischen Funktionieren des technischen Zugleich ins atmosphärische Miteinander umgeschaffen zu werden, und es verlangt heute selbst in den kleinsten Dingen nach etwas, das den öden Funktionssinn der technischen Haut transzendiert. Wir wollen Menschen nahe sein und wir können dies zumindest in einem technischen Sinne fast immer und jederzeit. Schon der atmosphärische Wert vieler Dinge ist am besten damit beschrieben, dass sie wenigstens mittelbar Nähe zu Menschen oder zu menschlicher Mühe und liebevollem Engagement herstellen und was ist dazu – ganz abgesehen von der Wirklichkeit eines Festes – besser geeignet als ein I-Phone?

In der englischen Gildenbewegung galt einst der »honest brick« deswegen dem Stahlbeton ästhetisch überlegen, weil er in mühevoller Handarbeit hergestellt und händisch vermauert wurde. Dass andere Menschen zwar nicht anwesend sind, dass aber gewisse Gegenstände und Hinterlassenschaften auf deren Werk und Mühe, auf deren Sorgfalt und Können hinweisen, mit dem wir nun »zusammen« sind, indem unser Blick über eine kunstvoll gemauerte Wand streift, das macht sie – Sensibilität vorausgesetzt – für uns wertvoll. Ein altes Buch, ein alter Schrank, die liebevolle Mühe im Detail einer Handschrift, die Haltung zur Welt, die der ehrbare Handwerker (vielleicht) hatte … es ist immer die Anwesenheit der Mühe und der Sorgfalt, der Befassung und der Liebe anderer, auf die im atmosphärischen Entwurf angesichts solcher Details angespielt ist. – In manchen größeren Gärten etwa kann man beobachten, dass die Atmosphäre dadurch festlicher erscheint, dass ein paar Sitzgruppen im Gras stehen, so als ob gleich jemand dort erscheinen und sich setzen könnte, um ein fröhliches Miteinander zu beginnen. Von solchen Symbolisationen eines geradezu unaufhebbaren immerwährenden festlichen Zusammenseins mit anderen ergibt sich also eine Verbindung zum atmosphärischen Sinn des Festes, der Korrespondenz aller mit allen als geformtes Ereignis.

3. Festlichkeit

Wenn Platon in den »Nomoi« den Wert der Erziehung der Affekte – Furcht, Liebe, Hass und Lust – als Befähigung zum Mit-Leben im Staat hervorhebt, weist er im Anschluss auf die Feste als die von den Göttern aus Mitleid eingerichteten Veranstaltungen, zu denen sie selbst in Erscheinung treten, um das menschliche Miteinander neu zu bestärken. Als Ausgleichselement und Trost also ist das Fest zu werten. Das bloß Alltägliche in fortlaufender Folge wäre das Trostlose, das in seinem Funktionssinn aufgeht und ohne Festlichkeit nur Menschenfleisch zum Betrieb technischer Vorgänge verbrauchen würde. Der intermittierende Verkehr mit den Göttern dient dagegen zur Befestigung der Gemeinschaft und zur Stiftung eines Ur-Sinns angesichts der Tatsache, dass erst ein Leben, das sich um Feste gruppiert, sinnvoll wird.

Was Festlichkeit atmosphärisch ausmacht, könnte man einer mittelalterlichen Gedichtzeile entnehmen, wo es heißt, dass bei einem ritterlichen Fest »alle Türen offen standen«. Festlichkeit ist das Durchbrechen zueinander, im Extrem sogar die Auflösung alltäglicher Zeit- und Raumbestimmungen und die Neubegründung einer Fest-Gemeinschaft. Jan Assmann bezeichnete in einem Aufsatz über die altägyptischen Feste das Atmosphärische als den Zentralaspekt zur Erzeugung der »Präsenz der Gottheit« und sprach vom Festgeschehen als »Atmosphärisierung«, an der alle Festteilnehmer aktiv beteiligt sind. Sich vom

Fest oder festlicher Gesinnung auszuschließen, war eine Beleidigung der Gottheit.[12]

Der Inbegriff, auf empirischer Ebene gewissermaßen das erste Werkzeug der Atmosphärisierung ist die Kultivierung sinnlicher Genüsse. Man könnte an einer Fülle von Beispielen zeigen, wie bestimmte Festbräuche schrittweise helfen, die Sinne zu entfalten und sie miteinander ins korrespondierende Spiel zu setzen, um jene Lust zu erzeugen, die sich selber will. Das *Freude machen* durch Geschenke ist das gebräuchlichste Ritual des Festes. Durch Vorbereitungsrituale (Adventszeit!), durch gehobene Arten schon der Einladung, durch Kleidung, durch die Gastlichkeit des Raumes, durch erlesene Speisen, sorgfältige Zubereitung und Darreichung, durch Gerüche, Blumen, Parfums, Räucherwerk, berauschende Getränke, Musik, zielgerecht eingesetzte erotische Reize, durch Akzentsetzung (so wurde nach Herodot bei vielen Festen ein nachgebauter Leichnam herumgetragen, um durch Kontrastwirkung die emotive Bereitschaft der Festteilnehmer zum Einstimmen zu erhöhen) kommt es nach einer gewissen Zeit zur »atmosphärischen Überflutung« bzw. zum »Festrausch«, der Aufhebung der alltäglichen Raum- und Zeitverhältnisse und zum Entstehen eines neuen, raum- und zeitenthobenen gemeinsamen Zustandes aller. Statt zu *differenzieren*, liegt uns nun mehr am *Korrespondieren*. Statt bloß eigenen Genuß oder eigenes Urteil anzustreben, liegt uns jetzt am Zusammensein selber, einer Haltung, die – selbst wenn es anstrengend würde – vor allem einstimmen will. Wir geraten so in den Sog des Festes. Jedes Fest entwickelt einen Bann, dem man sich schlecht entziehen kann. Man steigert sich gegenseitig und fordert sich heraus, man übertreibt, man geht nicht gern, es sei denn, man ist gar nicht richtig dabei gewesen. Schon *irgend*

[12] »In der Feststimmung wird die Präsenz der Gottheit sinnlich erfahrbar, wird atmosphärisiert.« »Die Schönheit, die die Herzen mit Entzücken und Freude erfüllt, wird als Emanation der Gottheit erlebt.« Jan Assmann, »Der schöne Tag. Sinnlichkeit und Vergänglichkeit im altägyptischen Fest«, in: Walter Haug / Rainer Warning (Hg.), Das Fest, München 1989, S. 15.

ein Fest, in dessen Nähe wir geraten, übt einen geheimnisvollen atmosphärischen Magnetismus auf uns aus und es ist plötzlich so, als würde dort jetzt vielleicht das zu erreichen oder zu erfahren sein, wonach wir uns schon immer sehnten. Das Fest ist eine Veranstaltung des *atmosphärischen Mit-Seins* als Gegenstück zu bloß zweckgerichtetem oder ethischem Mit-Sein der profanen Welt und damit eine der wichtigsten Säulen des menschlichen Miteinanders – und nach dem Mythos werden diejenigen mit Wahnsinn bestraft, die sich den Festen entziehen.

Ein Geschehen, das uns als rauschendes Fest vielleicht nur deshalb nicht ins Auge fällt, ist jenes, in dem wir uns ständig befinden. Hat man unsere gesamte Kultur noch nie als Dauerfest betrachtet, als Fest des Lebens, Arbeitens, Sterbens, Reisens, des Essens und der Medienspektakel, zu dem die Architektur die wechselnde Kulisse abgibt? Hat sich nie jemand Gedanken darüber gemacht, dass er das scheinbar Überfordernde einer indischen Großstadt vielleicht nur deswegen überfordernd empfindet, weil er es nicht als Fest dieser Art empfinden kann, während er zuhause jederzeit viele durchaus anstrengende Aspekte des Alltäglichen zu solch einer alles in allem »festlichen« oder gehobenen Stimmung des Miteinander addieren kann? Das Fest ist also nicht als Gegensatz zum Handlungsalltag begreifbar. Es hat nichts mit »Freizeit« in ihrem öden Sinn von Unausgefülltheit zu tun. Es ist Aufwand, Überfluss. Man sollte von einer vorschnellen Dialektik von Arbeiten und Feiern, »sauren Wochen, frohen Festen« absehen, wenn man das Fest als solches begreifen will, und man würde es besser begreifen, wenn man es als ritualisierte oder schöpferische Art des Zusammenseins versteht, als ideale Korrespondenz also. – Und es ist nun vielleicht auch gar nicht mehr richtig, vom Gegensatz der »Funktionsumgebung« einerseits und dem Architekturfest als brillant gelungenem Gebäude andererseits zu reden, denn vielleicht kann das eine sogar das andere sein oder zumindest werden! Arbeiten und Feiern stehen – wie auch Sterben und Leben, in deren Polarität jedes Fest eingespannt ist – in einem engen Korrespondenzverhältnis, das sich nicht immer präzise durch ein Entweder-oder bzw. ein Vorher und Nachher charakterisieren lässt, sondern sich in allen Bestandteilen als Ineinander und Öffnung ereignet. Erst von hier lassen sich unsere Umgebungen womöglich architektonisch wirklich beurteilen.

Das Mittelalter forderte zum Beispiel in seinen Tugendkatalogen die festlich vorgetragene Stimmung des Hofes als jederzeit zu präsentierende Seelenlage des »houen muots«, gewissermaßen als Tugend, der die gezeigte Stimmung der Niedergeschlagenheit und Mutlosigkeit als eine *elende Gesinnung der Sklaven* gegenüberstand, welche die Hochgestimmtheit der anderen vergiftete; ein Sachverhalt, der mit der Trennung von Arbeit und Freizeit, Alltag und Festtag kaum zu vereinbaren wäre. Festlichkeit war also eine *jederzeit* geforderte Attitüde und alle sollten versuchen, sich einzubringen. »Im Erzählen, Musizieren, Tanzen, im Gespräch, im Lieben, im Turnier ... Die Arthurische joie«, so etwa Walther Haug[13], definierte sich als eine Festlichkeit, die sich der *»Balance aller Oppositionen in spielerischer Selbstdarstellung«* verdankt. In einem festlichen Sinne gelungen zu *leben*, ist also der Anspruch, die Kunst des Arbeitens, Feierns, Lebens und Sterbens jederzeit zu beherrschen, und die Hochstimmung dabei würde eben unter anderem auch baulich zum Ausdruck zu bringen sein – überall. Das »Private« kann bei einer solch neuen Auffassung nichts Festliches mehr an sich haben und verändert sich in eine Art Backstage-Bereich des eigentlichen festlichen Lebens aller. Ja, wie primitiv erscheint vor solch einer Perspektive der sinnlose Versuch, es sich »privat« nach dem Motto »my home is my castle« hübsch (also »hövesch« bzw. höfisch) zu machen. Die *festliche Alltäglichkeit* korrespondiert mit der Dürftigkeit der »privaten« Ambienteformen und der private Protz grenzt an Lächerlichkeit. Nicht nur der Wech-

13 Vgl. Walter Haug, »Von der Idealität des Arthurischen Festes zur apokalyptischen Orgie in Wittenwilers ›Ring‹«, in: Haug/Warning (Hg.), a. a. O., S. 157.

sel der Perspektive, sondern die Erkenntnis einer tatsächlichen Korrespondenz zwischen frohgemuter Lebensart als einer Möglichkeit, die immer und überall herrscht, und der Tatsache, dass es »privat« des Allerwenigsten dazu bedarf, wäre hier ein womöglich schon im Gange befindlicher Trend zum Minimum, der das »Heim« in eine Rückzugsklause mönchischer Einfachheit verwandeln könnte, während der »festliche« Aufwand »draußen« getrieben wird.

Ob dies für alle Menschen und an allen Punkten der Welt immer möglich ist und gilt, sei dahingestellt, dass dies aber bereits zunehmend inszeniert und versuchsweise gelebt wird, könnte man leicht zeigen – denken wir nur an jene sich ständig aufdrängende Form der kollektiven Festlichkeit, die die Medien bereithalten, denken wir an das Fest des Kaufs und Verkaufs in Malls und Kaufhäusern, an öffentliche Märkte und Feste, an die Organisation von Pauschalurlaub oder Kreuzfahrt, Wettbewerb und Kongress, an die Wimpel und Fahnen vor jedem Supermarkt und bei jedem Staatsempfang, an die Wellnessparks und die religiösen und nichtreligiösen Meditationsareale unter einem scheinbar immer lachenden Gott oder lächelnden Buddha oder dem kinderfreundlichen Clown bei McDonalds … Ist das nicht alles die Atmosphäre des permanenten fröhlichen Aufgebots, selbst wenn sie noch so plump und treuherzig daherkommt? Vergisst man da nicht gern die Weltteile, auf deren Kosten es hergestellt wird? – Hält man sich nicht gelegentlich angesichts eines sich hunderte Meter in den Himmel schraubenden, weiß strahlenden Hochhauses – ganz gelegentlich versteht sich – bereits für einen Teilnehmer eines umfassend geheiligten und gerechtfertigten Daseins? – Und denken wir zuletzt noch an den Mythos der Metropole. Ist die Metropole selbst in all ihrer Hässlichkeit nicht auch so etwas wie das vergegenständlichte große Fest, die betäubende atmosphärische Überflutung? Ist man dort, ob Hipster oder Intellektueller, Künstler oder vieles andere, nicht immer auch irgendwie spannungsgeladen, kultiviert, freundlich, nervös, ironisch, gutgelaunt, schlagfertig selbst noch in kompliziertesten Arbeitsbezügen oder gar im Unglück, weil es zum Habitus des geglückten Lebens gehört und anderes »uncool« wäre? Nimmt man nicht die Beliebigkeit, Schnelligkeit und Flüchtigkeit der Eindrücke, das simultane Gewirr der Ereignisse, des Verkehrs und alle dazugehörigen Aspekte bereits bereitwillig wie ein großes, schöpferisches Fieber wahr, obwohl es am Ende vielleicht nur der falsche Bann eines Labyrinths ist, in dessen Kammern irgendwo ein Minotaurus als Symbol des Sieges *und* des Todes wartet?

Wir sind an einigen Orten der Welt – und ich meine damit nicht nur die europäischen Städte – womöglich kaum mehr weit von dem entfernt, was Baudrillard einmal als totales Environment bezeichnet hat. Aber wir fassen unser alltägliches Miteinander vielleicht noch immer nicht genügend atmosphärisch auf, sonst würden wir wissen, dass wir vor allem auch in der *totalen Atmosphäre* angelangt sind. Und das ist nicht einfach eine Betrachtungsweise. Es ist ein Korrespondenzverhältnis mit einer »hardware«- Seite. – Dass etwa *politisch* in einer atmosphärisierten Umgebung andere Kräfte wirken als in einer zweckrationalen, kommunikationsstrategischen oder kritischen, liegt auf der Hand. Die *totale Atmosphäre*, die ich also dem *totalen Environment* korrespondierend zur Seite stelle und als das eigentlich Wichtige bezeichne, ist heute nicht nur spürbar durch das überall sich aufgipfelnde Stimmengewirr im digitalen Netz und in den Medien. Dort setzt es sich nur fort und ist Nährboden für immer weiter gehende Atmosphärisierungen, etwa politischer Art (weswegen wir im Grunde einen De-eskalations-Journalismus bräuchten). Es ist auch nicht von allzu weit hergeholt, dass uns auf dieser atmosphärischen Ebene einmal ein Rhythmus packen könnte, gegen den die Phänomene der verführten Masse eine Kleinigkeit waren. – Es gibt das Fest nicht nur als schönen Tag! Und es gibt nicht nur das schöne Fest!

Wir bemerken also, dass es nicht etwa um den naiven Gegensatz von Festlichkeit und Alltag, festlicher Architektur und Funktionsarchitektur gehen muss, sondern dass alltägliche und öffentliche Festlichkeit, private und kollektive Festlichkeit, festliches und »profanes« Bauen und Dasein stets auch ineinander gleiten, ja dass sogar *Alltäglichkeit und Festlichkeit ineinander gleiten,* so dass man zu sagen geneigt ist, dass *immer* Fest und *immer* Alltag herrscht. Wir können heute wohl kaum unterscheiden zwischen einer etwaig »schlechten« Art des Verkaufsfests und einer guten, sensiblen Sinnenfröhlichkeit, sagen wir in einem gutbürgerlichen Bildungssalon oder bei einem Kirchentag. Oder können wir doch? Oder sollten wir überhaupt?

Ob wir in dem uns umgebenden allgemeinen Geschehen einer das Architektonische längst transzendierenden allgemeinen »Fest«-Gemeinschaft begeistert leben lernen und global einstimmen oder ob wir uns distanzieren – entweder zur Seite des politisch Korrekten, die nach den Quellen des Reichtums fragt, oder in Richtung des Elitären, das sich angewidert abgrenzt und die letzten Schriftsteller liest, die den Namen verdienen, Gärten baut oder zum Meditieren geht, das wären heute interessante, aber nicht theoretisch zu lösende Fragen. Eine praktische Forderung könnte lauten, dass wir das atmosphärische Fest mitfeiern, aber eben auch atmosphärische Kompetenz einüben sollten – selbst die Kompetenz des Dabeiseins im digitalen »Schwarm«, der dauernden Korrespondenz aller mit allen. – Vielleicht läge hier die über den trivialen philosophischen Gestus hinausweisende Forderung, unserer Zeit gewachsen sein zu müssen.

Kapitel VII
Atmosphäre, Sprache und Musik

> »We can feel a question apart from its verbal expression, and the difficulty is to oppose it without turning it into something superficial, or inviting answers that may seem adequate to its verbal form but that don't really meet the problem beneath the surface«.[1]

1. »Provorsa« – »reverso«

Ulrich Fülleborn hat in einer Schrift über das »Prosagedicht« einmal die Ansicht geäußert, dass es einen »Urton« des Sprechens jenseits von Vers und Prosa gebe. Herder weist in seiner Volkspoesie auf den Zusammenhang zwischen einem rhythmischen Funktionieren der Sprache und der Begriffsbildung, romantische Sprachentstehungstheorien weisen ebenso darauf hin, und kürzlich hat auch Giorgio Agamben auf die nach einem Bericht des Aristoteles bei Plato vermerkte Eigenheit des Denkens hingewiesen, das *vor* allem bloß Begrifflichen zwischen Bedeutung und Klang schwebend nach Ausdruck sucht, also gewissermaßen poietisch und einer Erfahrung oder inneren Disposition oder auch Gestimmtheit nachspürend, so dass der Begriff dem Atmosphärischen entspringt.

Folgen wir den Hinweisen, dass der sprachlich schöpferische Gestus einen Rhythmus hat, der »gleichzeitig in entgegengesetzte Richtungen weist, rückwärts (reverso = Vers) und vor-

---

[1] Thomas Nagel, The View from Nowhere, Oxford 1986, S. 56.

wärts (pro-vorsa = Prosa)«[2], dann geraten wir einerseits auf das schon erwähnte »poetische Vermächtnis der Sprache«, an dem sich das Denken zu messen hat[3], andererseits aber geraten wir auch auf die Spur einer Korrespondenz, die für alle Sprachkunst und mithin die Literaturwissenschaft entscheidend sein könnte, weil sich an ihr zeigt, dass *nicht die Sprache* den Auslegungshorizont für unsere Interpretationen der Welt schafft, sondern jenes, was wir als Situation bezeichnen, in der »interpretiert« wird. Dass dieser Zusammenhang seine Entsprechungen vor allem in der Auslegung von bildender Kunst hat, dürfte naheliegend sein, weswegen es zum Beispiel längst als sinnvoller betrachtet wird, nicht »über« Kunstwerke zu sprechen, sondern in Korrespondenz mit ihnen über etwas Drittes, etwa die politische Wirklichkeit. Damit verbunden wäre das Eingeständnis einer Abkehr von Hegels Begriffsüberlegenheit gegenüber der Kunst und die nachträgliche Nobilitierung Schopenhauers bzw. seines Denkens von der Kunst als eigenständiger Erkenntnisart. Kunstwerkinterpretation ist somit das Aufzeigen etwaiger – auch atmosphärischer – Korrespondenzen und nicht die Rubrizierung des Vorgefundenen unter althergebrachte Begriffe ästhetischer Beurteilung, die doch nur voller willkürlicher Extrapolationen stecken.

Die zeitgenössische Kritiker-Sprache hat hier auch bereits einen Schritt getan, indem sie zum Beispiel von »Spannung«, »Dichte«, »Abgründigkeit« oder auch von den freigesetzten Assoziationen bei einem Werk der bildenden Kunst spricht. Dem atmosphärischen Narrativ näher liegt ansonsten für gewöhnlich die Musik, und dort ist das korrespondierende Spiel von Aisthesis und Poiesis ganz offenbar, ja die Aufführung erinnert nicht ohne Grund an eine Art Messe für einen Komponisten, also

---

[2] Vgl. ähnlich Giorgio Agamben, Idee der Prosa, Frankfurt/M. 2005 S. 23,24.

[3] Vgl. dort: »Dieses Schweben, dieses erhabene Zögern zwischen Bedeutung und Klang, ist die poetische Erbschaft, an der sich das Denken zu messen hat.«

einer Aufführung zur Deutung des Kompositionsvorgangs als gewissermaßen heiligen Akt. Dies geschieht nicht durch Sprache, sondern durch Zusammenspiel im Hinblick auf musikalischen Ausdruck von etwas, mit dem der Dirigent – vorgeblich – in besonderer Korrespondenz steht.

Der Ausdruck der Korrespondenz eines »Gedankens« mit einem Aspekt der Sprache, der Musik oder der bildenden Kunst hat eine geheime Vorgeschichte, die in Aristoteles' Topos-Schrift beginnt und die neuzeitlich in Alexander Baumgartens Begriff des »felix aestheticus« mündet. Sie dreht sich im Wesentlichen darum, dass einer Erfahrung (aisthesis) eine Antwort zuteilwird, dass diese Antwort aber nicht sogleich und auch nicht willkürlich gegeben wird, sondern erst nach langem Nachsinnen und Nachspüren, und dass sie auch nicht notwendig sprachlich erfolgt. Epoché und Suche nach Antwort mag ein Prozess sein, der sich beim Künstler unter der Bewusstseinsschwelle abspielt, doch ist er im Phänomen der Suchbewegungen und der Experimente gut greifbar und auch jeder Schreibende kennt ihn – etwa im Phänomen der Korrektur.

»Kunst« in ihrem emphatischen Sinne ist damit nichts anderes als die ins Große gerechnete Bemühung der ständigen Korrektur bzw. jenes »Denkens in Sprache«, das Hamann in der »Aestetica in Nuce« so bezeichnet hat, um darauf hinzuweisen, dass »Denken« in einem grundlegenden Sinne eben nicht als leises Sprechen (Aristoteles) oder »Rechnen mit Begriffen« (Descartes) bezeichnet werden sollte, sondern als aktiver Prozess eines Ausdrückens, weniger »mit Hilfe von« als vielmehr »unter Bezugnahme auf« oder eben »in Korrespondenz mit«, dass es, wenn schon nicht wortlos oder der Sprache *vorgängig*, so doch auf alle Fälle selbstständig und zugleich in schwebender Korrespondenz mit dem schöpferischen Ausdruck ist. Wir würden versuchsweise sagen, dass es – nicht wie die Romantik glaubte – erst »in Sprache« gebracht werden muss, dass es aber sehr wohl eine Korrespondenz zwischen dem nichtsprachlichen »Gedanken« – der eher eine atmosphärische »Zusammenschau von« ist – und sprachlichen Formen gibt, die sich, im Sinne des von Agamben so beschriebenen Prozesses wohl auch »pro-vorsa« und »re-verso« entfalten, also in einem Rhythmus, der nicht nur als Vers und Prosa, sondern vielleicht auch als Gespräch aufgefasst werden kann, ganz so wie »Gedachtes« auch in andere »Sätze« hätte gebracht werden können, nicht um besser verständlich zu sein, sondern um weitere und bessere Korrespondenzmöglichkeiten zur Verfügung zu stellen. Hier wird nichts Triviales formuliert. Es ist vielmehr die Entscheidung für eine Sichtweise, bei der eben nicht »hinter« dem Wort ein Gedanke lauert, sondern nur in Korrespondenz mit einem Satz, einem Gedicht, einer Skulptur sich etwas ereignet, das durch die Medien der atmosphärischen Präsenz (also etwa Kunst, aber auch eine Rede) nahekommt, aus der heraus wir schöpferisch komponieren, was wir scheinbar bloß mitteilen.

Wenn Schopenhauer aufgrund ähnlicher Erwägungen darüber spricht, dass verschiedene Künste auch ebenso viele »Erkenntnisarten« repräsentieren, dann ist hier der Gedanke einer Entsprechung bzw. eines Antwortgebens ins Spiel gebracht, die nicht einfach die Benennung einer Erfahrung, sondern der Versuch ist, mit dem Ausdruck einem gefühlten oder erfahrenen Anspruch gerecht zu werden, der aus einer Situation kommt. Die Situation ist dasjenige, was den Dingen Sinn und Bedeutung gibt, die Sprache spielt es nur nach. Anklänge an solch einen Gedanken finden sich auch auf anderen Feldern, etwa bei Ludwig Feuerbach im Begriff der »Liebe als sinnlicher Erkenntnis«.

Die Idee eines »vorgängigen Denkens«, das mit Sprache zunächst gar nichts zu tun hat – oder nur unter anderem zu tun hat – widerspricht der Perspektive des kritischen Rationalismus, insofern dieser zum Beispiel wissenschaftliche Sätze erst in einer Form akzeptiert, in der sie sich falsifizieren lassen. Doch ist ja eben auch der Prozess der Aussagefindung ein Korrespondenzvorgang und die Dinge gehören solcherart mit der Geschichte ihrer Präzisierung zusammen. Descartes' Überzeugung, Denken sei Rechnen mit Begriffen, widerspricht auch nicht dem Sachverhalt, dass die Begriffsfindung ein Korrespondenzvorgang ist. Auch die Auffassung einer Konsensfindung durch Kommunikation als Übereinkunftsmethode widerspricht dem Korrespondenzmodell nicht; sie würde Kommunikation sogar als einen speziellen Fall der Korrespondenz sehen bzw. Korrespondenz und Kommunikation miteinander ins Spiel bringen.

2. Handarbeit und Kopfarbeit – über Musik

Stellen wir uns vor, jemand lerne Klavier spielen. Sehen wir von technischen Aspekten, dem Befolgen bestimmter Phrasierungsregeln, Fragen der Fingertechnik, des Trainings oder einem ausgeklügelten Übungsprogramm ab. Worauf es dem künstlerischen Lehrer ankommt, der seinem Schüler »Klavierspielen« beibringen soll, ist doch vermutlich, wie dieser eine ganz bestimmte *Korrespondenz* erzeugen kann:

Was korrespondiert? Beim Klavierspiel zum Beispiel der Blick auf die Noten und der Anschlag der Finger. Beim fortgeschrittenen Üben der Blick auf Akkorde und Akkordfolgen, auf notierte Läufe, die der Übende nicht mehr Note für Note, sondern im Sinn musikalischer Begriffe versteht und ausführt, wobei er zugleich weiß, dass er hier oder dort einen Akkord einer bestimmten Tonart oder einen Lauf über so und so viel Oktaven einer Tonart zu spielen hat. Die Tonleiter ist dem Fingergedächtnis eingeübt. Der Spieler »versteht«, je weiter er in der Übung kommt, in immer größerem Umfang, worum es geht.

Zu dem Blick auf die Noten und dem Griff in die Tasten kommt als drittes Moment das Hören. Nicht nur das Hören dessen, was in den Noten gelesen und auf der Klaviatur getan wird, Kopfarbeit und Handarbeit sozusagen, sondern das Hören in zwei Richtungen: Nach innen – d.h. in jene Richtung, in der der Spieler die erkannten Noten für sich umsetzt, aber auch das Hören nach außen, indem er zunächst sich selber, dann aber auch mit den Ohren eines vorgestellten oder später dann auch wirklichen Publikums zuhört. Dieses hörende Spielen wird den Spieler und sein Spiel weiter verändern, denn er wird jetzt nach »Ausdruck« in einem erweiterten Sinne suchen; nicht mehr, was in den Noten steht und »gemeint« ist, sondern im Sinne dessen, was er von dem imaginierten Publikum her als Erwartung voraussetzt. Man kann diese Erwartung als »Anspruch« bezeichnen. Man kann sagen, dass ein bestimmter Klavierspieler »mit Anspruch« spielt, d. h. mit der Überzeugung, etwas darzustellen, das er als Erwartung weiß oder kennt. Entsprechend wird sein Ausdruck darauf hinauslaufen, auf etwas hinzuweisen, allerdings nicht auf etwas, das »vorher« da ist, sondern auf etwas, das *möglicherweise* da ist.

»Hören« und »sprechen«, »erfahren« und »ausdrücken« – *aisthesis* und *poiesis;* solche Vorgänge der Korrespondenz liegen dem künstlerischen Klavierspiel wie allem Musizieren in einem sehr differenziertem Geflecht und in vielen Schichten zugrunde – und wir sind noch lange nicht am Ende unserer Betrachtung, denn nun kommen wir aus dem Bereich des reproduzierenden und interpretierenden Musizierens heraus zum Schöpferischen bzw. Kompositorischen. Das Kompositorische der Musik korrespondiert nicht nur mit der geschichtlichen Situation oder den Erwartungen eines Publikums, sondern mit der gesamten Tradition der Musik. Der Komponist will nicht nur den Lebenden gefallen oder einem aktuellen Anspruch genügen, er will auch einem gefühlten Anspruch aus der Tradition genügen, er stellt sich in eine Tradition, er fühlt sich, je weiter er kommt, den »Alten« verpflichtet, die er aufgrund seiner ständigen Korrespondenz zu lieben beginnt und mit denen er ins Spiel gerät.

Weiterhin muss ein Komponist, etwa der einer Klavierpartitur, auch dem *Pianisten in sich* genügen, d. h., er muss zwar nicht durch alle Höllen höchster pianistischer Ausformung gegangen sein, bevor er komponiert, aber eine hohe Stufe muss zumindest erreicht sein, bevor ein Komponist als solcher überhaupt wahrnehmbar anspruchsvoll tätig werden kann. Die

Theorie der Musik könnte dem, der kein praktischer Musiker ist, in ihrem aisthetisch-poietischen Wesen fremd sein. Für jeden, der musiziert oder komponiert, ist sie dagegen auf eine Weise »klar«, die hier nicht weiter erläutert werden kann. Der Komponist schreibt, indem er hört, und hört, indem er schreibt. Der Hörer hört, allerdings hört er korrespondierend, etwa als Kenner.

Erfahren und Ausdrücken – *aisthesis* und *poiesis*, zwei Fähigkeiten, deren eine, das Hören, sich genauso differenziert ausbildet wie die andere – das Musizieren, sodann die Kombination gewisser »technischer« Abläufe, die auch nicht rein technisch zu verstehen, sondern nur so bezeichnet sind, die aber ihrem Wesen nach als »Arbeit der Hände«, in Tausenden von Stunden als Erinnerungsreflex aufgebaut wurden – dies alles sind nur erste und unvollkommene Unterscheidungen in einem komplexen Geschehen, das man als Wahrnehmungsvorgang wie auch als Ausdruck, also wieder im Sinne des oben angedeuteten »reverso« (rückwärts) wie auch als »pro-vorsa« (vorwärts) von leiblich sensiblen und intellektuell wahrnehmenden Einzelfähigkeiten zu einem *einzigen* Geschehen denken muss, der vom »Leib« des Musikers mitgetragenen »Musik«.

Musik in diesem Verständnis wäre durch kein »Denken« oder Sprechen einholbar, wenn dieses Denken nicht von jener vorgängigen und potentiell korrespondierenden Art wäre, auf das wir im Zusammenhang unserer Einleitung hingewiesen haben. Nur in dieser Weise des Korrespondierens und eben nicht des Verstehens oder »Interpretierens« hätte das Nachdenken über »Kunst« oder über »Musik« seinen Sinn. Es ist ein Verhalten, »als ob« hinter allen Korrespondenzvorgängen eine Art Triftiges stehe, mit dem noch nicht korrespondiert ist, das aber als solches benannt werden kann und womöglich sogar geübt, sei es in Musik, im Gedicht, in bildender Kunst, im Denken in Sprache.

Was die Musik als Beispiel der ästhetischen Korrespondenz von *aisthesis* und *poiesis* so geeignet macht, sind also einzelne leicht verstehbare Zusammenhänge, Zusammenhänge, die an der Tätigkeit des Musikers mit seinem Instrument offenbar verständlicher zu machen sind als beim Schriftsteller, aber das künstlerische »Üben« ist – nicht nur in der Musik, sondern zum Beispiel auch in der philosophischen Hermeneutik ganz ähnlich – eine Art paradoxer Verstehenszwang, bei dem sich durch die »Übung« eine Wahrnehmungshaltung einstellt, die im Verlauf – d.h. in Tätigkeit versetzt – mimetisch produktiv wird. Wir haben im Lauf dieser Übungen keineswegs »etwas« verstanden, das wäre ja dann vorher dagewesen. Wir haben vielmehr etwas gelernt, eine Haltung, eine Art der Meisterschaft.

Wer künstlerisches »Üben« kennt, weiß, dass es aus einem bis zum schieren Widersinn getriebenen Aufnehmen eines als »gemeint« interpretierten Sinnes eines Musikstückes durch Wiederholung, Rückversicherung, erneute Hinwendung usf. besteht, so lange, bis alles »Verstandene« und »Begriffene« und »Wahrgenommene« in den Ausdruckshabitus übergegangen und zur zweiten Natur des Musikers geworden ist. Dieser »kann« nun Beethovens Waldsteinsonate. – Dies ist auch der Grund, warum der begabte Hobbyist eben kein »Künstler« ist. Er hat es gewissermaßen nicht weit und intensiv genug getrieben. Er hatte auch keinen Meister, der ihn so lange quälte. Er steht außerhalb! Hier geht es nicht um Vernunft und Disziplin, hier geht es um sicheres Wissen im Sinne des Selberseins des Künstlers, und hier liegt auch der Grund, aus dem an Akademien mitunter nur gute Kopisten eines bestimmten Stils ausgebildet werden – statt eine höhere Fähigkeit zur Korrespondenz.

Der künstlerische Akt ist also ein Akt der leiblichen Wahrnehmung, des sinnlichen Verstehens durch Nachvollzug von etwas als *gemeint* Vorausgesetztem, bis das Gemeinte sich zur Ausdrucksqualität erhoben hat und dann gewissermaßen zum »Vortrag« wird. »Vortrag« ist ein ins Psychophysische hineingenommenes »Agieren als ob«, ein Verstehen, welches den »Anspruch« der betreffenden künstlerischen Kultur repräsentiert und weiterbildet, aber zugleich auch beim Publikum wieder herausfordert. Das Wesentliche am künstlerischen Vortrag ist sein Anspruchscharakter, d.h., dass der Künstler nicht nur einem Anspruch oder einem Vorbild genügen, sondern seinerseits einen Anspruch darstellen will, was oft erst gelingt, nachdem eine ganze Reihe von »Meistern« stilistisch erreicht wurden.

3. Anspruch und Vortrag

Die Rede vom »Anspruch« im Rahmen der Kunst bezieht sich auf die Vorbedingung von Qualität. Anders ausgedrückt: Anspruch ist der Hinweis darauf, dass ein Maßstab angelegt ist, der »Qualität« bestimmen soll, ohne dass über das Wie und Warum schon etwas gesagt ist. Anspruch zeigt sich nur, gewissermaßen im Vortrag, oder auch in den Vorbereitungen, in den Bedingungen und Anforderungen. Anspruch selber muss auch vorgetragen werden, ohne dass der Vortrag des Anspruchs bereits Qualität bergen würde. Jeder kennt das Phänomen der Prätension, d.h. des gegen den offensichtlich banalen Inhalt durchgehaltenen Anspruchs, oder das Phänomen des Scheiterns, d.h. des Zusammenbruches eines Anspruchs, und es gehört auch zur Meisterschaft des Vortrags, Anspruch und Vortrags-Qualität in der ausgewogenen Schwebe zu halten.

In diesem Zusammenhang sei an einen Künstler erinnert, der den Anspruch selber zum Vortrag machte, nämlich John Cage. Niemand wird behaupten, dass die »Musik« von John Cage im landläufigen Sinne besonders angenehm, harmonisch, schön oder sonstwie anrührend im traditionellen Sinne des »Melos« wäre. Ja selbst, ob es Musik sei und nicht viel mehr eine Art intellektuell meditativer Kommentar zum Musikgeschehen, ist zu fragen. – John Cage wurde jedoch dadurch bekannt, dass er hinter die vorgefertigten Beziehungen der Tonalität und hinter die traditionellen Rezeptionsbeziehungen von Komponist, Interpret und Hörer gelangen wollte, indem er jede Konvention zerstörte und zuletzt auch jeden Inhalt aufgab, ohne den Anspruch aufzugeben – platt ausgedrückt, dass er am Ende nur noch den leeren Anspruch der Musikaufführung inszenierte.[4]

Die Unfassbarkeit des ästhetischen Anspruchs – und damit die Probleme des Wissenschaftlers mit ihm – hängen damit zusammen, dass er eine Vortragsqualität ist. Ein (idealer) Musiker »hört« ja seine Musik nicht »vorher«, oder wenn er das Notenblatt sieht, sondern *indem* er spielt, so wie ein Maler einen Menschen betrachtet, als ob er ihn malte, oder ein Schriftsteller sich eine Geschichte anhört oder liest, als ob er sie schreiben würde. – Anders ausgedrückt: Der Künstler arbeitet (im Idealfall) anspruchsvoll. Er nimmt eine Haltung ein. Sein psychophysischer Gesamthaushalt ändert sich dabei. Er trägt nicht nur ein Stück, sondern auch sich selber vor. Dies ist sein »Vortrag« im doppelten Sinn. Vortrag ist also der sichtbare Anspruch, den er an sich selber richtet durch das, was er und wie er es nach außen vorträgt – im Idealfall, d.h. wenn er nicht fremden Ansprüchen genügt oder Ansprüchen zu genügen versucht, die er sich noch nicht zu eigen gemacht hat.

Zum »anspruchsvollen« Vortrag gehört, dass etwa der Musiker die Bedeutung seiner Musik im Weltklang aller Musik hört, ihren Rang, ihre Stellung, ihre Stimmung, ihre möglichen Aufführungsvarianten. Dass er sich der atmosphärischen und tonalen Korrespondenzen bestimmter Phrasen und Themen zu anderen Stücken bewusst ist, dass er weiß, welcher Auffassung bestimmte Wissenschaftler von seiner Aufführungsart oder seinem Vortrag haben oder haben könnten. Auch hat er eventuell Formen des Ausdrucks entwickelt, um dem Verhältnis zwischen Konfektionalität eines Publikumsgeschmacks und ästhetischem

---

[4] Gut ist diese Anspruchswahrung etwa bei dem Stück »4.33 for piano« von John Cage zu erkennen, in dem der »Pianist« die Bühne betritt, die Noten aufschlägt, die ja eigentlich nur aus einer durchgehaltenen Pause bestehen, und diese Pause auch genau einhält. Das Publikum spielt mit und applaudiert. Cage bestand zur Anspruchswahrung bei der Uraufführung des Stücks auf frischer Stimmung des Flügels …

Geschehen zu entgehen.[5] Der Musiker hat damit Anteil an aller Musik – nicht weil er besser hört oder weil er ein großes Genie ist, sondern weil er wahrnimmt und ausdrückt *zugleich* bzw. weil er korrespondierend tätig ist. Er ist, indem er spielt, gewissermaßen bei sich und nirgends sonst. In diesem Sinne »bei der Arbeit sein« oder »im Schreiben bleiben« ist das zu erreichende Maximum der Korrespondenz. Sie ist nicht einfach bloß ein Vermittlungsgeschick von Information und Produktion oder ein spezifischer Wahrnehmungsmodus, sondern die Fähigkeit, aus dem allgemeinen Geschehen einen *ästhetischen Anspruch* herauszuhören und ihm zu begegnen, als wäre er die ferne Nachbildung des Geschehens der ganzen Welt, von der wir reden, wenn wir auf den Kernbestand der Kunst hinweisen – den Anspruch, Ausdruck jenes »Denkens« zu sein, das dem Ausdruck vorgängig ist, jenes Denkens, das nach Plato zwischen Vers und Prosa steht und das wir ohne seinen Vortrag in Sprache, Musik, künstlerischem Tun usf. nicht kennen würden, dessen Enjambement wir nur ahnen, bevor wir zur jeweiligen Form kommen, genauso wie jenen anderen Rhythmus, der uns meist ungehört umgibt, weil er atmosphärischer Art ist.

---

[5] John Cage wollte nach eigenem Bekunden zur »Natur« der Tonalität, indem er das Tonalsystem zum Verschwinden brachte, er wollte die Reduktion auf reine Korrespondenz in ihrer effektiven, punktuellen Augenblicklichkeit, indem er die Komposition und das finish eines ›Werkes‹ aus vorgefertigten Versatzstücken verunmöglichte. Man braucht die Musik von John Cage nicht schön, ja man muss nicht einmal seine Versuche als besonders erfolgreich ansehen, um dennoch den hier sich zeigenden Anspruch zu akzeptieren.

Kapitel VIII
Flaniermaschinen

»Aber die großen Reminiszenzen, der historische Schauer sind ein Bettel, den der Flaneur dem Reisenden überlässt, der meint mit einem militärischen Passwort den Genius Loci angeben zu können. Unser Freund darf schweigen. Beim Nahen seiner Tritte ist der Ort schon rege geworden, sprachlos gibt seine innige Nähe ihm Winke und Weisungen ... oft gäbe er all sein Wissen um das Domizil von Balzac oder von Gavarni, um den Ort eines Überfalls und selbst einer Barrikade für die Witterung einer Schwelle oder das Tastbewusstsein einer Fliese dahin wie der erstbeste Haushund es mit davonträgt.« (Walter Benjamin)

1. Flanieren

»Wie der erstbeste Haushund« ... Streunen wir ein wenig, um zu begreifen, was Atmosphäre als Geschehen bedeutet. Benutzen wir aus didaktischen Gründen ein Modell. Das Modell – Cinecitta könnte überall stehen. Durchschreiten wir die Luftschleuse am Eingang, betreten wir den angenehm temperierten Raum und freuen uns, der Winterkälte oder der Sommerhitze entronnen zu sein, die uns immer wieder an die schlechte Wirklichkeit der »Atmosphäre« unseres Landes erinnert. Hier in Cinecitta umgeben uns sofort Oleander und Bambus, Filmplakate: »Coming soon« und das Flimmern der Televisionsgeräte. Eine Frühstücksbar zwischen Stahlträgern, kleine Restaurants. Alles sieht ein wenig unwirklich aus – einerseits, andererseits scheint hier alles aber doch auch eine Art Heimat, eine ganz besondere Wirklichkeit zu spiegeln. Schräg durch den Raum verläuft eine Treppe, die man vor dem Publikum der unten kaffeetrinkenden Frühstücksgäste hinunterschreiten könnte wie ein Star. Die Barhocker sind leer. Es ist noch früh. Der Raum ist hell. Draußen der Park, der Fluss.

Teller und Tassen klirren auf Wägen. Es herrscht eine Atmosphäre wie in einem großen Hotel am Morgen nach einem erschöpfenden Fest. Es riecht nach Rauch, Kaffee und Wein, Fahnen frischer Luft dazwischen, das freundliche Lächeln einer Bedienung und der schwankende Oleander vor einer geöffneten Tür. Kaffee gefällig? Cappuccino vielleicht, die Zeitung?

»Fabian saß in einem Café namens Spalteholz und las die Schlagzeilen … Englisches Luftschiff explodiert über Beauvais, Strychnin lagert neben Linsen. Neunjähriges Mädchen aus dem Fenster gesprungen, abermals erfolglose Ministerpräsidentenwahl, … Skandal im Städtischen Beschaffungsamt, … Elefanten auf dem Bürgersteig, Nervosität an den Kaffeemärkten, … Verbrecherdrama in Chikago … Das tägliche Pensum. Nichts Besonderes.«[1]

Wenn Jürgen Hasse vom atmosphärischen Geschehen in einer zeitgenössischen Stadt spricht, bemerkt er, dass für den dort sich Aufhaltenden, um sich überhaupt heimisch zu fühlen, doch »ein gewisses Maß an Macht über Atmosphären« vorausgesetzt ist. Diese Macht deutet er dann als »Hereinnehmen und Herauslassen von Eindrücken und Einwirkungen«.[2] Wir würden das unterstreichen und in unserer Terminologie sagen, der Flaneur muss die Fähigkeit haben, die Atmosphäre seines Empfindens gewissermaßen schöpferisch zu bilden, indem er gewisse Korrespondenzen zu einer Perspektive formt. Anders ausgedrückt, weit entfernt davon sich von der Umgebung verwirren, von Einzelnem ablenken oder von Interessantem einfach mitnehmen zu lassen, ist er in der Lage, seine Eindrücke so zusammenzufügen, dass sie miteinander korrespondieren, ein gewisses Muster erzeugen, das er dann atmosphärisch deutet und lebt zugleich. Er

---

1 Erich Kästner, Fabian. Die Geschichte eines Moralisten, Stuttgart 1931.
2 Jürgen Hasse, »Schöner Wohnen«, in: Ders. (Hg.), Die Stadt als Wohnraum, Freiburg 2008, S. 114/115.

ist gewissermaßen einer, der noch durch das Auge Gottes blickt: Im Umschlagen der Zeitungsseiten wechselt er die Kontinente, vertieft sich nicht wirklich, registriert und kombiniert lieber die Ereignisse zu einer Art ihm gemäßen Stimmungsbild, bezieht das »Ambiente« seines Dasitzens mit ein und schafft sich auf diese Weise *seine* Atmosphäre – gewissermaßen wahlweise. Fast wahlweise! Bei einem anderen berühmten Stadtflaneur finden wir eine Stelle, in der dieses Zusammenträumen einer bestimmten Atmosphäre explizit wird.

»Ich träume so heiter im Café«, schreibt z. B. Hermann Kesten und fährt fort: »Alle Alpträume der Menschheit gehen an mir vorüber. Hier und da bleibt ein hübsches Mädchen stehen. Hier und da setzt sich ein geistreicher Mann zu mir. Hier und da grüßt mich ein Engel oder ein Genius. Die böse Zeit legt sich schlafen für ein oder zwei Stunden, und das Jahrhundert scheint hell und heiter. Die Kellner gehn auf müden Füßen, aber ihre Hände lächeln in der Vorahnung üppiger Trinkgelder. Immer sitzt links von mir ein Gast, der gerade mit mir schwatzen will. Immer sitzt rechts von mir ein Gast, der wie eine Geschichte von mir aussieht. In der Ecke girrt oder gähnt, kichert oder zankt ein Liebespaar. Immer sitzt eine einzelne Dame da, als hätte nicht ein einzelner Mann sie versetzt, sondern das ganze männliche Geschlecht … Keine Stadt ist mir fremd, ich brauche mich nur in ein Café zu setzen, schon fühle ich mich zu Hause.«[3]

Indem er »flaniert«, ja im puren Dasitzen ist der Flaneur anscheinend Empfänger von Botschaften, die nicht jeder erhält, die ihn aber »zu Hause« sein lassen, gewissermaßen zuhause in »der Welt«, denn in der Flut der Botschaften und umgebenden Dinge stellt sich für ihn doch ein eigenartig konstantes Weltgefühl ein, eine Perspektive der permanenten Kenntnisnahme, ohne doch wirklich Kenntnis zu haben, eine Art permanente Betroffenheit, ohne aber doch ernsthaft ins Geschehen verwickelt zu sein. Der Flaneur hat sich gewissermaßen durch Habitus und Auswahl seines Ortes, wie auch seiner Tätigkeit, sagen

---

3 Hermann Kesten, Dichter im Café, Cadolzburg 2014, S. 11.

wir einer gewissen legeren Zerstreutheit, die nur allgemein achtsam, aber nicht zu tief engagiert ist, offenbar eine Art globales Heimatgefühl zugelegt: »Ich brauche mich nur in ein Café zu setzen, schon fühle ich mich zu Hause.«

Man fragt sich vielleicht, ob es nicht auch eine Ebene der Korrespondenz gibt, die dem Flaneur wirklich wichtig ist, und ob er einen gewissen Bann fühle, denn schließlich ist er ja durchaus aktiv damit beschäftigt, sich »seine« Atmosphäre zu schaffen, indem er sich die ausgewählten Botschaften zusammensetzt. »Die Stadt!«, könnte man ihm vielleicht zurufen, und: Wie laufen bei Ihnen denn die Eindrücke so zusammen? Schließlich erscheinen Sie doch kaum engagiert, man hat nicht das Gefühl, dass Sie die Angelegenheit genau untersuchen!

Doch der Flaneur gibt auf solche Fragen keine Antwort. Er wendet sich schon wieder ab, desinteressiert, fast gelangweilt. Angesichts der genussreichen Umgebung aus Bar, schöner Aussicht, glitzerndem Fluss und reizender Bedienung fühlt er sich durch solche Fragen eher belästigt. – Cinecitta erwacht. Die ersten kleineren Gruppen sitzen an den Tischen. Die Tickettheke wird besetzt. Die Bedienungen begrüßen ihre Bekannten und nehmen sich der Tabletts an und der Bestecke und der Sandwichtürme. Sie entwerfen mit Sicherheit andere Atmosphären und sie wählen dabei andere Korrespondenzen aus dem, was sie umgibt. Der Flaneur ist jetzt in eine Zeitung vertieft. Er bemerkt vielleicht mit halbem Ohr, was um ihn vorgeht. Er baut anscheinend ganz ohne Hinsehen und in völliger Beiläufigkeit innerlich weiter an seiner Stadt. Aber – an welcher Stadt?

In seinem Buch »Die unsichtbaren Städte« schreibt Italo Calvino von der Stadt Bersabea. In Bersabea ist der Glaube überliefert, dass es »oben am Himmel hängend« ein anderes Bersabea gäbe, einen idealen Ort, ganz gleich wie den auf der Erde, nur eben so, dass dort in der Stadt höchste Tugenden und Gefühle schweben. Die überlieferte Vorstellung, so Calvino, ist die einer Stadt aus Straßen voller Marmor und Gold, Häusern voller Musik und Plätzen, auf denen glückliche Menschen miteinander verkehren – alterslos, mühelos und in immerwährender Festlichkeit. Man glaubt, dass man sich im irdischen Bersabea das himmlische zum Vorbild nehmen könne, ja man versucht, mit diesem zu einem einzigen Bersabea des paradiesischen Jetzt zu verschmelzen.

Weiterhin, so Calvino, existiert aber auch *unter* Bersabea eine Stadt gleichen Namens, ein Bersabea der Tunnel und Gänge und der Kloaken. Man stellt sich vor, dass diese unterirdische Stadt »an Stelle der Dächer umgestülpte Müllkästen hat, von denen Käserinden, Papier, Gräten, Tellerabwasch und alte Binden abrutschen (...) dass ihre Substanz jene dunkle, pechdicke, schlüpfrige ist, die durch die Kloaken hinunterrauscht in Fortführung ihres Wegs durch das menschliche Gedärm von Pfuhl zu Pfuhl ...«

Die drei Bersabea werden in jeder Stadt sichtbar, und sie werden von allen Menschen bewohnt, ersehnt und befürchtet, die jemals eine Stadt bewohnt, ersehnt und gefürchtet haben. Es ist ein eigenartiger Magnetismus in diesem Bild, und wer weiß, womöglich liegt es dem beiläufigen Gestus des Flaneurs zugrunde, der jetzt gerade an seinem Ambiente gestaltet: atmosphärisch, gedanklich, in Stimmungen schwelgend – gerade an einem Geländer lehnend und über drei Etagen nach unten blickend vielleicht. Wenn man Cinecitta von außen ansieht, könnte es einem wirklich ein wenig wie das dreigeteilte Bersabea vorkommen – doch warten wir ab.

2. Cinecitta – die Welt als Atmosphäre

»London, Paris, Kalkutta, New York, Bombay, Rio, Hongkong – wenn ich *eine* Stadt kenne, kenne ich alle«, sagt der Flaneur. Er läuft durch die Stadt und wittert alle anderen. Er sieht einen berühmten Platz und er »fühlt«, so scheint es, alle anderen berühmten Plätze der Welt. Er begegnet den Menschen, sieht in ihre Gesichter und schon ist es, als hätten sie ihm alle in nächtlichen Beichten ihr Leben erzählt – London, Paris, Kalkutta, New York und – »Cinecitta!«

Vielleicht wendet der Leser jetzt ein, Cinecitta sei zu klein, was soll so ein Vergleich, ein Multiplexkino hat zwar eine ganz großstädtische Anmutung, aber letztlich kann es bei aller Großzügigkeit doch atmosphärisch weder die Stadt noch gar die Welt repräsentieren. Es bleibt also eine Mall, eine Ersatzstadt. – Solch ein Einwand vergisst jedoch einen Umstand! Die Filme! Cinecitta mag nach Quadratmeterzahl relativ klein sein – aber es hat 20 Kinosäle, und wenn sich deren Tore öffnen und ihr Publikum einlassen, dann ist es eben doch, als öffne sich ein unendlicher Raum der Imagination. Da sind sie dann alle, die Dramen aus Manhattan, Paris, Kalkutta und London. Oh, wie erfahren ist der Flaneur in Cinecitta als gewesener oder prospektiver Kinobesucher plötzlich doch! Er kennt das Schicksal des Dockarbeiters aus San Diego und des Bankers in Hongkong, das Schicksal des schwarzen Chauffeurs in Manhattan und des Trunkenboldes in Reykjavik. Alles weiß der Besucher von Cinecitta, meint es zu wissen, hat jedenfalls den Hauch der erwähnten Dinge scheinbar gespürt, ja, hat ihn wirklich gespürt – bis zum Untergang der Titanic – und wie viel Frauen hat er kennen gelernt auf seinen Streifzügen in Cinecitta und wie viel Frauen haben Männer geliebt und wie oft standen sie unter den Palmen von Casablanca, Havanna und Jamaica und wie viel großes Schicksal haben wir alle auf einmal gehabt, wenigsten doch gefühlsmäßig! Nichts ist uns fremd! Wir brauchen uns nur zu setzen und schon …

Das moderne Programmkino und seine Ambiente-Formen, weit entfernt davon, mit Kinokultur als Kunstform verwechselt werden zu dürfen, bringen dem Besucher von Cinecitta die Atmosphäre der großen Städte der Welt nicht nur auf die Leinwand, sondern auf geheimnisvolle Weise noch viel näher. Und hier liegt nun der springende Punkt: Die Perspektive des Flaneurs mag im 19. oder zu Beginn des 20. Jahrhunderts tatsächlich eine Geld-, eine Reise- und Bildungsangelegenheit gewesen sein. Das lustvolle Flanieren, jene atmosphärische Arbeit, die die

Korrespondenzen *aller* Eindrücke, der intellektuellen wie der sinnlichen, der historischen wie der ästhetischen, zu einem »Weltgefühl« ganz besonderer Art machte, das mochte genau das sein, was dem Flaneur als atmosphärischem Künstler ein Leben ausmachte, das aus Schreiben und Zuschauen bestand – und es mag dies tatsächlich ein Vorrecht einzelner Wohlhabender gewesen sein, ja ein Talent. Heute ist ganz offensichtlich, dass die Perspektive des Flaneurs durch Maßnahmen der Architektur in Verbindung mit der Medien- und Filmwelt bzw. ihren Flaniermaschinen zu einem Massenphänomen geworden ist.

»Vor dem vornehmen Hotel des Indes in Den Haag, dessen Name noch alte Kolonialherrlichkeit widerspiegelt, steht ein kleines Standbild. Es stellt einen Herrn dar, bekleidet mit einem gutgeschnittenen Mantel, einem Schal, dem man trotz der Bronze ansieht, dass hier Seide gemeint war, einem Spazierstock mit elegantem Griff, einem lässig in der Hand gehaltenen Zylinder. Am Sockel steht in schlichten Buchstaben FLANEUR ... ›Flaneur‹ war eines der vielen Pseudonyme von Eduard Elias, jüdischer Schriftsteller und Journalist, Aristokrat und Kosmopolit, der einen unendlich leichten und zugleich melancholischen Ton kreiert hatte. ... Er war ein Straßenschlenderer, einer der vorbeikam und schaute. Dass er auch aufschrieb, was er sah, und dass das folglich Arbeit war, fiel eigentlich niemandem auf. Er tat, was Flaneure immer tun, das heißt, sie tun, als ob sie nichts täten und dabei die Augen sehr gut aufmachen.«[4]

»Schriftsteller und Journalist, Aristokrat und Kosmopolit«. Das geht dem Autor so leicht von der Zunge, als wäre er innerlich vollständig überzeugt von einem Bild, das wir alle haben, wenn wir »Flaneur« sagen und uns dabei eine Art wohlhabenden, ungebundenen, weitgereisten Nichtstuer mit großer Perspektive, Schreibtalent und scharfem Blick vorstellen. Seit »CineMax«, »Cinedom«, »Cinecitta« und »Cinepolis« und ähnlichen Anlagen wissen wir aber: Weitgereistheit, Erfahrung, großes

[4] Cees Noteboom, Die Sohlen der Erinnerung, über Stadt, Künstler und Flaneure, S. 201, in: »Demokratische Gemeinde: Die Stadt – Ort der Gegensätze«, Kongress des Bundes SGK vom 25.–27. Oktober 1996 in Berlin.

Schicksal, Fülle, Begegnung mit den Kulturen der Welt und fremden Metropolen und sogar der Blick dafür, das ist heute *jedermanns* Sache. – Nicht einfach um Kino geht es also beim Cinecitta und nicht einfach um Restauration oder Multiplex-ambiente. Es geht um den atmosphärischen Zusammenklang von Film *und* Umgebung, um das Zusammenspiel vom Drama der großen Stadt, das in den dunklen Kinosälen abrollt, *und* um die Bars und Wandelgänge im Ambiente Cinecittas. In der *Korrespondenz* erst stellt sich nämlich das ein, was man als Hyperrealität bezeichnen könnte, also eine Art zweites Leben, ein Leben auf einer Bühne, die nicht ganz Stadt ist und nicht ganz Film, sondern etwas dazwischen, eben zwischen der »Realität« der Stadt (wenn diese denn Realität ist) und der Irrealität der Filme (wenn diese denn nur »Irrealität« ist).

Das Korrespondenzgeschehen aus »Wirklichkeit« und »Unwirklichkeit«, Draußen und Drinnen, Film und Stadt ist zugleich das Ergebnis der »Software« des Ichs und der Hardware des Flanierbezirks, das dem »Ich« eine Situation schafft, in die es sich einleben, einfühlen, eindenken, in der es gemäß sozialer Vorausgaben »schöpferisch« sein kann. »Ich« und »Ambiente« korrespondieren dabei in der Zeit, d.h. nicht wie zwei Ebenen, die aufeinander abgebildet werden, sondern wie Instanzen, die in ständigem sich beflügelndem Austausch stehen, in einem Austausch, der – wer weiß – von jener rhythmischen Aufmerksamkeit geprägt ist, die Bachelard in seinem Bild des Kerzenträumers beschrieben hat, so dass der geheime Rhythmus der Welt und der Rhythmus unserer Aufmerksamkeitsspannen am Ende ein und dasselbe ist.

Zum »Flanieren« braucht man heute also weder Talent noch Reichtum, weder unendlich viel Zeit noch den Blick, noch Gespür, noch muss man echter Kosmopolit sein. Der Flaneur ist vielmehr erstmalig ein Massenphänomen. Jeder strebt an, einer zu sein, und wir haben längst die technischen Mittel, die inneren Haltungen und die dazugehörigen atmosphärischen »Excitements« entwickelt, um »flaniert zu werden«.

3. Cinecitta, die Flaniermaschine

Der Ausdruck ist misslich. Man kann nicht »flaniert werden«, sagt mir sofort ein Germanistikprofessor und Freund und raunt mir ins Ohr, doch noch etwas an diesem Gedanken zu feilen, vielleicht würde er sich dadurch in alte Ausdruckweisen fügen und so richtiger scheinen. – Aber ich habe auch Angst, um der Grammatik willen etwas Erkanntes wieder zu löschen. »Flaniert werden« – das trifft es so gut! Der Leser möchte vielleicht auch dagegen setzen, man könne überhaupt nur *selbst* flanieren. Ja, der Flaneur wäre sogar der letzte Hinweis auf ein selbstständiges und zugleich welthaltiges Subjekt, ein gebildetes vielschichtiges Humanum, nachdem jeder andere Versuch, als Dichter und Philosoph umfassend von Welt zu reden, mittlerweile lächerlich geworden ist. »Flaniert werden!« – Das erinnert nun doch wirklich auch sehr an eine Art von atmosphärischem Gassiführen. Man denke, der Hund Benjamins, der stolze, selbstständige Streuner mit seiner feinen Witterung nun an der Leine und im Kreise geführt auf 20 tausend Quadratmetern einer Filmstadtkopie.

Ich gebe zu, für den *eigenständigen* Flaneur wäre Cinecitta vielleicht auf Dauer etwas klein und an die große Stadt erinnert es tatsächlich nur, weil es Ausgänge hat – nicht nur die in die Filmkinos, sondern die anderen, nach draußen, in die Nachtluft, die sehr rein und still anmutet, wenn wir aus den klimatisierten Hallen nach draußen kommen und die Sterne sehen. Aber – weht Sie nicht auch manchmal jener Hauch an, der fragt, was ist real und was ist Traum? Haben Sie sich nie gefragt, ob Cinecitta im Grunde nicht vielleicht sogar die *realste* Stadt aller Städte ist? Immerhin ist nicht jede Art medialer Präsenz der Welt bloß fragwürdig und nicht jede Art der »virtuellen Realität« *nur* virtuell! Und immerhin würde ich als Tourist, wie auch als Flaneur alten Herkommens, in der sogenannten wirklichen Welt doch immer nur die Außenseite der großen Dramen haben, und ich könnte so viel reisen, wie ich wollte, die »Wahrheit« und damit jene wirkliche Wirklichkeit, nach der wir uns bisweilen mit so viel Pathos sehnen, würde mir nie so präsent, wie sie mir als Filmbesucher nahekommt. – Denn: Wenn in der Kunst Wahrheit ist und wenn unter den hunderten Filmen des Cinecitta auch nur gelegentlich ein einziges Kunstwerk ist, dann bin ich in Cinecitta doch näher an jenem geheimen Wissen des Flaneurs zwischen New York, Kalkutta, London und Paris als mit »Adventure Tours« oder Thomas Cook!

Es ist also etwas an der Idee, dass Cinecitta selbst vielleicht doch im Ganzen genommen jenes *Kunstwerk* ist, dessen von mir nun erkannte »Wahrheit« mir die Welt nun erst wirklich nahebringt, wie sie »tatsächlich« ist. – Atmosphärisch und in einer umfassenden Weisheit, zu der ich als banaler Reisender kaum vorstoßen würde. »Der Flaneur ist Künstler«, heißt es bei Benjamin, und Cees Noteboom fügt hinzu: »auch wenn er nicht schreibt.« – Er macht aus dem, was er sieht, denkt, begehrt, aus der Berührung, die er empfängt, dem Erotischen, dem Widerwärtigen, dem Achtungsgebietenden und dem Lockenden ein vielschichtiges atmosphärisches Kunstwerk des Gehens und Redens und Lächelns und Scheinens, indem er sich der Korrespondenzen bemächtigt, die ihm wichtig erscheinen, und diese zu jener intuitiv erfassbaren atmosphärisch verstehbaren Sicht der Dinge zusammenstellt, die ihn am Ende eben weiser machen als den hochspezialisierten Betrachter dieses oder jenes Details. – Und wenn nun Cinecitta ihm dabei helfen würde, so hätte der Ausdruck »flaniert werden« doch eine gewisse Berechtigung.

Betrachten wir Cinecitta einmal von außen: Da ist diese ein wenig an einen Vergnügungsdampfer erinnernde Architektur mit ihren Deckaufbauten, Relings und einer hochstrebenden gläsernen Kapitänsbrücke über dem Fluss einer kleineren Großstadt mit dem Namen Nürnberg. Ein Vergnügungsdampfer nimmt seine Passagiere mit auf eine Kreuzfahrt. Man sitzt, schaut aufs Wasser. Man spaziert an Deck, schließt Bekanntschaften und ruft den Steward. Man kennt sich nach ein paar Tagen Aufenthalt sehr gut. Man ist schließlich zum Freundschaftschließen hier. Man sitzt auf Deck, lässt ferne Küsten vorüberziehen und blickt aufs Meer. Man sieht zur Brücke und stellt sich vor, am Abend an der Kapitänstafel zu sitzen. Cinecitta ist ein architektonischer Spezialfall aus einer ganzen Serie der gerade sich etablierenden Massenkultur des Flaniert-werdens, ein Zentrum atmosphärischer Performance, zu der Flaniermeilen, Fußgängerzonen, Passagenkaufhäuser und Kinos und am Ende unsere Städte ausgebaut werden – könnten! Überall dieselbe Botschaft: Es soll atmosphärisch *flaniert* werden – im Atemkreis der Dinge!

Aufnehmend gehen soll der Besucher, hier und da ein wenig abgelenkt, etwas kaufend, was er nicht unbedingt braucht, und weitergereicht vom Geschehen selber und mit dem reellen Gegenwert einer Freundlichkeitskultur umspielt, die ihn mit allem versöhnt, mit seinen Gebrechlichkeiten, seinem Aussehen, seiner Unbildung, dem fehlenden Geld oder der fehlenden Freizeit. Musik umspielt mich in Cinecitta! – Ich nehme ein Mobiltelephon in die Hand, um eine Bekannte in einem Buchladen anzurufen. Im Telefonhörer höre ich Musik. Aus dem Lautsprecher des Cinecitta höre ich auch Musik – etwas Rhythmisches. In der Warteschleife der Buchhandlung das Divertimento e-Moll.

Vielleicht leben wir unsere Leben mittlerweile tatsächlich zwischen den Prothesen einer »demokratisch« verteilten Weltläufigkeit und ihrer Symbole, die uns nur deswegen noch nicht vorkommen wie ein komplettes Disneyland, weil wir sie atmosphärisch bereits brauchen. Und wir bezahlen gern den Eintritt in die Zentren dieser Atmosphäre, hießen sie Cinecitta, Cinedom oder Cinemax, seien es neue Malls oder alte Markthallen – denn sind wir dort am Ende nicht doch am atmosphärischen Herzpunkt allen Geschehens? Pocht hier nicht doch der geheime Rhythmus der Welt?

»Cinecitta« ist nicht einfach die »Filmstadt«. In der Anlage sind vielmehr *zwei* Elemente geschickt angeordnet, die durch die Filme verbunden werden. Erstens die *Stadt* als Ort des Flanierens und metaphysischer Hintergrund eines Weltgefühls, wie ihn die Flaneure, Stadtgänger und Literaten des 19. und 20. Jahrhunderts beschreiben. – Zweitens: Das dazu korrespondierende Ambiente oder besser: die bühnenähnliche Möglichkeit zum fremdunterstützten Zuhause-Fühlen für unsere Rest-Individualität, nachdem der Film uns psychisch dazu vorbereitet hat.

Gehen Sie also nach Cinecitta! Treten Sie ein! Wählen Sie einen Großstadtmorgen ohne Kassengedränge und Nervosität und gehen Sie zur Cappucino-Bar. Die Sonne scheint durch Glasflächen, Bambus, Oleander, südliche Palmen winken neben den Stühlen aus Tropenholz. Die Bedienung ist frisch frisiert und freundlich, Studentin der Kunstgeschichte vermutlich und noch bei sehr guter Laune. Die Musik quält noch nicht und die Bühne ist erst in Vorbereitung. Die »Schauspieler« – wir alle »arbeiten« in jenen Berufen, die wir notgedrungen ausüben, um das Flair von Cinecitta immer wieder bezahlen und genießen zu können. Cinecitta selbst ist ein Schiff, das am Kai liegt und für die nächsten fünftausend, siebentausend, zehntausend Besucher des Tages frische Sandwichpakete aufnimmt, Frischwasser und vor allem jene Oblaten der »Digital-Light-Processing-Chips«, die ab Mittag in den Filmsälen in bestimmten Rhythmen ausgegeben werden.

Cinecitta ist eine Flaniermaschine, die uns nach dem Zusammenbruch der Ideologien und aller politischen Orientierung als unselbstständige Wesen, die wir sind, eine fantastische Möglichkeit zur Verfügung stellt. – Die Gemeinsamkeit der *einen* Stadt durch Teilhabe an purer Atmosphäre des Bedeutsamen! Natürlich ›werden‹ wir flaniert! Der Anteil der Eigenbewegung ist relativ niedrig, aber dafür ist das Multiplexkino ja auch relativ klein.

»Sinn« sei eine Art des Gegebenseins, hat einmal Wittgenstein vermerkt. Sollte unser Leben heute ein wenig seiner »Gegebenheit« ermangeln? Was wäre die Gegebenheit unseres Lebens? – Mir scheint, das wäre zunächst einmal unsere Stadt! Und was ist unsere Stadt? – Nürnberg? München? Berlin, Halle,

Frankfurt? Oder … Sie ahnen es: Cinecitta! Und am Ende die Städte, die in den multimedialen Medien selber entstehen, an den Straßen und Datenbahnen des Internet. – In Cinecitta lässt es sich leben! – Ich meine nicht die Filmkunst. Hier nach Filmkunst zu fragen, wäre ein Missverständnis und es unterläuft uns vielleicht gelegentlich! *Kino,* lautet die Botschaft und Kino, das ist – Fellinis Roma! – Das Drama der Stadt! Rom! Bekanntlich die Stadt der Städte!

Das Zusammenspiel aus Hollywood, 20th Century Fox und Buena Vista mit jenem Flaniergehege, das den Kinogänger dazu herausfordert, das Fluidum des Films weiterzuleben, führt dazu, dass die Atmosphäre der Filmstadt hinausgetragen wird in die »reale« Stadt – nicht nur in unseren Köpfen, sondern in der Art und Weise, wie wir uns anschließend bewegen. Und das ist dann tatsächlich die reale Veränderung der Welt, die massenhafte Möglichkeit, Weltbürger zu sein, eine Mischung aus »self fashioning« und Horizonthaben, auch wenn man sonst nichts hat – am besten zu Musikbegleitung und im Flimmern jener Bildschirme, die durch die ganze Filmstadt verteilt sind, wie eine tröstliche Erinnerung daran, dass man nicht allein und abgeschlossen auf sich selbst gestellt ist, sondern Anteil hat am Größeren und Bedeutenden. – Hier im Winkel das blaue Pferd des Don Quichotte! Dort das Plakat! Diese Frau, die mich ansieht, als hätte ich mein bisheriges Leben verfehlt. Gleich am Eingang – die Kassen, die uns daran erinnern, dass Cinecitta kein Traum, sondern die Stadt des Wertes und Gegenwertes ist, des guten Service, des Echten – die Frau in der knappen Bedienschürze, die mir versichert, dass es etwas wie Dosensahne in Cinecitta nie geben würde! Ja, hier glaube ich ihr!

Cinecitta. Wie jede Stadt und wie jede Geliebte und wie jedes trojanische Pferd birgt die Kinostadt die Hoffnung auf Erlebnis und Offenbarung des Weltgeheimnisses für die Jungen und Naiven; wie jede Stadt birgt sie den Reiz des Flanierens, des sich Zeigens und in Szene-Setzens für die Eitlen und Jungen. – Und wie jede Stadt macht Cinecitta die Alten missmutig, im leisen

Bedauern des eigenen Alterns zwischen den Ikonen der Jugend, und drängt sie in die Flucht vor dem Chaos der Eindrücke, dem »Hässlichen«, »zu Kleinen«, »Qualitätslosen«, »Oberflächlichen«, aber doch so großen Glück derer, die hier – bewegt werden!

Cinecitta ist nicht »real«, sagen Sie? Mir scheint es das Realste eines Lebens, dessen Alltag mehr Irrealität und Wahnsinn birgt als jemals zuvor in der Welt und dessen »Realität«, Moral und Verantwortungsbereitschaft der Eliten eher in Agonie zu liegen scheint. Cinecitta ist eine Flaniermaschine und sie wird mit Menschenfleisch betrieben. Man weicht dazu zunächst die Individualitäten auf, jene das große Fest der Gemeinsamkeit noch störenden Ichs, die die Aufmerksamkeit partout auf »einen« Film, auf »die« Musik oder »das« Essen richten wollen und nicht auf alles zugleich. Dann, wenn das principium individuationis aufgehoben ist und der Körper vergessen im Dunkel eines Kinositzes liegt, versorgt man das Hirn – nein, nicht mit »Kunst« – mit Atmosphäre, mit der Lust des Flaneurs an seinem Ambiente – der Stadt. Und dann der dritte Schritt: Wenn der Besucher aus dem Kino kommt und nicht ernüchternd die platte »Realität« der Straße vor sich hat, sondern wieder Cinecitta, die Szene, die Bar, die er eben noch auf der Leinwand gesehen hat und zudem noch die Stahlarmierungen einer Struktur, die ihn an ein Filmstudio erinnert … –

Und es funktioniert! – Die Korbstühle strahlen ein wenig koloniales Flair aus. – Eine Frau steht da, mit zwei Hündchen. Sie hat gefärbte Haare, Ringe durch Lippen und Nasenflügel gezogen. Sie streichelt ihre Hündchen. Vor sich hat sie ihr Publikum – einige Bekannte, die in den Korbstühlen sitzen. Einen Tisch weiter zwei Typen mit Gesichtern wie aus Metall. Ich weiß, wir sind in Nürnberg, in Kassel, in München, in Halle, in Leipzig, in Berlin, aber wir sind eben auch in Cinecitta. Der Film hört nie auf. Der nie aufhörende Film wird zum Leben erweckt und er wird eine zweite, nicht ganz »echte«, aber eben doch wirksame und daher durchaus ernstzunehmende Realität. Der

Rest, jener Abfall und lästige Hintergrund aus Arbeit und Alltag – wir beachten ihn kaum. – Auf der Stadtmauer geht Helena. Im Blick auf sie verwandeln sich selbst meine besten Freunde – und was uns alle am meisten bewegt, ist jener »leise Luftzug, den ihr Schreiten verursacht«.

Kapitel IX
Mariposa – Atem eines Gartens[1]

1.

Ich wohne im »Sternhaus«, einem Gebäude, das aussieht wie ein Pueblo, das aber laut Beschreibung der kleinen Künstlerkolonie seinen Namen aus ganz anderen Gründen trägt. Wenn ich die Tür öffne, habe ich eine grandiose Szenerie vor mir, das Meer, vulkanische Berge, die Häuser eines kleinen Ortes und Gewächshäuser tief in der Ebene. Vor dem Haus ein Tisch, der aus einer runden, hellockerfarbenen Steinscheibe auf acht Holzpfählen besteht, davor eine halbrunde Bank. Alle Maße und Dimensionen sind mir zunächst fremd. Das heißt, nicht Teneriffa, wo wir uns im Augenblick befinden, nicht die subtropische Landschaft der Vulkane oder die Vegetation sind fremd, sondern der Raum, der sich hier in MARIPOSA im Zusammenhang mit menschlichen Artefakten ausfaltet. Alles erscheint ungewöhnlich, obwohl es doch das Gewöhnlichste ist. Ein Haus, ein Platz davor, ein Tisch, eine Bank, die Aussicht. Weiter unten eine Art Steinkreis mit sicher hoher Bedeutung. Doch das wird sich zeigen.

Ich bemerke, wie ich bei der Beschreibung zögere, denn schon im Versuch dazu kann ich eigentümlicherweise zwar an Bekanntes anschließen, bemerke jedoch gleichzeitig, dass ich damit den Dingen und ihrer Ordnung nicht gerecht werde, das heißt, ich könnte mich bescheiden auf das, was ich sehe, oder die Geometrie des Ortes. Doch habe ich noch andere Sinne. Für Momente denke ich an Traumlandschaften Arnold Böcklins und an

---

[1] Vgl. http://mariposa-projekt.de/tour/tour.html

die Lehmarchitektur eines Pueblos gleichzeitig. Aber das hier ist noch etwas anderes. Genau genommen umschließt die ganze Anlage es nur – aufwändige Räume eines großen Künstlerquartiers, dessen rund zwanzig Gebäude von der Art, wie ich eines bewohne, von vornherein ungewöhnliche Dimensionen haben. Sie erscheinen kleiner als die gewohnten Wohnumgebungen. – Ansonsten herrscht das Prinzip des Gartens, eines durch Wege und Pflanzen, Aussichtspunkte und Sitzgruppen bestimmten Raumes, in dem man etwas Sakrales wittert, eine bedeutsame Atmosphäre, unterstützt durch gelegentlich aufscheinende Wortbeigaben. In der Freiküche findet man sich unter einem Hölderlinzitat zusammen. An anderer Stelle findet sich eine Äußerung über Perfektion von Nam June Paik. – Vielleicht ist es aber auch das inmitten der natürlichen Formen zugleich herrschende graphische Prinzip der Absetzung und des Kontrastes. Ich mustere gewisse Pflanzen – Wacholder, Zypressen, ein in der Landschaft auftauchendes Tor –, etwas, das anmutet wie eine Landschaft von de Chirico, aber solche Vergleiche sind der beste Beweis der Hilflosigkeit in der Beschreibung einer noch unerforschten und bislang nur im Ganzen gespürten Atmosphäre.

Es scheint, als sei hier alles sozusagen für sich zu nehmen, jeder Weg, jede Mauer, jede Treppenstufe – eine Treppe ist Stufe für Stufe mit Lao Tses Spruchfragmenten beschriftet, eine andere trägt goldene Plaketten, auf denen etwaige Sponsoren ihrerseits das ihnen Wichtigste eingravieren sollen. Jede im Boden versenkte Steinplatte hat ihre Bedeutung wie in einem mittelalterlichen Dom und sogar die Ritzen zwischen den Steinplatten sind mitunter besonders gestaltet und enthalten Glasperlenreihen, Metallplättchen, Korkenstückchen. An einer Stelle ist der Schatten, den eine Treppenstufe zu einer bestimmten Tageszeit wirft, mit grauen Steinen nachgebildet, so dass der Schatten mit seiner Nachbildung spielt …

Worum es hier geht? Um die Epiphanie der Korrespondenzen. »Alles« ist gestaltet, der Kopf jeder Schraube, jede Fuge, jede Tür, die Schwelle, der Türgriff, es gibt kein dem Zufall überlassenes Detail; und jedes Detail ist außerdem ganz offenbar einzeln angefertigt, nach Ideen, die der Augenblick, der Ort, der Raum eingaben, der solchermaßen entstand. Der hier entstandene Raum ist das Prinzip der Pflege an sich. Ansonsten ist offenbar, dass alles mit den Händen angefertigt ist, oder zumindest in einer Art und Weise des Arbeitens, das auf fast jeden Maschineneinsatz verzichtet nach dem Motto der Arts and Craftsbewegung: nur was mit der Hand gemacht wird, könne »schön« sein.

So ist meine Tür – nur zum Beispiel – eine einfache Brettertür, mattglänzend in einer an rotvioletten Ton erinnernden Farbe gestrichen mit einem etwas helleren Türknauf von außen, der seinerseits mit einem handgemachten Holzring von der Tür abgesetzt ist. Auf der Innenseite ist diese Tür mit einem anderen, auch handgefertigten Knauf geschmückt, es ist ein länglicher, aus einem dicken Bambus gefertigter Griff, der mit einem Hanfschnurband von der Tür abgesetzt wurde. Aus dem Knauf schauen vorn und hinten zwei schwarze Buckel, diese sind ihrerseits abgesetzt durch weiße Perlmuttringe. Neben der Tür in Bodenhöhe liegt eine Tonkugel in einer nach außen zur Nacht hin führenden Öffnung, groß genug, dass vielleicht eine Katze durchkriechen könnte. Das Schlüsselbrett ist ein nach rechts weisender Pfeil aus einem Palmblatt, das eng am Stiel spitz abgeschnitten wurde. Links neben der Tür ein Kasten mit Schneckenhäusern hinter Glas. Bei genauerem Hinsehen entpuppen sich die Schneckenhäuser als eine Anzahl anspielungsreich bearbeiteter, kindlich schöner Meisterstücke, die angesägt, verziert, mit Applikationen versehen dem Wort »Haus« in all seinen Bedeutungen spielerisch gerecht werden (Bankhaus, Doppelhaus, Stiegenhaus, Autohaus, Puppenhaus, Rathaus usw.). Die Küchenschränke meines über der Landschaft thronenden Quartiers sind mit einer eigenartig rauen, dunklen Schicht überzogen, die sie wie aus dunklem Stein erscheinen lässt. Sie haben Mützchen aus geflochtenen Zweigen.

»Praktisch« ist das alles nicht. »Schön« im landläufigen Sinne stilvollen Designs eigentlich auch nicht. Man traut sich in solch einer »Küche«, außer vielleicht sehr vorsichtig oder gar rituell, überhaupt keine Speisen zuzubereiten, und man fasst die Schränke kaum an, denn putzen wird man sie nicht können. Die Vorsicht lehrt dann im Lauf einiger Tage, dass man tatsächlich ohne viel Schmutz zu machen in einer solchen Küche arbeiten oder ein solches Schlafzimmer dennoch benutzen kann.

2.

Worum geht es? Sagen wir vorsichtig, um heiligen Raum. Um einen Raum, den man »hodologisch« nennen könnte, also einen Raum aus Wegen und Pfaden, Bezüglichkeiten, Symbolen, Hinweisen und gewissermaßen internen Erziehungsmaßnahmen psychophysischer Korrespondenzen, der dem hier arbeitenden oder sich zu einem Tagungsaufenthalt anwesenden Menschen zumutet, jede bisherige Alltagspragmatik fahren zu lassen, jeden »praktischen« Sinn erst einmal zurückzustellen und eine eigenartige Achtsamkeit zu entwickeln, eine Achtsamkeit, die wir zum Beispiel auch an uns haben, wenn wir eine fremde Kirche, eine Moschee oder einen indischen Grabtempel betreten. Dies hier ist nichts Religiöses im landläufigen Sinne. Die Anlage wird weder von einer Sekte betrieben, noch bewohnen sie besondere Esoteriker. Vielmehr wurde sie im Auftrag eines Stuttgarter Galeristenpaares gestaltet, von Bazon Brock und anderen mit Theorie versehen, und es treffen sich hier Wissenschaftler, Künstler, Politiker, »Prominente« und weniger Prominente zu durchaus rationalem, weltbezogenem Tun. Und dennoch – man kommt nicht an dem Eindruck vorbei, dass es sich hier um etwas wie einen »heiligen Bezirk« handelt.

Über der Arbeitsfläche meiner »Küche« befindet sich ein Bord mit Gläsern. Keine Nahrungsmittel, sehe ich, sondern bunter Reis in allen Farben. Unter dem Bord hängen, mit dem Deckel befestigt, Glasdosen, welche Gewürze und Kräuter enthalten. Die oberen Gläser sind also nur Dekoration, die unteren sind benutzbar.

Ansonsten herrscht eine eigenartig simple, graziöse, »gerade« Art der Einrichtung. Die einfachsten – scheinbar einfachsten – Tätigkeiten, das Beziehen eines kleinen Zimmers nach einer langen Reise, werden hier zu einer Art bewusster Verrichtung – um nicht zu sagen zu einer Art andächtigem Tun. Die Toilette, die Dusche, der Stein, der eine schräge Ablage über dem Waschbecken bildet – ein Stein, der eben nicht ganz eben ist, auf dem man sich eine ebene Fläche zum Abstellen des Zahnputzbechers erst *suchen* muss und auf der dieser Zahnputzbecher dann sehr seltsam wirkt – *aisthesthai*. Der Boden des Bades, eine vulkanische raue Angelegenheit; das Duschbecken, das eher an einen Brunnen oder eine steingefasste Quelle erinnert, der Duschvorhang – natürlich passend in der vulkanischen Farbe. Nicht einmal eigene Handtücher sollte ich auspacken, da ich vielleicht – und die Gastgeberin meinte dies ernst – die Atmosphäre mit meinen gewissermaßen profanen Gegenständen stören könnte, ich hatte sozusagen Glück, dass ich überhaupt in Alltagskleidung akzeptiert wurde.

Auf Mariposa hat jemand einen Raum angelegt, als hätte er etwas ganz anderes im Sinn gehabt, als irgendwo Menschen zu bergen, Pflanzungen anzulegen, Regenwasser zu sammeln oder Becken oder Rabatten, Gärten oder Plätze zu gestalten. Der Raum symbolisiert atmosphärisch ein »Dorf«. Zumindest weht hier der Wind eines kleinen Gebirgsdorfes, eines sehr eigenartigen Dorfes allerdings, denn die Häuser sind aus verschiedenen Baukulturen der Welt zusammengeholt, neben meinem Pueblo findet sich ein spanisches Bauernhaus, weiter unten stehen mongolische Jurten. Dazwischen die Wege und kleine Orte der Andacht, Sitzgruppen, ein Festplatz, ein Theater, eine Wassergrotte, ein Bach, Brücken, eine ins Freie gebaute Küche mit beschattendem Dach, ein Meditationsraum, ein Tisch mit drehbarer Innenscheibe, Menschen, die dort sitzen unter schwankenden Baumwipfeln und morgendlichen Schattenspielen …

Mariposa ist im Einzelnen wie im Ganzen Raum in seiner ursprünglichsten antiken Definition, die Aristoteles als Versammlung bedeutsamer Orte bezeichnet, also Orte des Heils und des Unheils, des Schweigens und der Leere, der Häuslichkeit, der Festlichkeit und der Beschaulichkeit, Orte des Spiels und der Meditation, des Redens, des Feierns, der Begegnung, des Ankommens, des Gehens ... ein Spiel der Orte, das zwischen Farben und Gestalten und Wegen und Bezüglichkeiten fließt und schillert, wie ein Falter auf seinem undefinierbaren Weg. Manches ragt auf, wie eine farbige Modellstadt des alten Athen, der Aussichtsplatz ganz oben könnte – wie von sehr fern – an die Akropolis erinnern oder an einen Tempel des sagenhaften Atlantis, wie dieses auf Bildern in einem der kleinen Tagungsräume dargestellt ist. – Die Griechen sollen ansonsten ihre vielgestaltigen Gebäude in den unterschiedlichsten Farben bemalt haben, liest man. Die Antike war nicht weiß! Mariposa ist zwar nicht der griechische Raum. Es fängt eher Weltkultur ein – aber es ist doch eine auf die Quadratur des menschlichen Maßes gebrachte Weltkultur. Niemand weiß, warum die Griechen irgendwann anfingen, die viel größeren Dimensionen der ägyptischen und minoischen Kultur zu verkleinern, warum ihre Baumeister plötzlich, die zyklopischen Säulen- und Straßenmaße missachtend, Gebäudemaße schufen, die sich wieder ins Leben einfügten, statt einfach nur groß und prächtig zu sein. Und so erinnert man sich in Mariposa eben unwillkürlich an den griechischen Raum als Versammlung der Orte – der Orte der Welt.

Was heißt es, dass Raum eine »Versammlung der Orte« ist? Es heißt, dass nicht der euklidische Raum herrscht. Also jener Raum, dessen Auffassung uns vor allem durch Descartes nahegebracht wurde, der Raum, der nach überallhin gleichmäßig ausgedehnt ist, der einen 0-Punkt kennt, eine Ebene definiert, die Horizontale, die Vertikale usf. Im topologischen Raum des Aristoteles ist kein Ort wie der andere, die Wege selber sind Orte. Der Heideggerschüler Otto Friedrich Bollnow hat ein

Buch über den Raum geschrieben, in dem er hodologischen Räumen ein ganzes Kapitel widmet. Im hodologischen Raum Mariposas gibt es Treppen und Pfade, Marmorstraßen und schmale Steige, glatte und raue Oberflächen, als ob der Weg im Mittelpunkt stünde und nicht der Ort, zu dem er führt. Es gibt sogar »bestimmte« und eher unbestimmte Wege, klar abgegrenzte und ungefähr verlaufende, ja sich *ver*laufende. Es gibt verwinkelte Gassen, Promenaden und Trittsteine in Mariposa. Eine der Treppen endet bezeichnenderweise in der Luft.

Die Wege in MARIPOSA führen also nicht immer irgendwohin, sie sind selbst Orte. Sie bedeuten etwas, sie locken, sie scheinen zu sagen – wähle mich! Man ist versucht, sie *alle* zu begehen, sich auf ihnen zu ermüden, bis zur Erschöpfung zu suchen und zu sinnieren. Man wird ein wenig zum Kind und läuft sich unwillkürlich müde.

Dass diese Anlage in einem bestimmten Sinne heiliger Raum ist, zeigt auch, dass man sich als Besucher solch einer Anlage zunächst vielleicht verschließt, um dem Anspruch Mariposas auszuweichen – so wie man sich einer fremdartigen Kultur gegenüber eher touristisch distanziert und eben nicht teilnehmend verhält, um nicht sofort verschluckt zu werden. Die distanzierte Abwehr ist hier jedenfalls naheliegender als die sofortige Begeisterung, denn entweder man versteht das Prinzip oder man sieht die gesamte Umgebung sofort »kritisch«. Die Bildung des europäischen Geschmacks wird eher von den Strandhotels weiter unten bedient und die figurativen Entsprechungen des griechischen Mythos, der in den Tourismusburgen immer wieder zitierte Barockgarten sind hier durch etwas Mathematisches abgelöst. Etwas, das einerseits die Präzision der Geometrie, andererseits aber auch Sinnlichkeit der konkreten Kunst hat, die ja genau genommen eine abstrakte ist. Man hat in Mariposa keine Geschichten, die man sich auf Grund des Gesehenen erzählen könnte; man sieht keinen Dionysos und keinen steinernen Pan, man sieht wenig, das an anderes erinnert, doch »neu« im spektakulären Sinn ist hier eigentlich auch nichts. Es gibt hier eine

Grotte, einen Festsaal, einen Symposiumsraum, eine Kunstgalerie, alles ganz gewöhnlich, scheint es.

Die im Park verstreuten Häuser, jedes für sich verbirgt einen sonderbaren Eremiten oder lädt ihn auch ein, die Künstler, die hier vorübergehend wohnen. Man stelle sich also vor: ein durch Künstler verschiedener Herkunft und verschiedener Sach- und Arbeitsgebiete bewohnter Park. Ein Garten, dessen seltsame Geometrie Künstler zu seiner Belebung braucht, Künstler, die nämlich entweder hier wohnen oder gewohnt haben oder wohnen werden! Was für ein gigantisches Spiel mit potentiellen Korrespondenzen und was für eine Möglichkeit des atmosphärischen Geschehens als Raum, eines Raumes, der nicht festgelegt und nur gestisch angedeutet ist. – Mariposa ist ein atmosphärisches Experiment, ein Raum möglichst vieler Korrespondenzen, deren Fortsetzung ins Unendliche man sich vorstellen könnte und der schließlich in die »profane« Welt wuchern könnte, für die ja eigentlich auch zutrifft, was Aristoteles bemerkte, dass nämlich Raum die Versammlung der bedeutsamen Orte ist.

Im topologischen Raum des Aristoteles waren die Menschen in ihren alltäglichen Verrichtungen gemeint. Es war der Raum der griechischen Stadt, des griechischen Alltags, der Polis; ein Raum, der aus Tempeln, Häusern, Werkstätten, Wegen, Hainen oder dem Theater bestand. Hier erkennt man all diese »Orte«, aber alle sind nur wartendes Zitat. Mariposa ist keine Stadt, sondern ein Park. Was hier »heilig« gesprochen wird, was als profan betrachtet wird, das ist unbestimmt. Es liegt nicht fest, ob der Theaterkreis mehr Würde hat als der Tanzplatz oder die Sommerküche, in der schon das Dasitzen ein Fest ist. Auch eine Küche könnte ein heiliger Ort sein, denkt man unwillkürlich und natürlich tauchen Symbole gewisser Heiligtümer unserer Zivilisationsbildung irgendwo auf, die Köpfe der Osterinseln, die Akropolis, ein Pueblo, das Glasperlenspiel, ein Meditationsraum …

Die Anlage ist eine gartenhafte Kathedrale der Bedeutungen, ein Spiel der Korrespondenzen, das zwar belebt sein will, das aber auch für sich genommen weit über sich hinausweist. Allein die Vorstellung, dass Künstler sich hier treffen und verlieren, dass sie diesen Raum weiterbearbeiten und gestalten und mit Bezüglichkeiten versehen, bevor sie wieder abreisen, gibt dem Ort Gewicht, ja eine Unbedingtheit, so als wären wir am Gesetz einer Sache und an der Sache selbst gleichermaßen angekommen.

Es gibt eine eigenartige Geschichte, die besagt, die Gründer von Mariposa hätten ihre wichtigsten Ideen in einem Buch zusammengefasst und dieses dann auf einer Fahrt vor der Insel feierlich im Meer versenkt. Dies hätten sie getan, damit die Ideen Mariposas »gerettet« würden. Eine absurde Geschichte, aber nicht ohne Sinn, denn Mariposa ist aufgrund der Art seiner Entstehung und seines Wachsens durch die Arbeit vieler Künstler nicht nur Abbild von etwas, es besteht auch nicht nur, um irgend eine Theorie oder einen Plan seiner Erbauer durchzuführen, der zu Anfang bestanden haben mag. Es ist als Atmosphäre bereits selber eine Art »Kultur«. Wenn man der Richtung dieses Gedankens noch einen Schritt weiter folgt, könnte man sogar sagen, Mariposa besteht mittlerweile bereits ohne seinen materiellen Aspekt als Atmosphäre des Zusammenwirkens von Menschen, so dass zum Beispiel ein neues Mariposa gebaut werden könnte, wenn seine Erbauer an einer anderen Stelle nochmals anfangen würden oder wenn sich – was ja auch vorstellbar ist – dereinst einmal eine Kolonie Mariposas irgendwo entwickelt.

Sich des »Prinzips Mariposa« zu vergewissern und dieses zu verdeutlichen ist daher also der Anspruch, um den es hier ginge. Zu der Geschichte vom versenkten Buch gibt es dabei übrigens eine Entsprechung: Ernst Jünger hat in seinem Roman »Die Marmorklippen« einmal beschrieben, wie Mönche ein kostbares Herbarium mit Tausenden von präparierten Pflanzen vernichteten, als das Kloster von Soldaten einer feindlichen Macht gestürmt wurde. Der Gedanke war, dass dieses Herbarium in der

Hand der Feinde zu einer Fehlinterpretation der Leistungen des Ordens und zu einer ungewollten Stärkung profaner Kräfte führen könnte. Nicht das Herbarium also war es, auf das es ankam, sondern das Prinzip des Ordens, das solch ein Herbarium herstellen konnte. Die Vernichtung des Herbariums war somit dessen »Rettung« in einem weiterführenden Sinne.

So absurd der Gedanke einer Rettung durch Vernichtung erscheint (das Christentum bietet im Übrigen nichts weniger Absurdes), könnte nun auch Mariposa – ohne dass wir seine Vernichtung wünschen – etwas werden, das seinen *Sinn* nicht nur dadurch erhält, dass hier wichtige Treffen oder Tagungen oder eine Reflexion über die Zukunft stattfinden, sondern dadurch, dass es als atmosphärisches Geschehen einschließlich der in ihm Tätigen als ein bedeutsames Geschehen erkannt würde, das sogar sein materielles Vergehen überdauern würde. Ein Garten der Kunst als Prinzip einer sich ausbreitenden Daseinspoetik.

Die »Welt« könnte somit also zwar tatsächlich über das jetzige Mariposa hinweggehen. Aber das Prinzip würde durch solch ein interpretatorisches Bemühen gerettet bzw. aufbewahrt. Ein oberflächlich betrachtet absurder Gedanke, gewiss, aber doch ein Hinweis darauf, was die wichtigste Arbeit in Mariposa ist: eine atmosphärische Arbeit. Es ist das Säubern der Wege, das Reinigen der Quellen, das Stutzen der Pflanzen und die Pflege der Häuser und der Orte der Meditation, und vor allem auch ihre Interpretation. Und ist das Prinzip Mariposa schließlich gelesen, dann mag das reale Mariposa zerfallen. Ich hatte jedenfalls nach meiner ersten Euphorie sofort die eigenartig düstere Vision von einem in hundert Jahren bestehenden ganz anderen Ort Mariposa, einem Ort, an dem vielleicht nur noch ein kleiner Gedenkstein für dieses jetzige Mariposa aufgerichtet sein mochte, während die ganze Insel oder die Welt längst nach neuen Prinzipien des Wohnens und Bauens funktionierte.

Und so gilt es also, Mariposa zu lesen, auszulegen und sein Prinzip zu erforschen, so wie zum Beispiel das Prinzip des Gartens oder das der Mall erarbeitet wurde oder das Prinzip der griechischen Statuen, die beschrieben wurden als der Versuch seiner Schöpfer, einen Gott und das menschliche Maß in eine einzige Figur zu zwingen.

Kapitel X
Gastlichkeit

1. Schlafsafe

Dass der Schlaf etwas anderes sei, als uns die Physiologen sagen, nämlich die Ruhe eines erschöpften Körpers zu dessen Erholung, mag man nicht glauben, wenn man jene Einrichtung betrachtet, die hier nicht ohne Grund als »Schlaf-Safe« bezeichnet sei, also mit Hilfe eines Kompositums aus zwei Sprachen. Der Schlafsafe heißt in der realen Welt »Economy Inn« und ist, hier in der Nähe eines amerikanischen Flughafens, aber sonst an hundert anderen Orten der Welt, von innen und außen gesichert. Durch Knopfdruck öffnen sich kamerabewachte Türen. Die Rezeption erinnert an einen Bankschalter. Die Preise sind einheitlich, die Zimmer auch. Hier gibt es nur die Frage »Raucher oder Nichtraucher« und den Schlüssel.

Man erhält die Scheckkarte zurück und fährt mit dem Lift in das betreffende Stockwerk, schließt die Tür auf und setzt die Schlafzelle in Betrieb. Licht, Ventilator, Klimaanlage. Die Art und Weise, wie wir solch eine Übernachtungsstelle »betreten« oder »verlassen«, die Gleichartigkeit der »rooms«, die auf einen einzigen Zweck hin angelegte Struktur der Anlage könnten bei einem Benutzer wie mir eine gewisse Unruhe erzeugen. Es ist jene, die der Schlafsafe zu besänftigen verspricht, etwa indem seine Türen aus Stahl sind. Ansonsten sind da noch die Geräusche. – Ein Sirren, denke ich zuerst, vielleicht die Klimaanlage. Sollte diese ausschaltbar sein, werde ich vielleicht feststellen, dass die Stille, die nunmehr herrscht, eigentlich auch wieder etwas Beunruhigendes hat. Vielleicht erinnert sie mich an die Stille einer Gefängniszelle oder eines Sicherheitstrakts, auf dessen Gängen Kameras alle Bewegungen in einen Überwachungsraum übertragen. Ich meine schon, die kleinen Motoren zu hören, die die Kameras bewegen. – Nein, wie in einem Gefängnis fühle ich mich eigentlich auch nicht. Ich kann nur nicht schlafen!

Was ist der Schlaf? Ist er das langsame Hinabtauchen in das Geäst der Träume und der Geräusche einer atmosphärischen Umgebung, die man verlässt, um wieder in sich selber einzumünden, nachdem man aus sich herausgefordert war? Ist der Schlaf ein Zwischenreich aus Vergessen und Wiedererinnern, ein Land unter den Landkarten der technischen Zeit? Eine Art Geborgenheit? Eine zeitweilige Rückkehr zu Gott?

Auf den Marmorbänken des Asklepius-Tempels lagen die Schläfer im rituellen Genesungsschlaf. Ihr Schlaf diente dazu, die Scheidung von innen und außen zu überwinden und so in vollständige Korrespondenz mit der Welt zu tauchen. Es mochte also die Theorie gegeben haben, dass der Kranke gewissermaßen durch sein Wachsein getrennt vom Heil war, gespalten in ein psychisches Innen und ein körperliches Außen, die nun durch den Schlaf wieder zueinander fänden. – Ich bin so sicher weggeschlossen, fällt mir auf. Es wäre eine große Anstrengung nötig, bei mir einzubrechen. Auch ich müsste mich meinerseits sehr anstrengen, um hier Kontakt zu einem »Außen« oder gar zu etwaigen Göttern zu erhalten, und wenn jemand der Ansicht sein sollte, solch ein Kontakt, etwa die Verbindung mit der Atmosphäre, die durch die Geräusche einer umgebenden Stadt angedeutet ist, sei vielleicht nötig für das Erholende meines Schlafes, so müsste er hier sehr enttäuscht sein, denn hier herrscht Stille.

Vielleicht lässt sich die Anwesenheit der Götter ersetzen. – Durch WLAN! Rousseau hatte das Technische einst dadurch definiert, dass er sagte, es wäre eine Art zweite Schöpfung. Würden sich Atmosphären technisch nachschaffen lassen? Wäre das Internet eine zweite Schöpfung der Welt? Oder wäre damit die Erde endgültig verlassen? Oder wäre es gar nicht so schlecht, dass damit die Erde verlassen ist? Die Satelliten als die Kerne einer ganz neuen Atmosphäre menschlichen Daseins?

Die Stille, die Kabelverbindungen nach draußen, die Sicherheit ... Der technische Schlaf, durchgeführt nach Maßgabe eines rationalisierten Unterbringungsverfahrens, ist offenbar der Versuch, eine ursprünglich *atmosphärische* Geborgenheits-Erfahrung des Leibes mit seiner Umgebung und anderen Menschen, in deren Sphäre des Lebens und Arbeitens wir eingeschlossen sind, technisch zu reproduzieren, als Performance eines Subjekts, das sich selbst wegschließen kann. So wird Schlaf, der zunächst darauf hinweist, dass der Leib zweitweise *andere* Korrespondenzen als die des bewussten Schaltens und Waltens zur Umgebung aufrechtzuhalten vermag, nun zu einer *Tätigkeit gemacht* wird. Als Schlaftätigkeit ist der Schlaf – folgerichtig für unsere technische Weltperspektive – überall und jederzeit durchführbar, d. h., ob ich früh oder abends oder mittags ankomme und aus welchem Flugzeug der Welt ich steige, ich werde hier im Schlafsafe »meinen« Abend vorfinden, meinen Platz, meine Ruhe, meine Sicherheit; der Jetlag und seine Überwindung ist damit meine Sache geworden und nicht mehr die einer Korrespondenz mit dem Fremden, in das ich mich einzufinden habe. Eine Art Gastlichkeit!

»Für den Schläfer ist die Welt schweigende Erwartung, dass alles gut wird«, sagte Bachelard einmal. Das Bett ist die »letzte Steigerung der Geborgenheit«, schreibt Otto Friedrich Bollnow in seiner phänomenologischen Studie über Mensch und Raum. »Um schlafen zu können, muss sich der Mensch schon vorher im Gefühl der Geborgenheit befinden«, heißt es bei Minkowski. Die schützende Abgeschiedenheit des Schlafes, die innere Haltung zur Welt, in die sich eine Psyche wie in sich selber zurückzieht, um mit dem Leib verschmelzend in atmosphärisch geborgener Bewusstlosigkeit aufzugehen – im Schlafsafe wird sie zum Produkt, zum Sicherheitsschlaf, zu einer »Dienstleistung« in einem Terminal des Transport-Systems. Odysseus hatte sein Bett an einen noch festverwurzelten Ölbaum gebaut, dessen

Krone er abgeschlagen hatte. – Die Betten des Schlafsafes sind durch den Teppichboden hindurch im Beton festgeschraubt, entdecke ich beim Blick auf den Boden.

2. Luxor

In der ägyptischen Wüste, auf der der Stadt Luxor gegenüberliegenden Seite des Nils, liegt, etwas abseits und in Teilen schon verfallen, eine ehemals wohl wesentlich größere Maultierstation mit einigen Gebäudeteilen, in deren Resten aber nach wie vor das gastliche Geschehen weiterexistiert. Nicht weit davon entfernt, aber immerhin noch ahnbar die Stadt, die Taxis und Jeeps, die Geräusche der Fährboote und die Hotels, in denen es nach nahezu europäischen Standards zugeht. Der Innenhof des Anwesens ist palmenbeschattet. Es ist eine Übernachtungsstätte für Maultiertreiber, Touristenführer und Rucksacktouristen, die die Königsgräber besichtigen wollen, ohne längere Anmarschwege in Kauf nehmen zu müssen.

Diese Übernachtungsstelle ist keinesfalls »sicher« und nach europäischen Standards schlecht einschätzbar. Wer hier essen oder übernachten will, setzt sich mit seinem Gepäck in den Hof und wird, nachdem man ihm zunächst aus Gründen der Gastlichkeit Tee serviert hat, nach einer gewissen Zeit gefragt werden, ob er eine Abendmahlzeit einnehmen oder übernachten will. Fragt er selber, könnte er eine Zurückweisung erleben, vielleicht ist kein Zimmer frei, vielleicht ist nur noch ein sehr teures Zimmer frei, vielleicht wird ihm bedeutet, dass der Scheik, der das Ganze überwacht, gleich vorbeikommen werde und dass er noch eine Weile warten möge. Wird er dann, vielleicht nach kurzer Wartezeit und ritueller Musterung gefragt, ob er denn über Nacht bleiben will, und stimmt zu, steht er unter dem Schutz des Scheiks.

Das Essen ist einfach. Die Zimmer sind mehr als einfach. Die Betten sind undefinierbar alt und unbequem. Der Essenspreis wie auch der Zimmerpreis ist nie genau zu erfahren, wird vielleicht genannt, ist aber davon abhängig, ob man an der gemeinsamen Mittagstafel der Maultiertreiber, Taxifahrer und Treckingabenteurer teilnimmt oder ein eigenes Gedeck will, ob man unbedingt eine Dusche braucht oder nicht, denn es gibt nicht genügend, oder ob man ein Maultier mietet und gleich mit dem Treiber essen will. Die Kombinationen der Gastlichkeit sind unendlich und wie in einem ewigen Gespräch voller Möglichkeiten ineinander verwoben und verknotet. Nichts ist klar. Man ist müde. Aber am Ende ist man aufgenommen.

Wenn man lange genug unter Menschen gesessen und geredet, genickt oder den Kopf geschüttelt hat, wenn man die Pfefferminze gelobt und den Schatten der Bäume gekostet hat und dann im Zimmer der alten Maultierstation liegt, im Ohr noch das Lärmen der Gäste, dann ist man sozusagen auf alte Weise zuhause. Der Geruch ist ein nächtliches Mittelding aus Staub, Verwesung und Blüten – draußen der Mond.

Es wäre nun ein Missverständnis, wenn hier der Eindruck entstünde, ein Hotel der Economy Gruppe und jene verfallene Schlafstelle in der ägyptischen Halbwüste sollten hier als besonders negatives oder besonders positives Beispiel des Atmosphärischen gegeneinandergestellt werden. Worauf das Augenmerk gelenkt sei, ist hier nämlich die *Gleichartigkeit* der beiden Orte in puncto »Gastlichkeit«. Es handelt sich in beiden atmosphärisch extrem unterschiedlichen Fällen korrespondenztheoretisch gesprochen zunächst einmal nämlich um das Gleiche, um die Atmosphäre der Gastlichkeit, d. h. einer Vorgabe für den atmosphärischen Entwurf von Geborgenheit.

Geborgenheit ist also nicht Sicherheit im technischen Sinn, sondern ein atmosphärischer Entwurf. Das »Gefühl« der Geborgenheit stammt nicht daher, dass das Economy-Inn besonders gut geschützt, versichert, abgeschlossen oder statistisch weniger häufig beraubt wird als die Maultierstation – es mag umgekehrt sein. Es stammt eher daher, dass der Gast sich in irgendeiner seiner Bewusstseinsschichten dem Schlafsafe, seiner Wachmannschaft, seiner Speisekarte oder seinem Koch doch in gewisser Weise »anvertraut«, dass er demjenigen, dem er sich hier nahezu unterwirft, eine Art Kraft zutraut und sich nun – etwa nachdem er dem Blick des Scheiks (oder dem Wachmann am Tor des Economy Inn) standgehalten hat – sich aufgenommen fühlen darf in die Atmosphäre des Treibens seiner Schlafstätte. Es ist ein Korrespondenzmuster aus Umgebung, Verkehr, bestimmten Symbolen, einem rituellen Ablauf und einer Reihe von Verrichtungen, die es erleichtern, die Atmosphäre der Geborgenheit zu entwerfen.

In Europa sind es ausgedruckte Speisekarten und das Rotarier-Rad vor dem Haus, das Solidität verspricht, der Zimmerservice, der Hotelportier, die Pistole des Wachmanns, das strahlende Weiß des aus der Küche schauenden Kochs, der dezente Ton des Kellners, der uns freundlichst und höflichst einen Platz anbietet. Hier in der Wüste, wo es an allem fehlt, muss die Atmosphäre der Geborgenheit anders entstehen. Stimmen und Klänge, Lächeln und Fragen, Blick und Charme der Männer in den Dschellabas, der Tee, der mit einer Verbeugung überreicht wird und wie ein Ritual wirkt, denn wer einen Schluck nimmt, hat sich zum Gastrecht bekannt, dann der Ritus des Vorgelassen-Werdens zum Scheik, dem Herren des Ortes, der persönlich empfängt, zwar nur zwei Sekunden lang, der den Ankommenden aber doch ins Auge fasst und bedächtig nickt, der uns vor der Aufnahme in sein Reich gewissermaßen zwingt, anzuerkennen, wie unendlich mächtig und reich er ist, obwohl er doch nur in einer halbverfallenen Maultierstation haust und nicht einmal fließendes Wasser auf den Zimmern hat. Doch er könnte uns ja auch abweisen, misstrauisch mustern statt großzügig oder gnädig und er könnte kein Zimmer mehr haben.

Vielleicht fühle ich mich als Europäer nicht wohl im halb verfallenen staubigen Anwesen in Luxor jenseits des Nils. Vielleicht fühle ich mich irritiert, mückengeplagt und nicht in Ruhe gelassen von den anderen Gästen. Vielleicht ist das, was *mir* das Gefühl der Sicherheit gibt, eher die Überschaubarkeit eines

Economy-Inns oder die Signets von streifenden Wachmannschaften, die die »Geborgenheit« als Aura allgemeiner Beschütztheit entwerfbar machen, also Sachverhalte, die einem Orientalen den atmosphärischen Entwurf der Geborgenheit gerade *nicht* vollziehen lassen, ja ihm womöglich Bedrohliches signalisieren.

Für mich als einen in bestimmten Traditionen erzogenen Mittel-Europäer mag es auch sein, dass ich mich desto »geborgener« fühle, je mehr die Gastlichkeit dick und treuherzig daherkommt, wenn ich zum Beispiel in einem Alpendorf in Obhut eines Familienbetriebes in der Nähe von Holzkruzifixen mein Abendessen zu mir nehme, ob nun im anschließenden Steilhang eine Lawine lauert oder nicht. An Plätzen wie dem heruntergekommenen Anwesen in Luxor herrscht ein anderer Gott als in der Frühstückspension in Rostock, doch ist es überall dasselbe Prinzip einer Vorgabe für den Entwurf der Geborgenheit als eine Atmosphäre und wer sich unterworfen hat bzw. in einem atmosphärischen Sinne »glaubt«, dem gefällt und schmeckt es auch! Er kaut bedächtig den Reis der Kameltreiber, der nur einem Hungrigen schmeckt, und er zieht den ranzigen Duft des Bratöls in die Lungen wie Weihrauch, der ja bekanntlich auch keinesfalls schädlich ist. Dann liegt er in einem Zimmer voller Spinnweben, in dessen glaslose Fenster der Mond eines sternübersäten sehr bedeutungsvollen Himmels blickt. Vielleicht ruft sogar ein Muezzin. – Der Gast ist jetzt völlig überzeugt, dass er geborgen ist. Er fühlt sich, da er einen romantischen Hang hat, ganz nahe am kosmischen Wähnen und meint vielleicht sogar, dass etwas verlorenging auf dem Weg des Fortschritts in die westlich technische Sicherheits-Zivilisation. Ja, er schläft tief und dankbar, ob nun eine giftige Spinne an der Decke lauert oder nicht.

Wir täuschen uns gewaltig, was die technische »Sicherheit« unserer Umgebungen anbelangt, und es täuscht sich der Tourist im Alpendorf genauso wie der Benutzer des Economy-Inn, wir täuschen uns, denn wir entwerfen die Geborgenheit als fremd kommende Reisende nur atmosphärisch. Aber wir brauchen genau diesen atmosphärischen Entwurf, denn wir wollen schlafen! Umgekehrt ist auch die Ungeborgenheit, das, was plötzlich als Atmosphäre der lauernden Gefahr auftaucht, wenn auch nur irgendwo ein Schuss fällt, ein großer atmosphärischer Irrtum, man braucht nur einen einzigen Terror-Anschlag, von dem ein Land an einem friedlichen Sommerabend betroffen ist, und hat bereits die rund dreißig Verkehrstoten des Tages und hunderte zertrümmerte Gliedmaßen des fröhlichen sonnenbeschienenen Ausflugverkehrs auf deutschen Autobahnen vergessen. Statt zu vergleichen und Wahrscheinlichkeiten zu prüfen, stellt man ein Korrespondenzmuster her, das dem Anschlag einen Willen und Unwägbarkeit beiordnet, man sieht nicht die Toten, man sieht die Gefahr. Man entwirft atmosphärisch ein lauerndes, feindliches Wollen, einen indischen Tiger, der das friedlich schlafende Dorf umschleicht.

3. Cartesisches Essen

In einem Theaterstück fragt ein Herumtreiber ein reiches Ehepaar, das auf dem Weg in ein Luxusrestaurant ist, warum die beiden denn ein Vermögen für eine Schale Reis ausgäben, worauf die Ehefrau stutzt und völlig konsterniert antwortet: »Because we have a reservation!«

Das lachende Publikum begreift in dieser Sekunde, dass die Frage nicht aufschlussreicher hätte beantwortet werden können: Die Vorstellungen vom angemessenem Aufwand und Luxus wie vom vernünftigen und weniger vernünftigen Essen und mithin auch von dem, was Gastlichkeit sein soll, sind an Situation, Status und Erwartung gebunden. Wissenschaftler mögen berechnet haben, was für Durchschnittsmenschen in Durchschnittssituationen das billigste und gesündeste Durchschnittsessen ist. Die Wirklichkeit lehrt, dass wir aus den verschiedensten Gründen alles Mögliche für zuträglich oder verantwortbar halten, wenn es nur unseren wechselnden Erwartungen, Träumen, Sehnsüchten oder Befürchtungen entspricht und wenn sich eine Situation einstellt, aufgrund derer wir ein uns gemäßes Korrespondenzmuster bzw. eine uns passende Atmosphäre entwerfen können.

»Because we have a reservation!« Was weist besser auf das in sich kreisende Wahnsystem, in das man einen gelegentlichen Blick wirft, wenn man mit extrem Reichen oder an Reichtum gewöhnten Menschen zu tun hat? Nein, es ist nicht Dummheit, die Dame, die so antwortet, ist höchstwahrscheinlich eine hochintelligente Person. Und es ist auch nicht sozialer Stolz oder Gefühllosigkeit. Die Dame, die so antwortet, ist vielleicht tags darauf auf einem Charity-Essen, auf dem sie ein paar tausend Dollar für ein Kinderdorf spendet. Es ist ganz anders, denn die sanfte Überredung des Luxus besteht darin, dass er durch pure Anwesenheit sehr schnell zu der Annahme verleitet, man sei jemand, der ihn auch *verdiene*. Dass ein Tisch reserviert ist, ein Tisch, der gerade hier besonders schwer zu reservieren war, rückt die Benutzung, die eingebildeten oder realen Zugewinnmöglichkeiten, die *atmosphärische Situation* der Essensaufnahme als das eigentlich »Nahrhafte« in den Vordergrund: Der für das hohe (und daher fragile) Selbstwertgefühl des betreffenden Ehepaares wichtige Rahmen, eine atmosphärische Bestätigungsperformance aus Bedienung, Preis und Exklusivität, ist eine Angelegenheit, die man nur unzureichend erfasst, wenn man sie als Genuss oder Lohn für ein asketisches Berufsleben beschreiben sollte. Man sollte viel eher schon einmal an das Wort »Arbeit« denken!

Vielleicht erinnert man sich an Thesen der siebziger Jahre, die von Foucault aufgebracht und von O'Neill weiterverbreitet wurden, nämlich, dass man leibliche Vorgänge wie Sexualität, den Schlaf oder die Nahrungsaufnahme in technischen Kulturen ja leider eher rationalisiere als kultiviere.[1] Das Zentrum, um das die Kritik von damals sich bewegte, war in Bezug auf Essensvor-

---

[1] Vgl. John O'Neill, Revolution oder Subversion? Reinbek 1978.

gänge mit der Kritik an all demjenigen umschrieben, was den Namen »McDonalds«, Schnellimbiss oder Supermarkt trug. Gern äußerte man sich kulturpessimistisch über die »Vermacdonaldisierung« der Gesellschaft und betonte die krankmachenden Aspekte der Massenproduktion: »Da die Wohnzentren in größeren Entfernungen von den Lebensmittel- und Produktionszentren liegen, werden Lebensmittel in zunehmendem Maße für den Transport und für die Supermärkte weiterverarbeitet und verpackt. Diese sekundären Maßnahmen erfordern den Gebrauch von Lebensmittelzusätzen, die ihren Nährwert reduzieren und gesundheitlich schädlich sind. Solche Lebensmittel zu essen, könnte nun als *Arbeit* aufgefasst werden«.[2] Nun könnte man aber auch das Essen im teuren Restaurant als »Arbeit« bezeichnen, nämlich als eine atmosphärische Arbeit, die außerordentlich anstrengend sein kann und uns darüber hinaus noch über atmosphärische Zwänge belehrt. Ich möchte dazu etwas ausholen.

Descartes schlug in seinen berühmten »regulae ad directionem ingenii« einmal vor, »verwickelte und dunkle« Fragen auf einfachere zurückzuführen, bis alle Teilprobleme »clare et distincte« vorlägen, und erst dann wieder zu synthetisieren bzw. zur Gesamtfrage und ihrer Lösung zu verbinden. Überträgt man das Prinzip dieser berühmten fünften Regel auf die Notwendigkeit, sich heute unter sehr vielen unterschiedlichen Bedingungen in ständig wechselnden Umgebungen zu ernähren, dann führte dies in letzter Konsequenz zur rationalisierenden Zerlegung aller Einzelvorgänge des Essens und der Essensherstellung, also Nahrungstransport, Nahrungsherstellung, Verabreichung, Abfallbeseitigung, die damit natürlich den Gipfel einer Rationalisierungsentwicklung darstellen und vordergründig dem Satz der protestantischen Ethik genügen, dass bei uns das Essen der Arbeit diene und nicht umgekehrt. In einer Zeit, in der nun aber selbst McDonalds beginnt, seine Essenplätze zu

2 Ebd., S. 93.

künstlichen Gärten umzugestalten, und breit lächelnde Clowns platziert, um die Atmosphäre allgemeiner Fröhlichkeit zu induzieren, entdecken wir, dass unsere Kultur längst auch begonnen hat, das cartesische Prinzip nicht nur bis ins Kleinste durchzuführen, sondern es auch mit dem ästhetischen Prinzip zu verbinden – und zwar so, dass das Ästhetische selber cartesianisch aufgefasst und dem Technischen korrespondierend an die Seite gestellt, ja womöglich gar technisch hergestellt wird. Nicht mehr bloß möglichst rationell essen wir, sondern eher schon in *Verfügung* über jede nur erdenkliche Form des Essens und seiner situationsgerechten Durchführung *im Atmosphärischen* vom Nobel-Restaurant als Ort luxurierender Essensveranstaltungen über alle Variationen des Menüs der internationalen Exotik und der immer mehr aus der Mode kommenden plumpen »Gutbürgerlichkeit« bis hin zum Junk-Food und dem »timesaver« an amerikanischen Nationalstraßen. Gleichzeitig werden auch unsere Tankstellen und Rasthäuser atmosphärisch aufgerüstet und etwa als französische Marktplätze mit Ingredienzien aus bäuerlicher Zeit verkleidet, denn was eine Heugabel oder eine marktstandähnliche Konstruktion in einer deutschen Raststätte beweisen, ist ja nichts anderes als die schlichte Tatsache einer atmosphärischen Zurüstung auch noch des Gewöhnlichsten.

Wir sind also längst nicht mehr nur »denaturalisiert«, »normalisiert«, rationalisiert und anästhesiert, wie die postmoderne französische Theorie dies Ende des letzten Jahrhunderts beklagte. Wir sind genauso gut auch Befreite, frei Verfügende und ausgestattet mit allerlei Möglichkeiten, selbst auf der Autobahn, die wir als meditierende Lenker durchreisen. Wir müssen unsere »Mahlzeiten« nicht mehr als rituell zelebrierte *Form* in der Zeit – mit einem Anfang (etwa einem Dankgebet an die speisenschenkenden Götter) und einem Ende, dem Auskratzen der »Nachspeise«, auffassen. Wir verfügen vielmehr – je nach Zweck und Situation – über ein geradezu phantastisches Angebot, das allen Aspekten und Anforderungen unseres Arbeits-

oder Freizeitlebens korrespondiert – von der bloßen Abfüllung bei Zeit- und Geldersparnis bis hin zum entfalteten geschäftlichen Protzessen oder dem ausgeklügelten Freundesmahl bei Kerzenschimmer mit veganen Weinsorten …

Diese schier ins Unendliche reichende Wahlmöglichkeit zwischen dem Primat der Sättigung, der Kommunikation, der Feierlichkeit und bloßer Essens-Notdurft, der Zelebration des Gesellschaftlichen wie auch des Intimen bei gleichzeitiger atmosphärischer Betreuung aller Vorgänge weist weit über eine einseitige Kritik unserer Zeit als rationalisierende Monsterschau der Anaesthesierung hinaus und steht auch weit jenseits der ästhetischen Kritik der Jahrhundertwende. Der Clou des cartesischen Vorschlags bestand übrigens auch seinerzeit nicht in der Reduzierung, sondern in der Zerlegung des Bestehenden, um sich seiner klug zu bemächtigen und es wieder zu synthetisieren. Es ging also schon 1628 um Verfügung, und im vorliegenden Fall nun geht es um die Verfügung über Atmosphäre in unseren Städten, Autobahnen und Bahnhöfen als einer ästhetico-gastronomischen Gesamtveranstaltung aller uns zur Verfügung stehendenden Essensarten in verschiedensten Ambiente-Formen. Ambiente und Atmosphäre korrespondieren. Sie werden zerlegt und sie werden kombiniert – bis zur Entstehung von Hyper-Atmosphären, in denen Dekors aufeinandertreffen, die aus verschiedensten Teilen der Welt stammen und eine »Stimmung« erzeugen, die man am Ende tatsächlich nur noch als künstlerisches Ergebnis eines gesamtgesellschaftlichen Aufwandes ansprechen kann.

Das Lächeln der Bedienung und das des Geschäftspartners – welches ist »falscher«? Und gäbe es echtes? – Das Lächeln der Liebenden vielleicht, die aber womöglich gerade dann nicht lächeln, wenn sie lieben? Die Kerzenflamme und der bedeutsame Blick des Gegenübers, die Reflexe auf den Gläsern und die Gedankenfunken eines weitreichenden Gesprächs, das Panorama und die Weitläufigkeit der Hoffnungen einer Verhandlung, deren Assoziationen mit den im Restaurant angebrachten Dekorationselementen korrespondieren, überall herrscht Suggestion und Bezüglichkeit. Überall formen sich Korrespondenzen zu atmosphärischen Mustern. Die bergende französische Dörflichkeit am Gulaschtopf der Tankstelle, das Warenhaus und die Kaffeebar im Amalgam mit einer Sennhütte auf einer Autobahn in Brandenburg ... der Autobahnreisende ist gewissermaßen ständig auf Abenteuer! Die Augen, die Ohren bekommen ihr Teil. Nur selten ist es allein die »Kunst« des Küchenchefs, viel eher ist es das Zusammenspiel der Kerzen, des Makeups und des Panoramas eines vielleicht im zwanzigsten Stock eines Hochhauses langsam rotierenden Aussichts-Restaurants. Das sich aus all dem zusammenfügende bedeutsame *Welt-Gefühl,* in welches der Esser eingebettet, gedämpft sprechend über die rechte Wahl der Weinsorte oder die Speisenfolge, zusammen mit dem Guten, Schönen und Wichtigen dieser Welt sinniert, das ist *mehr* als das Nebenbei eines ansonsten wesentlichen Essensvorganges, das ist die gesamtgesellschaftliche Ausrichtung aufs Atmosphärische als immer deutlicher spürbare Hauptsache, während wir nebenbei eben diese Schale Reis essen.

Wir erinnern uns: Kant rückte zwar die Tafelfreuden nur unter die »angenehmen« Künste. Ein »Kunstwerk« war ihm ein Festmahl nur in einem sekundären, allegorischen Sinn. Doch war die schöne Kunst, soweit wir uns an Kant erinnern, doch gerade die, welche »Gegenstände subjektiver Allgemeinheit« erzeugte, die »viel zu denken geben!« Ich plädiere also dafür, das, was ich als Cartesisches Essen bezeichnet habe, tatsächlich in den Kunstrang zu stellen, was allerdings auch mit einem etwas intrikaten Hintergedanken verbunden ist, denn dann muss man sich auch fragen, ob sich – sei es mit oder ohne Hilfe des Restaurants oder vieler anderer atmosphärischer Überflutungsmittel – nicht längst der Begriff der Kunst ins Profane aufgelöst hat.

In seinen »Profanierungen« lobt Giorgio Agamben die Kunst dafür, dass sie sich an der Grenze von Profanum und Heiligtum abarbeite. Die aus uns herausgeforderte Aisthesis des Essens ist also keinesfalls nur Sinnenfreude, so raffiniert der Grünspargel an der kandierten Möhre liegt und so sehr diese schmeckt. Es ist künstlerische Arbeit und das ist sichtbar daran, dass das Atmosphärische im Vordergrund steht. Dass bei aller Atmosphäre hier doch irgendwo auch noch der Kern sein muss, um den diese »weht«, bringt uns dann wieder zurück auf die Frage nach der Schale Reis, doch eben an dieser sieht man, wie nebensächlich solch ein Kern sein kann.

Die Schale Reis und »Because we have a reservation«. Der Esser einer gesellschaftlichen Essensperformance arbeitet nicht nur, er »bezahlt« auch, indem er am Gelingen eines Stückes mitarbeitet, in welches er durch Kostümierung, Parfümierung, Nervenstress und Spannung, Kosten, erarbeitete Rollensouveränität und leichthin spielerisch demonstriertes Ethos eingebunden ist, während er sich oberflächlich gesehen mit seinem Reis beschäftigt. Um ihn sind dann etwa atmosphärische Schaustücke verteilt, alte Segelschiffe und eine Antiquität hier oder da, die Palme im Kübel, das Fischernetz an der Decke, eine buddhistische Dekoration. An den etwas besseren Plätzen sitzen die Reis-Esser zwischen Halbedelsteinen, die wie zufällig verstreut umherliegen oder in beachtlicher Größe auf kleinen Sockeln stehen. Der Esser findet vielleicht Marmorkiesel im künstlichen Bach neben dem Innenteich und er schreitet auf Eiche und Messing über einen im Boden eingelassenen Bach, in dem durch Glas auch Fischlein zu sehen sind. Er sitzt wie unabsichtlich unter von Punktstrahlern beleuchteten »Originalen« buddhistischer Malerei aus dem 12. Jahrhundert. Vielleicht macht er auch die Erfahrung, dass auf diese Weise und in dieser ganz besonders noblen Atmosphäre noch das »Echteste« und »Beste« auf sonderbare Weise unecht erscheint, wie ein Betrug eben, nur mit Hilfe des Echten, das hier nichts mehr gilt und nichts ist als die monströse Schau moderner Reliquien und eines dazugehörigen Reliquienkultes; dies wird dann sinnfällig, wenn die Gastlichkeit sich in ehemalige religiöse Umgebungen verirrt. Wir speisen heute tatsächlich nicht nur in den Refektorien ehemaliger Klosteranlagen, wo in der Bibliothek der Wellnessbereich eines

Hotels eingerichtet ist. Der Bühneneindruck ist dabei selbst mit »echtesten« Materialien nie zu vermeiden.

Die Halbedelsteine im Restaurant erinnern, wie das buddhistische Restaurant, das wir vielleicht aufgrund seiner Preise bevorzugen, eher ans Schäferidyll im Park von Versailles, kurz bevor die Revolution in Frankreich hereinbrach und die königlichen Schäfer geköpft wurden. – Der Marmor und der Steinbruch, das Schiffsmodell im Eck, das Fischernetz, die Muschel, Aphrodite, die Antiquität, der riesige Halbedelstein, der das damit verbundene Ragout fin gewissermaßen zitiert; der Blick auf Lower Manhattan dabei vom mittlerweile im Schutt versunkenen Nobelrestaurant auf dem Dach des World Trade Center und die klappernde Mühle am laufenden Bach auf den Scheibengardinchen im »Jever Krug« einer biederen westdeutschen Mittelstadt. – Es ist alles dasselbe! Wir essen mit einem schier unbeschreiblichen atmosphärischen Aufwand – etwa beim Blick aus dem Fenster des Venice-Simplon Orient-Express bei der Fahrt an einem Alpengletscher entlang, da man ja, wie es im Prospekt heißt, hier »zur Landschaft *speist*«.

»Because we have a reservation ...«. – Weil wir eine Reservierung haben, eine Rolle, einen Arbeitsplatz, ein Recht ... Weil es Leute gibt, die für uns die Reservierung vorgenommen haben, denen wir den Arbeitsplatz (bzw. den Essplatz) verdanken, die das Recht für uns erkämpften, buchten, freihielten, das alles heißt: Wir sind verpflichtet! Wir müssen den Aufwand, der in solchen Umgebungen dazu gehört, den psychischen Habitus, das Verantwortungsbewusstsein, vom persönlichen Vortrag bis ins Mienenspiel, nicht nur in Kauf nehmen, sondern auch unser ganzes Leben und seine sekundären Fragwürdigkeiten darauf abstellen, ganz so wie die englische Oberklasse des 18. u. 19. Jahrhunderts es propagierte – eben schon innerlich *aufwandsbereit*, so dass wir zur passenden Kleidung der Saison (um einen Hauch »leicht daneben«, wie dies zur Zeit in speziellen Millionärs-Kreisen en vogue ist) und mit einem möglichst nur wochenalten Schuhwerk und dem aufrechten Gang in jeder

Sekunde des Lebens das Lampenfieber spüren, mit dem wir jene Schale Reis zusammen mit der Aussicht genießen.

Genießen? *Vorführen* natürlich! Wem vorführen? – Im Zweifel uns selber! Sogar wenn alles um uns nur noch mechanisch ablaufen sollte, würden wir zumindest von Selbstkorrespondenz sprechen, wie sie etwa beim Musiker auftritt, auch wenn er nicht vor Publikum spielt, wobei wir nicht vergessen sollten, mit welcher Hingabe das Personal bis zum letzten Helfer den Aufwand gern mitträgt, der hier herrscht und der ihnen gerade hier ihr sinnvolles Dasein ermöglicht. Und es ist oft genug auch nicht einmal der Aufwand, sondern nur ein teuer bezahlter *Stil*, der Stil dieser oder jener »Gastlichkeit« – sagen wir, die berühmte Raubeinigkeit der Kellner im Berliner Borchardts oder die burschikose Ironie in einem zweiten Nobelrestaurant, die als willkommener Ausgleich für die Unterwürfigkeit in einem dritten Haus dem Geschäftsfreund vorgeführt wird, um zu demonstrieren, dass man doch etwas sehr Interessanteres ist, ein im Atmosphärischen verlöschendes Subjekt nämlich, das – ein lächelnder Leib – noch die eine oder andere Rundreise absolviert – mit der Schale in der Hand.

4. Relaxman

»Aber folge mir, Greis, in meine Hütte, damit du, wenn sich deine Seele mit Brot und Weine gelabt hat, sagest, von wannen du kommst, und welche Leiden du littest. Also sprach er, und führt ihn hinein, der treffliche Sauhirt, hieß den folgenden Gast sich auf ein laubichtes Lager setzen, und breitete drauf der buntgesprenkelten Gemse großes und zottichtes Fell, worauf er zu schlafen gewohnt war.«[3]

In einer Meditation zur Gastlichkeit zeigte Ivan Illich einmal, welche Art von Geborgenheit die Atmosphäre der Gastlichkeit ausmacht. Es ging ihm dabei nicht um die Atmosphäre, die der

[3] Odyssee, 14. Gesang / Str. 45

»Gast« aufgrund einer Veranstaltung selbst entwirft oder zu empfinden meint, sondern um das Miteinander von Gast und Gastgeber. Der 14. Gesang der Odyssee berichtet, wie Eumäus den Gast, den er zunächst nicht als Odysseus erkennt, ins eigene Haus führt. Er breitet ihm das Fell hin, auf dem er selber schläft, er bedient ihn, d.h., er weist ihm nicht eine Schlafstelle zu, sondern er überstellt seine gesamten Mittel, seine ungeteilte Aufmerksamkeit dem Gast. Wir stellen uns vor, der Blick des Gastgebers ruht auf dem Gast. Wir erinnern uns an die Geste, mit der wir nach einer Sekunde der Prüfung vom Scheik eingeladen wurden und die vielleicht noch einen Hauch des alten Gastbrauchs ahnen lässt. Wir »spürten« uns aufgenommen. Wir fühlten uns ab jetzt »sicher« in einer Form, die man mit einem inneren Ausatmen vergleichen kann, mit dem Nachlassen einer Spannung. Wir sind jetzt in engstem korrespondierendem Miteinander mit dem Gastgeber, der unser Freund und Bruder auf Zeit ist. Wir erholen uns nicht einfach physiologisch, sondern in einem leiblich umfassenden Sinne. Wir werden »weit«, ein Vorgang, den Herrmann Schmitz im Zusammenhang mit Betrachtungen zur Atmosphäre einmal als »Ausleibung« bezeichnet hat.[4]

Durch beschleunigte symbolische Austauschvorgänge, den schnellen Wechsel von Umgebungen und durch das instrumentelle Verhältnis zu atmosphärischen Entwürfen (man denke daran, mit welcher Selbstverständlichkeit bestimmte »Dekorationen«, etwa von Jahreszeiten, in Verkaufsmalls, Hotel- und Flughallen oder Restaurants ausgetauscht werden) wird heute in erster Linie ein atmosphärisches Verhältnis zu den Dingen tragend. Es ist ein Verhältnis, das ein ganz besonderes Austauschverhältnis von »innen« und »außen« hervorbringt, einen atmosphärischen Gleichklang mit den vielen Veranstaltungen, die uns umgeben und uns in den Zustand des Hyperrealen hi-

---

[4] Hermann Schmitz, Atmosphären, Freiburg/München 2014, S. 117 ff.

naufschrauben, statt Gastlichkeit hervorzubringen. Wir geraten dadurch in einen Zustand der dauernden Beanspruchung wie auch scheinbaren Beruhigung. In dieser Situation ist unsere atmosphärische Kompetenz des symbolischen Austauschs fast alles, aber »Leib« fast nichts und der zugehörige »Körper« hat derweil, wer weiß, ein Kabel im Ohr und hängt, ein Stück Fleisch, über den Sitzen eines Interkontinentalflugzeugs. »Mein Bett soll mich trösten, mein Lager soll meinen Jammer erleichtern«, heißt es bei Hiob. Der Jammer des Menschen, der sich nicht mehr »hier« oder »dort« einfinden kann – der vielmehr, sich von Ort zu Ort bewegend, überall in den gleichen Veranstaltungen hängt, der sich selbst in den Schlafsafe verbracht hat, welcher atmosphärisch betrachtet ein Monstrum der Ungeborgenheit ist –, was soll er tun?

Ja, in der Tat, er muss ständig etwas *tun*. Er kann es nicht lassen. Er muss selbst, wenn er schläft, dafür sorgen, dass die ausgeruhte Person hergestellt wird, der freundliche, kooperative Kollege, der Fachmann in sekundären Bezügen jener atmosphärischen Veranstaltung, von der er sich nicht einmal mehr in den Schlaf zurückziehen kann. – Nepenthes? – Kein Vergessen! Es ist schon alles vergessen. Keine Geräusche, nicht die langsam abebbenden Klänge einer nächtlichen Stadt, in deren hüllenden Raum wir eintreten. Es gibt keine »Stadt«. Es gibt nur noch die Zonen der Zeit, die Terminals und die Orte höherer Frequentiertheit – und selbstverständlich Tätig-Sein.

In einem Gerät namens »Relaxman« im Hotel einer süddeutschen Stadt soll man sich nach dem Buchstaben der Anpreisung in 50 Minuten so gut erholen, wie ansonsten nur »mit Hilfe von fünf Stunden Schlaf«. Der ursprüngliche Sinn der Erholung war die Rückholung oder wenigstens die Erinnerung an eine Korrespondenz mit dem Göttlichen. Es war, als ob der Körper einen Weg zurückzulegen hatte durch Nacht und Traum, damit der Leib wieder einer würde. Die Frage, *was* wir uns in dieser Zeit holten, stellen wir heute nicht mehr. Stattdessen muss es schnell gehen, auch mit der Erholung. Unsere Seelen huschen dabei von

»Stadt« zu »Stadt«, von Restaurant zu Restaurant, von »Veranstaltung« zu »Veranstaltung«.

Der »Relaxman« steht in einer nachgebauten Pyramide, die als Hotel fungiert. Ihre Gänge sind gelb, stilisierte Fackeln leuchten an den Wänden, ägyptische Lanzen sind die Garderobenständer. – Das Hotel markiert die letzte Sicherheit, den höchsten Luxus und die größte denkbare Performance des sicheren Aufgehobenseins, den finalen Ort der Gastlichkeit – das Grab. Für das, was von »uns« geblieben ist, gibt es auch nichts anderes mehr. Wir betreten eins der Zimmer. Es strahlt sandfarben und eröffnet einen gigantischen Blick aufs »Draußen«. Die Zonen der Zeit, die Terminals, die Kühlung, die Heizung, der WLAN-Anschluss. »Alles Bestens!«, sagen wir zur knicksenden Bedienung im ägyptischen Dress. Gehen wir schlafen! Die Rauchmelder wachen derweil.

Kapitel XI
Der Weg des Westens ist die Kunst[1]

1.

Der Titel dieses Essays ist die zweckentfremdete Überschrift eines Internet-Auftritts der Schriftstellerin Liane Dirks, die sich ihrerseits wieder auf ein Interview des Stern mit dem 14. Dalai Lama Tenzin Gyatso bezieht. Dieser, damals vom Reporter gefragt, ob der heute immer modischer werdende Buddhismus im Westen denn wirklich ein geeigneter Erleuchtungsweg sei, antwortete diplomatisch, dass es bekanntlich viele Wege gebe und dass die Europäer nicht unbedingt den Buddhismus bräuchten, denn zum einen hätten sie ja eigene religiöse Traditionen. Zum anderen aber gebe es die Kunst, die vermutlich überhaupt der Weg des Westens sei.

Die Rede von der Kunst als Weg im östlich spirituellen Sinne erscheint mir in mehrfacher Hinsicht produktiv, nicht nur durch den Hinweis auf den Buddhismus als Mode, der längst ein korrespondierender Faktor westlicher Spiritualität ist. Der Osten hat nicht erst, seit die Beatles nach Indien reisten, eine erstaunliche Karriere in westlichen Kulturen gemacht. Man denke an Schopenhauers Rezeption der Veden oder an Nietzsches Zarathustra. Der Dalai Lama ist Bestsellerautor. Von der Managerschulung bis zum Tai Chi in Berliner Parkanlagen und bis zum Gartenbuddha ist man heute im intellektuellen Mittelstand dem

---

[1] Nachschrift eines nach Notizen gehaltenen Vortrags im Theaterfoyer Ingolstadt auf Einladung des Kunstvereins Ingolstadt e. V. (Dr. Christine Fuchs) 2015.

Osten auf der Spur, wobei die Yogamatte den Gebetsteppich bei weitem überrundet hat, was kulturgeschichtlich immerhin bemerkenswert erscheint.

Wichtig ist nun aber vor allem der Hinweis auf die Kunst als einem für die westliche Kultur womöglich spirituellen Weg, der in der Neuzeit beginnt – etwa mit dem Namhaftwerden der Künstler unter den Renaissance-Päpsten – und der über seinen Höhepunkt in Barock und Rokoko bis heute zumindest dem Anspruch nach besteht. – Mit Michelangelo, Dürer und Holbein fing es an, Mozart und der flötenspielende Friedrich der Große stünden dann für eine Zeit, in der Kunst eine Art politikbegleitende Geistigkeit darstellt und der Geniekult der Romantik überhöhte dann den Künstler zu einer Führerfigur transzendentalen Ranges, wobei man nun gar nicht mehr wählerisch war: Mozart, Kant Napoleon, Goethe, Schiller, Pestalozzi, Bismarck …, sie alle galten als musikalische, politische, militärische oder pädagogische »Genies« bzw. begnadete Orientierungsmarken der Menschheit. Der uns bekannteste Kandidat dieses europäischen »Weges« ist wohl Franz Liszt, der dann ja auch die Konsequenz zog und sich in Rom zum Priester weihen ließ.

Mit dem »Abbé Liszt« als Pianist von europäischem Rang korrespondieren Kunst und Religion vollständig und mit den »Weihefestspielen« Wagners ist dann der Gipfel-, aber auch der Umkehrpunkt erreicht. Keine Kultur des Globus, so kann man getrost sagen, hat der Kunst einen derartigen Rang eingeräumt wie das gesellschaftliche Europa des 19. Jahrhunderts, das seinen großen Musikern, Malern und Schriftstellern einen Teppich ausrollte, auf dem noch die »Genies« des 20. Jahrhunderts ganz gut promenieren konnten. Selbst ein Hitler durfte zeitweise im Geiste des Begnadeten agieren.

Es scheint also zuzutreffen. Der »Weg des Westens« war ganz offenbar die Kunst. Nicht nur des einzelnen Künstler-Subjekts, das sich hier und da verwirklichen oder erlösen wollte, sondern dessen, was man mit Nikolaus Sombart den »europäischen Geist« nennen könnte, also die Spiritualität eines Europa, das in seinem idealen Selbstverständnis aus den Genien der Bildung, des technischen Fortschritts und der Kunst über die Niederungen des Alltags, der Politik und der Ökonomie hinausgehend seine Apotheose suchte. Als der »Halbgott« und Priester Abbé Liszt seine ungarische Geburtsstadt besuchte, sollen nach zeitgenössischen Berichten Tausende am Straßenrand auf die Knie gesunken sein.

2.

Das Verständnis der Kunst als »Weg« im östlichen Sinne, also dem Weg der Erleuchtung oder wenigstens der Weisheit, ist uns dagegen keineswegs so selbstverständlich. In der hierzulande landläufigen Kunstauffassung herrscht ja, wie jeder gern zugeben wird, eher das Bild eines sich für sein Werk aufopfernden Künstlers als »Getriebenem«, der sich gerade so am Rand der bürgerlichen Gesellschaft durchbringt, gewissermaßen wie der sehnsüchtige Seher und Flötenspieler Teiresias auf dem Abfallhaufen vor Theben im Drama »Antigone«. Einen Erlösten oder gar Weisen stellen wir uns unter einem Künstler also heute im Westen nicht vor. Lieber pflegen wir einen romantischen Begriff der Kunst als Leidenschaft oder – alternativ – einen betont leidenschaftslosen Begriff des Künstlers als gehobenem Sozialarbeiter, wie er uns auf sonntäglichen SPD-Frühschoppen begegnet, und man kann nun fragen, ob Kunst heute in unserer Gesellschaft nicht vielleicht doch auch einmal die andere Möglichkeit in den Blick nehmen sollte, die übrigens auch Schopenhauer schon skizziert hat, wenn er in seinem Hauptwerk von der Kunst als einem möglichen »Weg« sprach – als »Weg« allerdings in jenem Sinne, in dem er heute eben in östlich inspirierten Kreisen verstanden wird.[2]

---

[2] In Schopenhauers »Die Welt als Wille und Vorstellung« erreicht nur der Weise das »Wollen des Nichtwollens«, der Künstler macht sich zwar auf

Untersuchen wir das etwas genauer. Seit der Kritik Schopenhauers am Geniekult hat sich die Ansicht zumindest gehalten, dass Kunst nur schlecht in andere Formen der Erkenntnis übersetzt werden kann. Kunstwerke werden stattdessen als individuelle, persönliche Zeugnisse eines Weges zum Wesentlichen aufgefasst, »zur Wahrheit«, die jeder *auf seine eigene Weise* berührt, weswegen der Versuch, Kunst »auszulegen«, oft zu kurz greift, wenn nicht gar zum Scheitern verurteilt ist.

Die gesellschaftspolitische Kunstdiskussion im Anschluss an Hegel hatte damals die gegenteilige Ansicht verbreitet. Ihre Kernaussage war, die »Epoche der Kunst« sei zu Ende. Die Kunst selber habe, so Hegel, ihre Erkenntniskraft abgegeben an den Begriff. Der Philosoph allein »weiß« ab jetzt, was der Künstler tut, dieser – noch Adorno versuchte es zu wiederholen – müsse es gar nicht wissen. Es sei recht, falls er es weiß, aber auf alle Fälle solle er sich nicht zu sich selber äußern, denn als Denker würden Künstler gewissermaßen nur im Nebenberuf auftreten. Vielleicht sollte man hier aber einmal wirklich weitergehen, dem Künstler wieder mehr intellektuelle Kräfte zubilligen, vor allem auch solche, die sich nicht in hermeneutischen Prozeduren übersetzen lassen.

Hierzu zwei Bemerkungen. Zum einen, das Wort »Ästhetik« betrifft zwar tatsächlich *auch* Kunst, aber eben nicht *nur*. Ästhetische Perspektiven beziehen sich nicht einmal *in erster Linie* auf Kunstwerke, sondern auf unsere Lebensverhältnisse, auf unsere Umgebungen, auf unseren Umgang miteinander, und zwar nicht nur im Hinblick auf das Design unseres Geschirrs, sondern auch auf das Design unseres Miteinanders. Wären wir achtsam im Hinblick auf unsere alltägliche »Aisthesis«, wir wären alle »Künstler« des Lebens, Liebens und Arbeitens oder müssten versuchen, es zu sein. Kunstwerke mögen also entstehen, *weil*

---

den Weg, doch bezahlt er die »Zeche«, indem er sein Leben nicht vom Leiden befreit, sondern es nur zu einer Form der Leidenschaft umgestaltet.

es ästhetische Fragestellungen gibt, aber sie sind nicht der primäre Gegenstand der ästhetischen Fragestellung, sondern eher ihr Mittel. Kunst gibt es, weil der Alltag – sagen wir es vorsichtig – viele Wünsche offen lässt und oft nicht im Hinblick auf unser Wünschen und Sehnen eingerichtet, sondern eher von Macht, Geschäft und anderen sekundären Techniken dominiert ist, denen gegenüber wir das, worauf es ankommt, gelegentlich völlig vergessen. Die Kunst-Inseln der westlichen Welt sind demgegenüber verhältnismäßig klein, sie decken sich nicht immer unbedingt mit den Museums-Inseln, und man sollte sie nicht nur auf Landkarten suchen. Oft haben sie einen eher gestischen Sinn (etwa in der Performance), sind also bedeutungsvolle Handlungen, die gelegentlich auch an priesterliche Handlungsweisen erinnern.

Wenn zum Beispiel in New York Ende der 70er Jahre des vorigen Jahrhunderts die Künstlerin Mierle Ladermann Ukeles damit begann, einen kleinen Bereich abzusperren, öffentlich fünf Meter Bürgersteig oder eine Treppenstufe von Müll und Staub zu säubern, mit Wasser aufwischte und sorgfältig nachtrocknete, dann haben wir solch eine interpretationsbedürftige Geste vor uns, denn das Tun der Künstlerin ist ja gewiss nicht die Aktion einer Wahnsinnigen, die nicht weiß, wo sie ist. Es ist vielmehr der Versuch, eine Geste der intensiven Pflege gegen die Erfahrung eines Alltags zu stellen, in dem wir unsere öffentlichen Wege eher lieblos »pflegen«, wenn überhaupt. Sie kennen wahrscheinlich auch die Bewegung des Guerilla-Gardening, die ästhetisch zumindest in die gleiche Richtung zielt. Und Sie kennen vielleicht *nicht* die *Gesellschaft für politische Schönheit*, die in Berlin für »schöne« politische Gesten – etwa einen Rücktritt aus Anstand und Würde – öffentlich Preise vergibt.

Die Künstlerin Mierle Ladermann Ukeles mit ihrem Wischlappen im Straßenbild New Yorks demonstriert einen ästhetischen Weg, einen Weg, den wir vielleicht einschlagen könnten, und dieser nun ähnelt tatsächlich gewissen Praktiken, wie wir sie aus östlichen Kulturen kennen.

Ich möchte Sie dazu mit dem seltsamen Wort Komuso bekannt machen. Komuso heißt Strohmatte, und es gibt tatsächlich sogenannte »Strohmatten-Mönche« bzw. eine Sekte dieser Strohmattenmönche, die sich Fuke Shu nennt und deren Mitglieder mitten im Alltagsgetriebe – also auch im Verkehr einer modernen japanischen Großstadt – Flöte spielen, wobei sie eine seltsame Kopfbedeckung aus Stroh tragen, die sie unerkennbar macht.

Man nennt dieses meditative Flötenspiel Suizen, also Flötenmeditation im Unterschied zum Zazen (der Sitzmeditation). Mir geht es hier nicht um die religiösen Traditionen dieses Flötenspiels, sondern um die prinzipielle Struktur der »Performance« dieser Flötenmönche. Ich möchte also ihr Tun strukturell mit westlicher Kunst vergleichen.

Wir erfahren durch das Auftreten der Flötenmönche – kunsttheoretisch würde man sagen: durch ihre »Intervention« – ganz plötzlich und fast wundersam eine Zweiteilung der Welt. Auf der einen Seite ist um uns noch die Welt der menschlichen Betriebsamkeit, der Zwecksetzungen, der Vor- und Nachteile, der Eile, des Rechnens, Rennens und der Optimierung. Wir spüren sie etwa in unserer Unschlüssigkeit, angesichts der Mönche stehenzubleiben oder weiterzugehen und unseren Zwecken nachzustreben. Vielleicht drückt uns ja ein Termin. – Auf der anderen Seite spüren wir nun aber auch genauso deutlich eine völlig davon verschiedene, gewissermaßen nicht passende Welt der Konzentration auf den Klang, eine Art Versunkenheit – nicht in einem Konzertsaal oder in einer Kirche, sondern eben an einer Ampelkreuzung.

Die Shakuhachi ist eine Flöte, der ein Mensch erst nach längerem Atemtraining einen vernünftigen »Ton« oder gar eine längere Tonfolge entlockt, denn sie schlägt überhaupt nur an, wenn die Atemschwankung vollständig unterdrückt wird. Das Shakuhatchi-Spiel ist also eine Meditationsleistung und man kann sich fragen, warum sich der buddhistische Fuke-Shu-Mönch mit seiner Flöte überhaupt an eine vielbefahrene Kreuzung stellt.

Die Antwort könnte lauten – er tut es aus denselben Gründen, aus denen Mierle Ladermann Ukeles mit Eimer und Putzlappen ein Stück Gehweg im Fußgängerverkehr New Yorks reinigt. – Sachlich gesehen bringt es nichts. Man hört ihn kaum. Aber für den Mönch selbst und für manche Passanten macht es dennoch etwas aus, dass er da steht. Er teilt die Welt atmosphärisch in zwei korrespondierende Teile, eine Welt der Geschäftigkeit für jedermann und eine zweite, die er markiert. Vielleicht lächeln die Passanten, vielleicht gehen nicht alle achtlos und ahnungslos vorbei. Vielleicht denken sie auf den nächsten hundert Metern ihres Weitergehens an Dinge, an die sie sonst seltener gedacht haben. Man könnte also sagen, dass – gleichgültig, was die Künstlerin Mierle Ladermann Ukeles und die japanischen Zen-Mönche im Einzelnen tun – zumindest eine strukturelle Ähnlichkeit in der ästhetischen Geste beider besteht, einem Tun, das zur Markierung der Korrespondenz von »weltlicher« Betriebsamkeit einerseits und spiritueller, aus gewissen Gründen durchgeführter »Übung« in einer anderen Welt ist. Worauf die Übung weist, sei hier nicht weiter erläutert. Religiöse würden sagen, sie weise auf einen transzendentalen Raum, doch das müsste weiter ausgeführt werden, um nicht missverständlich zu sein.

Gehen wir einen Schritt weiter. – Der Performer und »Upcicler« Karsten Neumann, der aus ähnlichen Gründen etwa verlorene Plastikradkappen in akribischer Feinarbeit zu Mandala-Schmuckstücken umbaut und nicht durch die Stadt läuft, ohne sich ständig nach Abfällen zu bücken, hat bei einer speziellen Aktion in Berlin 2009 Mierle Ladermann Ukeles Tätigkeit mit den Kopfbedeckungen der Komuso-Mönche verbunden, indem er sich einen Sicht-raubenden Abfalleimer über den Kopf stülpte, während er eine Plastik des Künstlers Richard Serra vor der Berliner Philharmonie öffentlich von Müll und Unkraut befreite.

Vielleicht ist nun deutlich, was ich meine. – Ob ein Künstler inmitten einer lärmenden Vernissage ein Bild zeigt, zu dessen

Betrachtung eigentlich Kontemplation erforderlich ist, oder Zen-Mönche sich eine Stunde lang mit einer Bambusflöte an einer Kreuzung aufstellen, ob eine Künstlerin Jacketts für Bäume häkelt oder indische Yogis bewegungslos inmitten umherlaufender Menschen verharren – es ist immer ein Zielen aufs Selbe. Das ästhetische Denken und Handeln unserer westlichen Künstler bringt heute also nicht nur traditionell »westliche« Formen der Kunst hervor, die anschließend von Intellektuellen »interpretiert« werden. Es interpretiert vielmehr *selber* die Wirklichkeit, greift ins Geschehen und es findet in gewissen Objekten oder Handlungsweisen zu einem Ergebnis, das westliche und östliche Formen der Spiritualität als sehr ähnlich ausweist. Es setzt damit dem Nichtgenügen, dem allgemeinen Wahn und der ästhetischen Stümperei einer auf Technik, Naturwissenschaft und Ökonomie zentrierten (und Kunst nur als Schmuck missverstehenden) Zivilisation in West *und* Ost etwas entgegen, obwohl dies gerade keine moralisierende Alternative ist, sondern eine Geste hin auf einen »Weg«, auf dem sich zeigt, dass es anders gehen könnte.

Kunst ist also nicht einfach die ästhetische Begleitung des sonstigen kommerziellen und politischen Lebens und darf es nie werden. Vielmehr ist sie eine Form des Spirituellen, eine »Erkenntnisart« und damit – in einem durchaus dem östlichen »Weg« ähnlichen Sinne – eine »Übung«, ein Weg, der aus einer ganz bestimmten Haltung heraus folgt. Sie ist nicht nur der Hinweis darauf, dass wir als profane Funktions- und Zweckmenschen nicht ganz glücklich sind, aber dennoch nach dem Glück streben, sondern auch darauf, dass das Glück kein Vertrag mit der Welt ist, sondern gelingende Korrespondenz. Und dem, was wir im alltäglichen Leben sind, korrespondiert eben im Westen die westliche Kunst. Sie ist eine Möglichkeit, *ganz glücklich zu sein* – wenn auch nur vorübergehend und indem man meist die eigene Zeche bezahlt, wie Schopenhauer sagte.

Kunst ist »Denken« als ästhetische Korrespondenz. Denken

als Korrespondenz ist ein Denken, das nicht auf Funktionieren, Bewältigen, Ergebnis, Logik, Sinn und Sieg hin orientiert ist, sondern auf Wahrheit, Atmosphäre, Gelingen, Achtsamkeit und Pflege – auf die *Kunst des Miteinanders*. Es ist nicht logisch, sondern »topologisch« ein Denken in »Örtern« (topoi), Gesichtspunkten, Stimmungen, Assoziationen, Parallelitäten usf. Es zeigt auf etwas, worüber wir normalerweise hinwegstolpern, auch wenn wir ahnen sollten, dass wir Grundlegendes versäumen. Kunst im Sinne ästhetischer Korrespondenz zum alltäglichen Geschehen ist mithin tatsächlich der »Weg des Westens« – und er ist es in einer der östlichen Spiritualität mitunter gar nicht unähnlichen strukturellen Form.

Am Ende würde dazu natürlich jetzt noch ein Blick auf den Status der »Künstler« gehören, jener Hazardeure des besseren Lebens, die ohne die Kunstvermittler, Mäzene und die gesellschaftlichen Organisatoren ihres Geschäfts heute gar nicht mehr überlebensfähig wären, so wie auch die östlichen Mönche, die ja bekanntlich von Gönnern und Spendern gestiftete Gärten bewohnen, wovon westliche Künstler natürlich nur träumen können. Aber wer weiß, vielleicht sehen die Gärten der westlichen Künstler ja auch ganz anders aus![3] Sie müssen auch anders aussehen, weil der Weg des Westens, wie wir jetzt mit einiger Überzeugung sagen können, eben gerade *nicht* der Buddhismus ist, sondern eben die Kunst! – Eine Kunst jedoch, die durchaus ihre Korrespondenzen mit dem spirituellen Osten gefunden hat und diese seit Generationen immer wieder neu erfindet, weswegen sich Künstler mit Buddhismus befassen mögen und es auch immer wieder getan haben.

---

[3] Vgl. etwa den Garten der Künstler in Mariposa. Kapitel 9, www.Mariposa-projekt.de

Kapitel XII
Atmen

1. Sati

Der Ausdruck sati (Achtsamkeit) im Sinne der buddhistischen Lehrtradition, etwa der im Palikanon[1] niedergelegten Lehrpredigten, macht zur Zeit eine steile Karriere und taucht sogar in Managerschulungen auf. Es scheint, er füllt nicht nur eine Lücke in der praktischen Philosophie, die sich traditionell aufs *Handeln* bezieht, sondern es kündigt sich mit ihm auch generell eine Ausrichtung an, die den noch immer vorherrschenden Paradigmen des Handelns, Herstellens und Bewirkens nun auch einmal die Aspekte der Widerfahrnis, der Korrespondenz und der Präsenz an die Seite stellt.[2] Wir sollten Achtsamkeit also als eine ethische Disposition auffassen, die in asiatischen Religionen seit Jahrtausenden durch bewusstes Einüben von Verhaltensweisen Korrespondenz zu jenem Geschehen herstellt, in das wir eingewoben sind, ohne aktiv verändernd oder technisch Stellung zu

---

[1] Die Reden des Buddha. Gruppierte Sammlung. Aus dem Palikanon übersetzt von Wilhelm Geiger, Nyanaponika Mahathera, Hellmuth Hecker, Stammbach 2003, Buch II. Ab jetzt zitiert als »PK«

[2] Vgl. Hans Ulrich Gumbrecht: »Präsenz«, hgg. und mit einem Nachwort versehen von Jürgen Klein, Berlin 2012 und 2016. Gumbrecht behandelt nicht nur traditionelle Momente der Verstetigung in Literatur, bildender Kunst und Musik, sondern auch die »Schönheit des Mannschaftssports« oder den Motoradsport, die in der Situation des »flow« von maximaler Korrespondenz leben. Wir sind nicht der Auffassung, dass Gumbrechts Präsenzbegriff, wie Derrida meint, einen Substanzbegriff voraussetzt, denn Präsenz ist nicht verstetigte Gegenwart als Substanz, sondern ein mit dem Geschehen ›mitlaufender‹ Bewusstseinszustand, der in dessen Rhythmen einschwingt.

nehmen bzw. einzugreifen. Interessant ist, dass dazu als eine Art Grundübung immer wieder auf das Atmen bzw. die Beobachtung des Atemrhythmus Bezug genommen wird.

Bleiben wir noch für einen Moment bei der Achtsamkeit als Disposition. Sicher lässt sich sagen, je weniger achtsam wir sind, desto strenger müssten Normen und Regeln und auch deren Kontrolle sein, um wenigstens das Schlimmste zu verhindern und Interessen bzw. die gegenseitige Leidzufügung auszugleichen, da ansonsten sofort eine Welt des ständigen Gegeneinanders entstünde, wie das schon Thomas Hobbes beschrieben hat. Schopenhauers Lösungsweg war bekanntlich die Negation des Einzelwillens. So weit bräuchten wir aber nicht zu gehen. Achtsamkeit würde genügen und in etwa sogar den Sinn eines weit ausgelegten kategorischen Imperativs erfüllen, nämlich dass eine Haltung anzustreben sei, die den anderen niemals als Mittel des eigenen Tuns veranschlagt.

Michael von Brück, protestantischer Theologe und Meditationsforscher, führt aus, dass das Sanskritwort Satipatthana als Meditations- und Verhaltensübung mit dem ausdrücklichen Ziel der Achtsamkeits-Disposition aufgefasst werden müsse.[3] Martin Kämpchen – ein katholischer Abenteurer des christlichen Denkens, der seit 1973 in Indien lebt, hat kürzlich von »inspirierter Bedächtigkeit«[4] als einer wünschbaren Haltung gesprochen, was dazu passt und auch als Achtsamkeitsdisposition ausgelegt werden kann, die damit eine zurückhaltende, sich bewahrende kreative Kompetenz wäre, eine die gesamte *Situation* oder auch Atmosphäre stets mitberücksichtigende »Freundschaft« gegenüber Menschen und Dingen, die man nicht durch Informiertsein bzw. Wissen und auch nicht durch Anwendung

---

[3] Michael v. Brück, Einführung in den Buddhismus, Frankfurt/M. 2007, S. 157 ff. Hier auch die Erläuterung der buddhistischen »vier Bereiche der Achtsamkeit«: Körper (kya), Empfindungen (vedana/Leib), Bewusstsein (citta) und äußere Objekte (dharma).

[4] Ein Ausdruck von Martin Kämpchen, vgl. »Freundschaft«, in: »Wahrhaftig sein. Sieben Schritte zur Lebenskunst, Ostfildern 2016, S. 89.

von (vorher vereinbarten) Regeln erreicht, sondern letztlich eben durch eine Disposition, die aus der Übung rührt. Die bekannteste Achtsamkeits-Übung der buddhistischen Tradition, aber bei weitem nicht der einzige Weg, ist die Sitzmeditation und bei dieser in zentralen Aspekten das Atmen.

2. Atmen

Atmen ist Rhythmus. Während ich aus- und einatme, begegnet mir als weiterer Rhythmus vielleicht mein Herzschlag. Vielleicht achte ich nun auf Atem *und* Herzschlag, vielleicht auch auf die Interferenzen der beiden Rhythmen oder die jene beiden Rhythmen umfließenden leiblichen Dispositionen, mein »Körpergefühl«, aber auch auf Gedanken und Stimmungen. Die »erste Versenkung« ist, wie es in der Satipatthana-Sutta heißt, noch reichlich »mit Gedanken und Erwägungen verbunden«,[5] Erwägungen, die sicher auch hinter den Herzschlag zurückgehen. Vielleicht sind ja noch andere meiner Körperfunktionen bis in feinste Nervenverästelungen, ja sogar meine Vorstellungen rhythmischer Natur, erwäge ich so dasitzend dann vielleicht, denn wenn schon das Blut rhythmisch pulsiert und jede Zelle, wenn es dazu noch lange Rhythmen der Aufmerksamkeit, des Wachens und Schlafens gibt, dann müsste auch alles andere sich zumindest dahingehend betrachten lassen. Wo würden Sympatikus und Vagus meiner Aufmerksamkeit liegen?

Wendet der Meditierende seine Aufmerksamkeit nach »außen« in den Bereich der wahrnehmenden Sinne, hat er vielleicht den Eindruck, dass auch seine Wahrnehmungstätigkeit rhythmischer Art ist. Vielleicht dehnt er die Wahrnehmungsgrenze zunächst weit hinaus bis an die Horizonte seines Hörens oder bis zum Gewahrwerden einer Raumsituation. Vielleicht konzentriert er sich dann wieder mehr auf sich oder auf Einzel-

---

[5] PK, Buch I, Kassapa-Samyutta, S. 271

heiten. Vielleicht tut er es nach einem Rhythmus, der den Rhythmen der Tiere nicht unähnlich ist, die sich zum Beispiel wechselnd auf ihre Jagdbeute und auf ihre Sicherheit konzentrieren. Atmen ist Rhythmus, aber wir atmen nicht nur, auch unser Herz schlägt und unsere Aufmerksamkeit pulsiert. Auch die bekannte Rede von der »Schwingtür« zwischen Ein- und Ausatmen von Shunryu Suzuki könnte man rhythmisch deuten; und wenn schließlich die Psychophysis in dieser Weise rhythmisch aufgefasst werden kann, wären Vermutungen hinsichtlich des atmosphärischen Entwurfs mehr als naheliegend.

Die Karma-Anschauung der buddhistischen Kosmologie basiert auf holistischen Thesen, die den Zusammenhang von Ereignis und Wirkung als unauflöslich betrachten. Nicht wie bei Leibniz, bei dem die Ursache-Wirkungs-Ketten durchaus abbrechen oder kraft Willensentscheidung aus Freiheit neu begonnen werden können, setzt das Karmadenken auf den geschlossenen Zusammenhang, so dass der Gedanke eines Mönchs in einer Felshöhle des Himalaya seinen (nicht nur allegorisch aufzufassenden) »Weg« im Karmastrom findet und seine Wirkung entfaltet – wie der berühmte Flügelschlag des Falters der Chaostheorie, der den Taifun auslösen könnte, womit das Ursache-Wirkungs-Schema durch ein Korrespondenzschema ersetzt ist, das »Ursache und Wirkung« nur als primitive Klammer vieler korrespondierender Rhythmen des Einen versteht, das von jedem seiner Faktoren her zu beeinflussen ist. Vielleicht sollte mein Nachdenken also, so fällt mir während der Meditation ein, nicht unbedingt immer auf Ursachen und Wirkungen fixiert sein, sondern ich sollte versuchen, den Atem der Dinge zu spüren und eine Art ideale Korrespondenz mit jenem Geschehensstrom herzustellen, von dem Michael von Brück betont, dass dies kein metaphysischer Begriff sei, sondern auch als Art »Energiestrom« aller Lebewesen in ihrem Mit- und Gegeneinander aufgefasst werden kann, aus dessen leidvoller Wirrnis sich der Mensch kraft Einsicht befreien kann, indem er sich (Nibbhana) in den Lauf der Dinge erkennend einfügt. – Übend und »ganz nach Gefallen«, wie es im Palikanon heißt, bis er sich Stufe für Stufe von scheinbaren Einzel-Wichtigkeiten zu einem eher atmosphärischen Stadium der Verbindung hin »befreit« hat.[6] Die einzelnen Stufen der meditativen Versenkung, wie sie der Palikanon beschreibt, sollen hier nicht das Thema sein[7], wohl aber die praktischen Tugenden der Achtsamkeit als traditionelle »Technik« der Leidensbefreiung, die man unter Umständen ethisch wenden könnte.

Atmen wir bewusst und ohne Ablenkung, lassen wir den Strom unserer Gedanken vorbeiziehen, beobachten wir uns, unsere Gedanken und die Rhythmen unserer Selbstwahrnehmungen, dann sind wir in einem gewissen Sinne dem »Atem der Dinge« nahe – »ungeworden, zeitlos, unzerstörbar« wie Parmenides gesagt hätte, der aber vom Sein sprach und den vergänglichen Fluss der Phänomene ausgeschlossen hätte, um den es uns gerade geht. Wir sind dem Atem der Dinge also nicht *denkend* nahe, indem wir ihn möglichst präzise auffassen, sondern *als* Atem, *als* Herzschlag, als »Schwingtür« des Ein- und Ausatmens, wie es Suzuki formuliert hat. – Es handelt sich dabei um ein phänomenologisch zu verstehendes »Ich«, das sich zunächst aus dem Gewirr aller möglichen Einzelkonzentrationen auf Bilder und Gedanken, Gefühle und Bedürfnisse löst, und nicht um ein logisches (cartesich »die Vorstellung, die all meine Gedanken muss begleiten können …«) oder gar substanziologisches. Für solch ein Ich phänomenologischer Präsenz wäre ein gutes Beispiel ein Musiker, der sich nicht mehr auf eine Einzelheit in seinem Spiel konzentriert, etwa eine schwierige Passage, die er bewältigen will, der, vielmehr weil er geübt ist, einfach nur noch spielt und weiß, dass er spielt. Dass die Meditation ab einer gewissen Stufe

---

[6] »Und ich, ihr Bikkhus, habe nach Vernichtung der weltlichen Einflüsse, die von weltlichen Einflüssen freie Erlösung des Herzens und Erlösung der Erkenntnis bei Lebzeiten schon durch eigenes Begreifen und Verwirklichen erreicht und verharre darin.« PK, S. 276.

[7] Sie sind nachlesbar in PK, a. a. O., Sutta 9, S. 270–276.

auch in diesem Sinne als »lustvoll und beglückend« beschrieben wird, wäre in der Satipatthana-Sutta nachzulesen[8] oder natürlich zu erproben.

Die Achtsamkeit in der buddhistischen Lehrtradition bezieht sich, so Michael von Brück, auf »alle psychophysischen Vorgänge,«[9] was man mit der phänomenologischen Rede vom »Leib« gleichsetzen darf. Sie ist nicht mit gedanklichem Abstrahieren beschäftigt, sondern sucht nach Korrespondenz mit der synästhetisch entworfenen Welt. Die vier Bereiche der Achtsamkeit nach der Satipatthana-Sutta sind: Erstens, die Achtsamkeit auf körperliche Zustände (kya); zweitens, die Achtsamkeit gegenüber den eigenen Empfindungen und Gefühlen (vedana); drittens, die Achtsamkeit gegenüber Bewusstseinsinhalten und Gedanken (citta); und schließlich die auf die Welt der äußeren Objekte (dharma). Aus diesen vier Korrespondenzkreisen, die man nicht als »Inhalte« apostrophieren sollte, weil es sich ja um transiente, sich gegenseitig beeinflussende Perspektiven handelt, würde sich Achtsamkeit nun nicht nur als Meditationstugend, sondern auch im alltäglichen Leben bewähren.

In einer Art Vorspiel zu einer Ethik der Korrespondenz könnte man nun nach einzelnen Tugenden fragen, die man in Zusammenhang mit der Achtsamkeitsdisposition stellen könnte. Man bräuchte sich dabei nicht sklavisch an die Tugenden der buddhistischen Lehrtradition – etwa den berühmten Achtfachen Pfad – halten, sollte aber andererseits nicht vergessen, dass es dieser in erster Linie nicht um Bewirken und individuellen Erfolg, sondern um Leidensvermeidung und Relativierung der Subjektivität zugunsten korrespondierender Faktoren geht. Zu verstehen ist dies, wenn wir kurz auf die berühmten »Verursacher des Leidens« eingehen.

---

8 PK, Buch 1, Kassapa-Samyutta, S. 271.

9 Michael von Brück, a. a. O., S. 159.

3. Üben kontra Leiden

Die Leidensverursacher der Kassapa Samyutta (klesa bzw. kilesa) sind Unwissenheit, Gier und Hass. Die Reflexion zur Unwissenheit kreist dabei um den »Ich-Irrtum«, also die Idee einer festen, metaphysischen Instanz des Wollens.

Die abendländische Tradition hat diese Instanz vielfach ausgearbeitet und zum Kern substanziologischer Reflexionen gemacht. Die Phänomenologie verwandelte das Ich in einen Schirm der Aufmerksamkeit mit wechselnden Schwerpunkten. Wir haben in diesem Buch angesichts des Ichs gelegentlich von Kristallisationen der Korrespondenzen gesprochen, um darauf hinzuweisen, dass es verschieden zentriert und damit auch wechselhaft ist. Jemand »verändert« sich nicht nur. *Er ist auch zu verschiedenen Zeitpunkten verschieden.* Jetzt bin »ich« das Pfeifen des Vogels, das ich höre, im nächsten Moment bin »ich« das Zentrum einer Befürchtung und wieder einen Augenblick später ein möglichst freundlicher Lehrer, der einen Studenten empfängt, ein konzentrierter Leser usw. Aus diesen Mustern auf ein Gesamt-Ich als Person, als Zentrum des Denkens, Fühlens und Erlebens zu schließen, würde bedeuten, eine begriffliche Extrapolation zur Ursache von Erfahrungen zu machen, was unhaltbar wäre. Wir dürfen also zwar von Mustern um einen psychophysischen Kern (etwa verschiedener Absichten), niemals aber von einem Ich als Ursache oder gar Behältnis von Erfahrungen, Gedanken, Gefühlen usw. sprechen.[10]

Umgekehrt bedeutet das: Denken, Fühlen, Vorstellungen, Phantasien und Wünsche sind soziale Muster, über die wir nicht in einer privaten Psyche, sondern eben nur im Austausch mit anderem und anderen verfügen. Die buddhistische Rede vom »Ich-Irrtum« betrifft also nicht die Frage, ob es ein Ich »gebe«, sondern die komplexere, was dieses denn sein könnte. Das Ich

[10] Vgl. Kap. V, Liebe, Religion und Verwandtes.

des Buddhismus[11] findet sich damit nicht »im Denken« oder in psychischen Vorgängen. Stattdessen sitzt es buchstäblich auf einem Kissen und zählt Atemzüge, um die streunende Aufmerksamkeit zu fixieren, oder es benennt auftauchende Vorstellungen und Bilder, um sich nicht in sie zu verlieren bzw. *Präsenz* ihnen gegenüber zu wahren (rupa). Es ist ein »Ich«, das nicht gewusst, sondern *geübt* wird und das durch die Übung »frei« wird: »... frei von Gedanken und Erwägungen, durch geistige Sammlung erzeugt, die Freude und Lustgefühl ist ...«.[12]

Auch in den höheren Stufen der Meditation wird das »Ich« nicht als banale Täuschung bekämpft, sondern stattdessen versuchsweise in einen Zustand der vom Wollen, Befürchten und gedanklichen Streifen »befreiten« bzw. ungetrübten Präsenz geführt, die zuletzt auch nicht mehr als Lust oder Freude, sondern wohl eher atmosphärisch fassbar ist, etwa als Einschwingen in »Raumunendlichkeit« oder »Bewusstseinsunendlichkeit«.[13]

Die beiden anderen Leidensquellen neben dem Ich-Irrtum sind Gier und Hass, also die Vorstellung, dass unser »Ich« etwas ganz dringend brauche bzw. abstoßend finde. Da der Karmastrom sich mit jeder Geburt erneuert, gibt es keine endgültige Freiheit von Ich-Irrtum, Gier und Hass, sondern nur die Möglichkeit des tugendhaften Lebens bzw. eines Verharrens in der »Erkenntnis schon bei Lebzeiten«.

Einübbar in alltägliche Lebensvollzüge wären in diesem Zusammenhang eine Reihe von Tugenden, die man auch als *Korrespondenztugenden* ansprechen und zum Aufbau einer Ethik der Korrespondenz benutzen könnte. Sie haben letztlich mit aktiver Hinwendung, Sensibilität für Atmosphäre, Berücksichtigung möglichst aller Aspekte einer Situation und mit Zurückhaltung zu tun.

---

[11] Khandha Vagga, Buch der Daseinsgruppen, in: Die Reden des Buddha, Gruppierte Sammlung. KP, Buch III, a. a. O.

[12] KP (Kassapa Samyutta), a. a. O., S. 271.

[13] A. a. O.

4. Üben

Friedrich Nietzsche hat in der »Genealogie der Moral« die Tugenden der abendländischen Zivilisation in »Herrentugenden« und »Sklaventugenden« aufgeteilt. Herrentugenden waren Mut, Kampflust, Befehlsgewohntheit, Entschiedenheit, Ungeduld, die Lust, den Dingen den eigenen Stempel aufzuprägen, etwas zu erobern, im Ganzen Aktivität und Daseinslust. »Sklaventugenden« waren dagegen aus der Situation des Dienens abgeleitet, also Gehorsam, Geduld, Armut, Keuschheit, die Vorsicht der Knechte, der Verzicht auf eigenes Urteil usw. Die Geschichte Europas, so der Tenor der »Genealogie«, wäre zu verstehen als die Geschichte eines allmählichen Sieges der Sklaventugenden, wobei die vitalen Herrentugenden gewissermaßen unter die Räder des allgemeinen Fortschritts gekommen seien. Der Sieg war dabei so vollständig, dass die Sklaventugenden heute im Namen der Vernunft auftreten, während die Herrentugenden als unreife, einstmalige und unvernünftige Wertungs- und Verhaltensweisen belächelt oder gefürchtet würden. Als Ergebnis der Entwicklung befürchtete Nietzsche die kraftlose Gesellschaft des »letzten Menschen«, dem der »Übermensch« als ästhetisches Versprechen entgegengesetzt werden müsse. Hätte Nietzsche von Korrespondenztugenden statt von Sklaventugenden gesprochen, die rationalisierten Systeme bürgerlichen Miteinanders wären zu besseren Namen gekommen und die »Herrentugenden« wären nicht nur als Gewohnheit und Eigenschaften einer herrschenden Schicht erschienen. Allerdings war Nietzsches Publikum die niedergehende Adelsgesellschaft in Alpenhotels rund um Sils Maria, Surlej und Maloja und sein rhetorischer Antipode (und zugleich Lehrer) der »Buddhist« Schopenhauer.

Die Achtsamkeits-Tugenden im Sinne der buddhistischen Lehrtradition, die allesamt auch Achtsamkeits-Übungen sind, entsprechen tatsächlich ein ganzes Stück weit den Tugendkatalogen christlicher Provenienz. So wären etwa die Haupttugend der liebevollen Zuwendung zu Welt und Mensch (Metta) oder die Pflicht der tätigen Hilfe (Karunja) sicher in christlichen Tugendspiegeln zu finden. Auch die Bescheidenheit als Mönchsregel, die Aufforderung nichts zu nehmen, was nicht ausdrücklich angeboten wird, usf. haben ihre praktischen Entsprechungen in Klosterregeln des »Westens« und gelten im profanen Bereich zumindest als zu fordernde Höflichkeit. Im Ganzen gesehen haben die Anforderungen des berühmten Achtfachen Pfades allerdings keineswegs nur den einschläfernden und asketischen Charakter, den Nietzsche für sie im Abschnitt von den »Lehrstühlen der Tugend« der Zarathustraschrift konstatiert. Vor allem geht es hier nicht um Eigenschaften, ob von Herren oder Sklaven, es geht um Übungsweisen oder Übungswege, von denen die Achtsamkeitsübung der Sitzmeditation bzw. des Atmens ja nur die typusbildende ist. Auch Metta, die liebende Zuwendung ist keine Eigenschaft, sondern geforderte Übung; Upeksa, die »nicht wertende Gesinnung«, ist nicht die Eigenschaft der sklavischen Zurückhaltung oder des Aufschubs des eigenen Urteils, sondern eine Übungs-Aufforderung, in bestimmten Situationen Verzicht auf Urteil und Meinung in Haltung und Handeln zu zeigen, etwa weil die Atmosphäre des Zusammenhalts durch Klagen, Schuldzuweisungen oder Streit weit mehr geschädigt wird als durch den einen oder anderen Fehler. Ins Herrenhafte, Aktive übersetzt wäre solch ein Verzicht heute auch als Corps-Geist gemeinschaftlich agierender Eliten charakterisierbar, was nicht unbedingt heißt, dass hier nur die »Fehler« von Corpsgenossen gedeckt würden. Tatsächlich geht es um Rücksicht auf ein Milieu oder auch eine Atmosphäre, aus der heraus Gemeinschaftshandeln erst möglich ist, wie sie jeder in Kollektiven arbeitende Mensch kennt.

In den Hinweisen des Achtfachen Pfades fallen auch Forderungen auf, die auf Distanz und Nicht-Kommunikation angelegt sind, so dass diese gewiss nicht im Verdacht des Ressentiments oder der Beförderung eines »Zusammensitzens der Schwachen und Missratenen« stehen würden. So wird etwa den Mönchen auf dem Bettelgang vollständige Zurückhaltung abgefordert. Sie sollen bei ihren Familienbesuchen nicht etwa Gemeinschaft suchen, sondern »kommen und gehen wie der Mond«: »Das ist gerade so, ihr Bikkhus, wie wenn ein Mann in eine alte Zisterne schaut oder in einen Bergabgrund oder in den Steilabsturz eines Flusses, ferne haltend den Körper, ferne haltend den Geist. Ebenso sollt ihr Bikkhus dem Monde gleich die Familien aufsuchen, ferne haltend den Körper, ferne haltend den Geist, immer neu willkommen ...«[14]. Will man die Art der Achtsamkeit fassen, um die es hier geht, wird schnell klar, dass es keine im Sinne des banalen Miteinanders oder des Achtens aufeinander ist, sondern dass hier der Hinweis auf eine beide Parteien verbindende Dimension gegeben ist, die sowohl den Mönch auf dem Bettelgang als auch den Geber wie ein atmosphärisches Fluidum umgibt.

Dass mudita (die Mitfreude) eine Korrespondenztugend ist, versteht sich von selbst. Es ist eine Freude am Erfolg des Anderen, eine Haltung, die nicht am Ich, sondern am Wir arbeitet, wobei es nicht nur um gemeinsam errungenen Erfolg, sondern um Freude an der Freude selber geht, am Mitsein als Freude. Ansonsten ist auch die Wahrhaftigkeit (satya) in vielen Kommentaren so behandelt, als müsse man sie nicht wie ein moralisches Gebot auffassen, sondern als wäre sie »Übung« in ein »wahrhaftiges Leben«[15], was etwa auch genau austarierte Grade der Genauigkeit verlangt, zum Beispiel große Zurückhaltung oder große Präzision, je nach Umstand. Auch eine Mitteilung, die durch eine Geste, eine absurde Handlung oder einen Witz besser zu machen ist als durch bekennendes Formulieren, ist Wahrheit als Vollzug des Wir und könnte hier als Übung der Wahrhaftigkeit angesehen werden, eine Haltung, die der Situa-

[14] Palikanon, Gruppierte Sammlung, a. a. O. Kassapa Samayutta 16.3, Sutta Nr. 3 Buch II, S. 257 (Dem Monde gleich).

[15] Nach Martin Kämpchen setzt sich solch ein Leben aus Meditation, dadurch der Fähigkeit zur Intuition und Gnade zusammen.

tion des Miteinanders eher Rechnung trägt als dem Verhältnis von Ich und Du, die zögert, eine Tatsache zu benennen oder zwischen Weiß und Schwarz zu unterscheiden, wenn ein Sachverhalt weder weiß noch schwarz ist.

Wollten wir einen prinzipiellen Imperativ für eine Ethik der Korrespondenz suchen, so wäre vermutlich an die Urbedeutung des griechischen ›ethos‹ als Übung, Gewohnheit und Sittenbildung zu erinnern und es wäre im alten Streit Kant gegen Hume doch wieder Hume zu entstauben, denn das oberste Prinzip einer solchen Ethik als Übung am Wir wäre wohl nicht die Übereinstimmungs-Maxime zwischen Subjektauthentizität und Handlungsmaxime, sondern die Forderung nach Aufrechterhaltung aller Umstände und Bedingungen, unter denen die Korrespondenz gewisser Formen des Zusammenseins stattfinden kann, also die *Anstrengung jederzeit* um ein Zusammensein, womit nun nicht mehr Kants »Gerichtshof« der Vernunft, sondern der Erhalt des Korrespondenzmilieus, in dem wir zusammen sein können, die oberste Maxime darstellt. Dies alles zusammengenommen verlegt den Schwerpunkt weg vom Ich auf das Wir und ist daher auf den Aspekt der Atmosphäre und der fortgesetzten Übung im atmosphärischen Zurechtkommen gerichtet, was dann zwar nicht zum Weltfriedensparadies, aber vielleicht zu jener Musik führt, die wir nach Auffassung Rumis bekanntlich sind. Dass sich in der »harten« Wirklichkeit eine Reihe von praktischen Fragen politischer Art anschließen und dass es dort keineswegs so musikalisch zugeht, wie die religiösen Hoffnungen aller Zeiten dichten, sei sofort zugestanden, doch scheint mir die Auffassung nicht wertlos, dass einem Recht oder einer Möglichkeit auch eine Übung korrespondiert und dass diese Übung das Wir in den Mittelpunkt zu stellen hat, da es im Zusammenleben meist andere Mechanismen gibt als die von Schuld und Sühne, Gesetz und Inanspruchnahme, Ja und Nein. Wir haben zweihundert Jahre am Ego gearbeitet und es aus den kollektiven Mechanismen herausgeschält, bis es vereinzelt, gelegentlich bizarr und sinnlos wurde. Wir haben es so »frei« gemacht, dass wir uns fragen müssen, ob man denn allein überhaupt frei sein kann. Und darauf gehört nur eine Antwort: Allein kann man *nicht* frei sein. Freundschaft mit allen Lebewesen und möglichste Schonung gegenüber allen Dingen sind Kerne, um die eine Korrespondenzethik kreisen würde, so wie die Liebes-Überlegung bereits in Goethes Garten der »Wahlverwandtschaften« um sie kreiste. Dass die europäische Kultur trotz ihrer Weltfriedensentwürfe und ihrer formalen Vernunft-Ethik und deren juristischen Fiktionen zugleich die gewaltsamste und besitzergreifendste der Geschichte war, dass der Gott bis heute nach wie vor sein Bündnis mit dem einen schließt und mit dem anderen nicht, diese Vorstellung muss in einer einzuübenden Welt des Zusammenseins als militanter Archaismus und falsche Sicherheit entschleiert werden, als Götze der Eifersucht, der zu stürzen ist, weil er Fremdheit erzeugt, falsche Opfer heischt und aus der Liebe in die Unwelt (Akosmia) führt.

Die Achtungs-Disposition bringt also im Ganzen genommen *etwas zustande, das dem Übenden nach und nach und in verschiedener Hinsicht zufällt* und das dann eine Haltung genannt werden kann, die den karmischen Leidensstrom vom Leiden weg in Richtung Korrespondenz mit dem Atem der Dinge führt, so dass wir reibungslos (leidfrei) leben: »Inspirierte Bedächtigkeit« (Kämpchen) – Handeln aufgrund von Achtsamkeit, nicht als Erleuchtung, aber doch vielleicht als Gelingen.

Durch »Üben« verändern wir uns. Ob sich eine Welt voller achtsamer Menschen überhaupt vorstellen lässt, sei dahingestellt. Achtsamkeit ist jedenfalls eine Perspektive, die Korrespondenz anstrebt – und nicht Bewirken und Bekämpfen – und die in Lebensumstände führt, die man sonst nur im Glück des selbstvergessenen Arbeitens, etwa eines geübten Handwerkers, während eines Festes oder während des gemeinsamen Musizierens kennt, also ein handelnd-erfahrendes Zusammensein mit den Dingen, ohne dass unsere Absichten, Ziele, Projektionen, Eitelkeiten und subjektiven Weltbilder falsche Beschleunigungen, Gier oder Abneigung hervorrufen. Achtsames Leben sucht nicht die Verschmelzung, auch nicht in romantischer Liebe und Freundschaft, die ja oft als vorübergehender Ersatz für das richtige Leben gewählt werden, sondern die Korrespondenz. Im Rahmen der Achtsamkeit bündelt sich die Aufmerksamkeit nicht auf ein einzelnes Objekt oder ein Ziel, sondern angesichts des Ganzen auf einen Rhythmus, der mitunter mit dem Zählen von Atemzügen beginnt.

Kapitel XIII
Im Schreiben bleiben

»Nicht nur ein Blick auf die Kulturszene, sondern vor allem ein Blick in sich selbst zeigt dem Schreibenden, dass seine Stunde begonnen hat, zu schlagen.« (Vilém Flusser)

1. Die Welt erwartet nichts mehr von den Büchern

»Sokrates ist der, der nicht schreibt«, sagte Nietzsche und markiert damit eine Differenz, die so alt ist wie die Philosophie. Sokrates flaniert auf öffentlichen Plätzen, isst und trinkt mit Freunden, erscheint auf Festen, hält Reden auf den Eros, verführt seine sophistischen Gegner und Freunde zu abseitigsten Themen. Durch die Art, wie er es tut, wird er zu einer Instanz des öffentlichen Gesprächs, des »Agorazein«. Er ist, was er tut, er drückt es aus.[1]

Sokrates hat nun aber auch eine schriftliche Existenz als Figur der philosophischen »Literatur«, was uns zu der Frage führt, wie es denn mit Platos Schreiben und dem philosophischen Schreiben überhaupt stehe. Plato dürfen wir uns als inspirierten Vielschreiber und politischen Publizisten vorstellen. Mit seinem Sokrates kommt eine »Story« in die Welt, deren Muster so durchschlagend ist, dass die christlichen Autoren ihre Struktur nahezu wiederholen. Auch Jesus ist ja der, der nicht schreibt, der

---

[1] Der Philosoph spricht »nicht an sich geltende, von seinem Stellungnehmen unabhängige und isolierte Bedeutungen aus, sondern er repräsentiert als leibhaftige Person, die einen philosophischen Satz ausspricht, seine Weltperspektive«. Friedrich Kaulbach, Philosophie des Perspektivismus, 1. Teil: Wahrheit bei Kant, Hegel und Nietzsche, Tübingen 1990, S. 223.

aber von den Autoritäten hingerichtet wird, sich der Sache willig unterzieht und in den Berichten der Evangelisten wieder »aufersteht«. – Fälle wie Plato-Sokrates, Jesus und die Evangelisten oder Zarathustra, den sich Nietzsche erfindet, um einen Ur-Sprecher zu haben, zeigen, dass das *philosophische Leben* seinem idealen Verständnis nach doch wohl keines des dauernden Schreibens und Publizierens ist. Auch Buddha schrieb nicht.

Was die nicht schreibenden Größten ausmacht, was aber ohne ihre schreibenden Dioskuren auch nicht in der Welt wäre, könnte man *primäre Korrespondenz* nennen, ein Zusammensein mit Menschen und Dingen als Kunst, das das Mitsein ins Zentrum stellt und des Mediums Schrift nicht unbedingt bedarf, das aber ansonsten doch von einer Art ist, dass man es dem Fluss der Dinge entreißen und als beispielhaft bewahren möchte. Die großen »Ersten« der philosophischen Traditionslinien verkehren also gewissermaßen mit den Göttern, ja sie *sind* Götter und werden auf alle Fälle zu Göttern gemacht, indem sie nun zitiert und in bleibend vorbildlicher Unzeitgemäßheit bewahrt werden, wie dies bereits der Vorsokratiker Empedokles ausspricht.[2] »Geschrieben« wird dabei *zunächst nur*, um (vorgeblich) festzuhal-

---

[2] Auch Empedokles geriert sich als »sekundär«: »Es gibt einen alten Spruch der Notwendigkeit, einen alten Beschluss der Götter, ewig, mit breiten Schwüren besiegelt: wenn jemand sich verfehlt (…) dann soll er sich drei mal zehntausend Jahre entfernt von den Glückseligen umhertreiben (…) und immer einen mühseligen Lebensweg für einen anderen eintauschen (…) zu diesen gehöre auch ich jetzt, bin ein aus dem göttlichen Bereich Verbannter und ein Landstreicher, da ich rasendem Hass mein Vertrauen geschenkt habe« (Fragment 115, Text u. Übersetzung Geoffrey S. Kirk, John E. Raven, Malcolm Schofield (Hg.), Die vorsokratischen Philosophen, Stuttgart 2001, S. 346. Die Passage endet: »Am Ende aber werden sie Seher, Dichter, Ärzte und Fürsten für die auf Erden lebenden Menschen; von da aus wachsen sie empor zu Göttern, die in höchsten Ehren stehen, die den anderen Unsterblichen Herdgenossen sind …« (Fragment 146 und 147, a.a.O., S. 348). Die Interpretation der beiden Stellen reicht vom Verdacht überheblicher Selbstdarstellung bis zu Thesen einer Wiedergeburtslehre als Bewährungsmöglichkeit.

ten, auszuschmücken und in spiritueller Verbindung zu bleiben, also aus Gründen der Milieuschaffung für eine Gemeinde, Freundesschar, eine inspirierte Gruppe … – »In Seinem Geiste« wollen wir uns treffen, »so wie Hildegard gesagt hat«, wollen wir es halten … – der große Salon des *Danach*.

2. Kritik des Sekundären

Die Kritik am Prozess der sekundären Verschriftlichung bestand im letzten Jahrhundert – etwa bei Vilém Flusser oder George Steiner – darin, dass die in Schrift niedergelegte Auffassung von Wissen und seinem Sinn vom gelingenden Leben mit der Zeit in Richtung auf eine allgemeine »Gebildetheit« verschoben wurde, die nur noch Kompensat eines erkennenden oder gar inspirierten Lebens war. Der »philosophische Schriftsteller« Plato ist in der Perspektive Steiners bereits eine Übergangsgestalt von der primären Korrespondenz des Künders zur sekundären Korrespondenz des philosophischen Autors und Publizisten, den wir, besonders wenn er zum Beispiel nicht Plato heißt, sondern vielleicht nur noch über Plato schreibt, als Schwundstufe der ehemaligen primären Korrespondenz ansehen. Wir reden dann vom »Plato-Kenner«, der die Inspiration Platos zwar wieder aufleben lässt, aber doch bestenfalls durch den Filter pädagogischer Beflissenheit und des historischen Spezialistentums hindurch, so wie sich der »Kafkaspezialist« der Struktur gewisser Parabeln annimmt und der Nietzschespezialist die Kritik Nietzsches an Plato kommentiert, also den Kommentar zum Kommentar liefert oder gar bloß noch verdienstliche Überblicke verfasst, aus denen dann Habilitationen bestehen. Steiners Klage über das »sekundäre Geschwätz« stellt uns die Breite der Universitätsarmee der »Geisteswissenschaftler« vor Augen, die die anfänglich primäre Korrespondenz und das inspirierte Weiterschreiben der berühmten Kommentatoren durch bestenfalls noch kongeniales Abschreiben und Umschreiben langsam zu Staub zermahlt. Eine »Schwemme«, der »Betrieb der Halbguten«, die »Afterphilosophen« (Kant), die »Sekundär-Literatur«! Das Wort schon beschwört das Bild endloser Reihen sogenannter Bücher, angesichts derer die Bescheidenheit im Auftreten ihrer Verfasser durchaus angemessen ist, selbst wenn sie subjektiv als Understatement gemeint ist.

»Jeden Tag werden durch ... das journalistisch Akademische der inhärente Wert, die Produktivkräfte, die in einer schöpferischen Währung, nämlich der in der Vitalität des Ästhetischen verkörperten Ersparnisse entwertet. Der Papierleviathan des sekundären Gesprächs schluckt nicht nur das Prophetische (in aller ernsten dichterischen und künstlerischen Erfindung gibt es Prophezeiung und die Prophezeiung der Erinnerung). Er spuckt es wieder aus, und zwar reduziert und zerkleinert ...«[3]

Das demokratisierte Schöpfertum der Wissenschafts-Society philosophie- und literaturwissenschaftlicher Berufsschreiber, die die »wissenschaftliche Prätension« (Steiner) durchsetzten und bezahlterweise Bibliotheken mit Spezialuntersuchungen füllen, statt sich den Lebensphänomenen zuzuwenden, wird sich kaum davon abhalten lassen, jährlich ein sogenanntes Buch vorzulegen. Die letzten Elitären werden den Trend zum Massenschreiben verwünschen, bis das Schreiben selber verebbt und neue Stile des Sagens, Speicherns und Kommentierens sich herausbilden. Da solche Prozesse Generationen dauern, ist das Ende des philosophisch-philologischen Massenschreibens zwar absehbar, braucht uns Heutige aber wenig zu bekümmern. Das Ende der Erde ist ja auch absehbar.

---

[3] George Steiner, Von realer Gegenwart. Hat unser Sprechen Inhalt? Mit einem Nachwort von Botho Strauß, München 1991, S. 71.

3. Lob des Sekundären

Angesichts des Aufstiegs der digitalen Korrespondenzmedien und ihrer Milieus und angesichts einer völlig neuen Art der Wirkung einer dauernd herrschenden Atmosphäre der allgemeinen Greifbarkeit müssen wir uns jetzt aber auch endlich einmal fragen, warum eigentlich das »primäre« Schreiben so viel wichtiger sein soll als das sekundäre. Sollen wir das Muster denn tatschlich *glauben*, das hinter allen Unterscheidungen zwischen primärem und sekundärem Schreiben steckt und das bisher lautete: Eine schöpferische Großtat »realer Gegenwart« und begeisterter Erfindung erzeugt eine anschließende, lange Verschriftlichungs- und Besprechungs-Tradition, Zitation, Diskussion, sekundär, tertiär?

Wir zweifeln erheblich und sind daher auch nicht dafür, die Klöster des sekundären Schreibens bereits jetzt zu schließen. Eher schon sollten wir sie zu Zitadellen des Geschmacks ausbauen, des korrespondierenden Übens wie auch der Übung der Korrespondenz, nicht nur der schriftlichen Art, sondern auch verschiedener Kunst-Stile, denn womöglich ist das Schreiben überhaupt nur noch als atmosphärische Tätigkeit denkbar und abgesehen von den ersten Versuchen, Gesetze in Stein zu meißeln, auch nur als sekundäres Schreiben wirklich sinnvoll. Schon das scheinbar primäre Schreiben eines Heraklit oder Plato oder Parmenides stilisierte sich sekundär gegenüber einer vorgeblichen, ersten primären Korrespondenz mit den »Göttern«. Es war also Umsetzen einer atmosphärischen Wirklichkeit in vielleicht noch undeutliche Winke und Zeichen und der Versuch, diese weiter verdeutlichend zu kommentieren, so dass nach und nach eine atmosphärisch wirkende »Wirklichkeit« in Korrespondenz zu einem anspruchsvollen geistigen Habitus entstand, in dem einer immer diffusen Sachlage ein verstehendes »Ich« entgegengesetzt und diese in Fassung gebracht werden konnte, womit das »Schreiben« als ein deutendes Weiter-Agieren angesichts einer atmosphärischen Botschaft bezeichnet werden kann.

Plato hantiert also nicht ohne Grund als Schein-Kommentator und Sekundärschreiber eines berühmten Sophisten, den es zwar auch gab, den er aber auch vielfach erfunden, idealisiert und situativ ausgeschmückt hat. Und vielleicht käme es jetzt darauf an, zu zeigen, dass jene von George Steiner so vehement zelebrierte Unterscheidung von primärem und sekundärem Schreiben *überhaupt nicht trägt* und dass es stattdessen um eine andere Unterscheidung geht, nämlich die von *anspruchsvollem* und *anspruchslosem* Schreiben, also einem Schreiben, das seinen Anspruch überhaupt nur aufbauen kann, wenn es auch Weiterschreiben in Korrespondenz zum Bisherigen ist. Auch um die Spezifikation einzelner Schreibweisen ginge es, also um unterschiedliche Schreibverfahren und Stile, die dem Anspruch der Korrespondenz mit dem Leser (der ein Weiterschreibender im Geiste ist) und dem ehemaligen Anlass mehr oder weniger gut entsprechen.

Auch die gern kritisierte »hermeneutische Flut«, deren sterblicher Gott Gadamer war, hat Ähnlichkeit mit dem Absingen einer allseits bekannten Litanei gegen sekundäre Stile. Dagegen ist zu halten, dass die vorgeblich »verstehenden« Text-Interpreten ja nicht ohne Grund schreibend und lesend *zugleich* mit der Weltliteratur umgehen, um sie neu zu fassen. Sie halten sich zwar höchstwahrscheinlich in der *Prätension* der Verstehbarkeit auf, aber doch in einer sehr *produktiven* Prätension. Sie bauen an einem Netz der zeitgemäßen Korrespondenzen und flechten die alten Texte mit neuen zusammen, die dadurch erst Tiefe erhalten. Hier sei nicht so weit gegriffen, zu behaupten, es sei korrespondierende Genialität erfordert, um wirklich zu verstehen. Es genügt zu üben, also einfaches Weiterschreiben. Und schließlich und vor allem: Ist denn jeder Text zum »Gelesenwerden« geschrieben?

In den Kellern deutscher Museen lagern zigtausende Kisten mit Scherben vergangener Kulturen, die man Jahr für Jahr aus den Ausgrabungsstätten der Welt gewinnt. Quadratkilometer nach Quadratkilometer werden dabei Äcker, Wiesen und Flusstäler durchgegraben, die Funde geborgen, ihre Fundorte verzeichnet, so dass man durch die Tätigkeit tausender Archäologen in einem imaginären Land unter den Landkarten mitunter ganze Siedlungen und am Ende eine gewesene Welt rekonstruieren kann, wo heute nur Äcker und Autobahnen sich dehnen. Die Scherben werden im Lauf der nächsten Jahrhunderte (denn dafür reicht der Bestand schon jetzt leicht aus) nachgezeichnet, zusammengesetzt, interpretiert, gelegentlich in den Medien besprochen. Das ist alles in allem das durch und durch meditative Tun der Ausgräber, Zeichner, Interpretatoren und der mit diesen korrespondierenden Verfasser archäologischer Literatur. Stellen wir uns vor, die Kisten in den Archiven »warten«. Sollte es mit den Regalen der schreibenden Zunft anders sein?

Die Textproduktion unserer Tage, das akademisch mitschöpferische Schreiben ist also am Ende nur eine Art *Übungsspur* der Korrespondenz mit dem ursprünglichen Gegenstand, eine Art Meditation, so wie Zen-Bogenschießen oder eine möglichst exakt durchgeführte Teezeremonie. Kaum ein Text, der atemlos gelesen würde. Eher schon unendliche Konvolute, die von Kollegen weiterzitiert, im Gang des korrespondierenden Mitlesens, und nur von wenigen Menschen des ganz *genauen Lesens* oder gar Studierens wahrgenommen werden, denn der potentielle »Leser« ist ja meist selbst ein Schreibender, der liest, indem er schreibt, und schreibt, indem er liest.

4. Im Schreiben bleiben

Wenn das Schreib-Ich sein Schreiben als eine Art Meditation begreift, als eine »Übung«, die es in erster Linie nicht deswegen veranstaltet, um zu einem Diskurs beizutragen, der die Welt immer vernünftiger, besser und gerechter macht oder Fortschritt, Freiheit, Frieden und Geschäftsumsätze steigert; wenn ich also wirklich nur schreibe, um meine Korrespondenz mit einer teils imaginierten, teils wirklichen Gemeinschaft meiner Wahlverwandtschaften nicht aufzugeben, dann stellt sich vielleicht die Frage, warum ich nicht einfach *irgendetwas* schreibe, also etwa im Extremfall nur noch willkürliche Schriftzeichen meditativ aufs Papier male und mir dazu Mitmeditierende suche, die das in ähnlicher Weise tun. Die bildende Kunst hat diese Konsequenz ja längst gezogen.[4]

Diese Frage würde allerdings ein Missverständnis beinhalten. Es geht beim Schreiben als Meditation ja nicht um Teilhabe im christlich-religiösen Sinne einer geistigen Welt, sondern um Korrespondenz. Genauer gesagt, um den Anspruch, dem Atem der Dinge zu genügen. Je besser wir uns in unserem Schreib-Kloster eingerichtet haben, desto mehr mag dieser uns vielleicht nur mehr ein Lüftchen sein, doch gibt es ihn auch in gut spürbarer Macht, und das Schreib-Ich – denn nur von diesem reden wir, wenn ein Schreibender »Ich« sagt – muss etwas sein, das sich vor diesem Atem auch wirklich *behauptet*. Es gibt also zwar eine strukturelle Gemeinschaft des Tuns desjenigen, der gegen alle möglichen Ablenkungen, Rückenschmerzen, populärwissenschaftliche Vereinfachungen, Tagespolitik oder einprasselnde Ideen der Kollegen im Schreiben bleibt, mit jenem meditierenden Zen-Mönch, der gegen Schwerkraft, Ablenkung und Schlafanfälle seine Position auf dem Kissen verteidigt. Es ist aber ein »Ich«, das nicht versucht, bei seinem »Gott« anzukommen, sondern in der allgemeinen Atmosphäre des herrschenden Anspruchs standzuhalten, was nur gelingt, wenn der Anspruch die Grenzen des Schreib-Ichs auch ganz erfüllt. Es geht also um eine Anstrengung. Von einer Steigerung durch die tägliche Übung wollen wir nicht reden. Dennoch sei vermutet, dass das Schreib-Ich nicht aus Erkenntniswillen und geheimer Sehn-

---

[4] Vgl. dazu etwa: Reinhard Knodt, Kleine Schule des Sehens. Zu einigen Arbeiten Peter Kampehls, in: Peter Kampehl, Bewegungserinnerungen, Nürnberg 2005, S. 78–82.

sucht tagelang an einer Seite und wochenlang an einem Essay feilt, und schon gar nicht, um es in die Öffentlichkeit zu tragen, weiß es doch längst, dass es sein Buch heute nur noch in eine andere Abteilung jenes Klosters trägt, in dem längst alle »Schreibenden« sitzen.

Sokrates hatte vor seinen Richtern seine angefeindeten Gesprächsrunden als einen Auftrag des Orakels von Delphi ausgegeben, das ihm die Aufgabe gestellt habe, er möge stets versuchen, einen zu finden, der weiser sei als er selbst, denn in eben diesem Bemühen sei ja die Sicherheit des besten Ergebnisses. Was die Elitären seiner Zeit aber fürchteten, war weder das gute noch das schlechte Ergebnis, sondern die Attitüde, mit der er seine Markt-Existenz verteidigte. Der Markt! Der Lärm! Als Galilei 1610 die Jupitermonde entdeckte und den Beweis für das Kopernikanische Weltbild auf einer öffentlichen Veranstaltung vorführte, war sein Problem auch der Markt. Die Legaten eines ihm sogar zunächst wohlgesinnten Papstes sahen eine Jahrmarktssituation; ein vor Publikum aufgebautes Fernrohr, das »die Schrift« widerlegen sollte. Das »Wort Gottes«, das Zeugnis primärer Korrespondenz und des Zeugnisses der heiligen Autoritäten, dessen feierlicher Aufführungsort die Kathedralen waren, sollte in solch einer Markt-Atmosphäre einer Prüfung ausgesetzt werden?

Die Frage nach Atmosphäre und Milieu, aus dem das Wissen kommt, ist so wichtig wie die Frage nach dem Wissen selbst. Die Medienkritik vor dreißig Jahren handelte von der »Entschriftlichung« durch die Bildmedien. Die Angst der Lordsiegelbewahrer der Vernunft vor der »Informationsflut« formulierte damals Marshall McLuhan, der im Zeitalter von Rundfunk und Fernsehen eine neue »Archaisierung« witterte und fürchtete, dass sich der »alphabetisierte«, für zweitausend Jahre mit Sprache, Schrift und reflexiver Subjektivität ausgestattete Mensch, der sich vom Nahrungssammler zum Kultursubjekt entwickelt habe, nun wieder zum »Informationssammler« zurückentwickeln würde.

Phantasie und politische Gestaltungskraft, Glauben, Denken, Kunst und kultiviertes Miteinander würden verlorengehen, denn »in der Medienwelt hat der Mensch keine denkbare Umwelt außer dem Erdball und keine denkbare Beschäftigung außer dem Informationssammeln«.[5]

Die heutige Kritik an den multidirektionalen Medien der allgemeinen Korrespondenz eines jeden mit jedem wiederholt dieses Muster. Byung-Chul Han parallelisiert die Bedenken McLuhans gegenüber den elektronischen Medien mit seinen eigenen.[6] Verlässliches »Kommunizieren« sei in einer Gesellschaft der digitalisierten Medien gar nicht möglich, der Trend zur »Informationsmüdigkeit« und das »Fingern statt Handeln« bestimmen die »Krise der Kommunikation«. Solche Befürchtungen erscheinen aber nur sehr kurz hellsichtig, nämlich solange man aus der Sicht der medialen Macht-Intelligentsia auf das Phänomen einer sich neu bildenden Instanz der »Wahrheit« und der Suche nach Wahrheit blickt, also etwa in Richtung auf die neuen Sophisten, die Akteure der »flashmobs« oder schneller politischer Stimmungsmache.[7]

Die anspruchsvollen Elitären des Schreibens mögen sich also in den nächsten Jahrzehnten tatsächlich noch gegenseitig genießen und loben. – Doch ist ihr »Schreiben« inzwischen vielleicht tatsächlich eine zur »Übung« gewordene *ehemalige* Hauptsache, deren atmosphärische »Wirkung« am Ende wichtiger ist als der Versuch, damit etwas »bewirken« zu wollen. Die Welt erwartet nichts mehr von den Büchern, dennoch wird massenhaft geschrieben und gelesen. Vielleicht ist eine stillere, eher atmosphärische Kunst des Schreibens auf dem Weg, eine Kunst, die weniger Heroen und steile Formulierungen favorisiert.

Ein »Buch« ist heute also vielleicht tatsächlich nur noch eine einigermaßen weit verbreitete Suchmeldung. Es sucht nicht

[5] Marshall McLuhan, Die magischen Kanäle, Düsseldorf 1968, S. 107.
[6] Byung-Chul Han, Im Schwarm, Berlin 2013.
[7] Byung-Chul Han, a. a. O., S. 32.

möglichst viele, sondern den einen, die eine Leserin. Der Schreibende mag behaupten, dass er die Grenzen kennt, bis zu denen sein Schreiben höchstens führen kann, aber schon deswegen kann er auch über diese Grenzen hinaus leiten, und der Mensch geht ständig über alle Grenzen, auch über die eigenen. Mit einem gefundenen Meister, einem Feldherrn, Geliebten oder mit der Mitteilung eines Buches, *mit den Anderen zusammen* über alle Grenzen zu gehen – danach sehnen wir uns. Das Meer befahren wollen wir, auch wenn wir ahnen, dass es vielleicht nur das Meer des eigenen Herzens ist. Aber wer wollte entscheiden ob der geheime Atem der Dinge der Rhythmus der Welt ist oder der des eigenen Herzens?